여럿이 함께

한승진

한승진 성공회대 신학과, 상명대 국어교육과, 한국방송대 국어국문학과·교육과·가정학과·청소년교육과를 졸업했다. 학점은행제로 사회복지학, 아동학, 청소년학, 심리학으로 학위를 취득했다. 한신대 신학대학원 기독교윤리학(신학석사), 고려대 교육대학원 도덕윤리교육(교육학석사), 중부대 원격대학원 교육상담심리(교육학석사)·중부대 인문산업대학원 교육학(교육학석사), 공주대 특수교육대학원 중등특수교육(교육학석사), 공주대 대학원 윤리교육학과(교육학박사)에서 인문학적 소양을 쌓았다. 현재는 학점은행제 상담학 학사과정중이다.

월간『창조문예』신인작품상 수필로 등단하였고, 제 45회와 제 46회 한민족통일문예제전에서 산문부문 전북도지사상(차관급)과 제 8회 이준 열사 추모글쓰기 산문부문 주한네덜란트대사상(장관급)을 수상하였다. 익산 황등중학교에서 학교목사와 선생이면서, 황등교회 유치부 교육목사와『투데이안』객원논설위원과『전북기독신문』논설위원으로 활동하고 있다. 인터넷신문『투데이안』과『크리스챤신문』과『전북기독신문』,『익산신문』,『기독교교육』에 글을 연재하고 있고, 대전극동방송 익산본부에서 청소년바른지도법(청바지) 칼럼을 방송하고 있다.

공동 집필로는 고등학교 교과서『종교학』이 있으며, 단독 저서로는『쉽게 읽는 기독교윤리』,『함께 읽는 기독교윤리』,『현실사회윤리학의 토대 놓기』,『우리가 잊지 말아야할 것들』,『종교, 그 언저리에서 길을 묻다』,『함께 피는 들꽃처럼』외 다수가 있다. 역서로는『예수님이라면 어떻게 하실까』가 있다.

여럿이 함께

초판인쇄 2016년 06월 27일
초판발행 2016년 07월 05일

지 은 이   한승진
발 행 인   윤석현
발 행 처   박문사
책임편집   최고은
등록번호   제2009-11호

주소 서울시 도봉구 우이천로 353 성주빌딩 3F
전화 (02) 992-3253 (대)
전송 (02) 991-1285
전자우편   bakmunsa@daum.net
홈페이지   http://jnc.jncbms.co.kr

ISBN 979-11-87425-05-2 03330   **정가** 21,000원

여럿이 함께

한승진

박문사

책을 펼치며

어쩌다보니 책을 내는 게 취미이자 특기가 되었습니다. 어느새 20여 권에 이르는 단행본을 내다보니 제 책 제목도 다 나열하기 어렵기도 합니다. 남들은 책 한 권을 내기도 어렵고 낼 수 있는 실력과 역량이 됨에도 겸양으로 시도조차 하지 않는 것을 저는 꾸준히 해대고 있습니다. 도대체 저는 왜 이렇게 책을 내는 일에 열심일까요? 사실 저도 잘 모르겠습니다. 그저 이런 일이 즐겁기에 합니다. 이에 어떤 명예욕이나 금전적인 욕심이 있어서는 아닙니다. 그저 저를 표현하고 불특정 다수와 소통하는 채널이 있음이 즐겁습니다. 이것만으로도 좋습니다.

저는 이 책을 낼 뿐, 이 책을 읽고 생각하고 느끼고 하는 독자 제위가 어떨지는 모릅니다. 다양한 가치관과 인생관으로 공감하기도 비판하기도 하실 것입니다. 사람마다 경험과 관심사와 가치관이 다르니 당연합니다. 저는 독자 재위를 제 생각과 의견으로 설득하거나 유도하려는 마음이 없습니다. 그저 하나의 생각꺼리로, '이런 생각과 느낌도 있답니다' 하는 뜻으로 드러낼 뿐입니다. 물론 책값을 주고 시간을 내서 책을 접하는 독자제위에게 보다 깊이 있고 의미 있는 책을 내야하는 책임이 저자인 제게 있습니다. 그 책임엔 늘 부끄러운 마음입니다만 그래도 독자 제위에게 조금이라도 생각과 느낌의 울림이 될 지도 모른다는 기대감으로 책을 냅니다. 저는 독자 제위와 소통하는 의미로 책을 냄이 참 좋습니다. 이에 대한 제 생각입니다.

자본주의적 경쟁사회에서 의사소통은 자기중심적 경향을 띱니다. 때론 목적 달성을 위해 상대를 인정하는 척하기도 합니다. 의사소통이 수단화되기도 합니다. 이런 식의 소통은 포즈에 불과합니다. 상대를 인정한다는 것은 상대의 반응도 이해한다는 것입니다. 이해는 학습되는 것이 아니라 상대의 가치를 발견하려는 태도에서 시작합니다. 그러므로 이 시대의 응답은 페이스 북의 '좋아요' 수준의 답변을 기다리지 않습니다. 우리가 찾아야 할 응답은 현실사회가 던지는 질문에 대한 치열한 고민의 끝에 나오는 것이기에 행동을 수반해야 합니다.

물음과 행동의 역동적인 소통의 시작은 세상에 대한 관심에서 시작됩니다. 관심은 소통 지향의 글을 쓰려는 사람이 지녀야 할 삶의 태도입니다. 독자는 새로운 것에 호기심을 보입니다. 그런데 아이처럼 금방 싫증을 내는 경향이 있습니다. 호기심의 유효기간이 짧기 때문입니다. 그래서 주제가 무거운 책은 환영받지 못하기도 합니다. 그러나 분명 독자를 자극시킬 글도 필요합니다. 책을 통해 생각이 깊어지고 느낌이 활성화된다면 그로 인해 자신과 공동체와 세상을 보는 눈이 보다 진지해지고 따뜻해진다면 이보다 더 의미 있는 일이 어디에 또 일일까 싶습니다.

글쓰기는 치열한 관찰로 구성됩니다. 관찰이란 지속적으로 갖는 관심입니다. 우리는 관찰을 통해 다른 대상과의 다름을 발견합니다. 다름이란 대상만의 고유한 특징입니다. 이 특징이 글의 얼개를 만듭니다. 키워드로 생각의 뜨개질을 하는 것처럼, 관찰이 충실할수록 촘촘한 올을 가진 옷이 만들어집니다. 관찰의 방법으로 '소개팅 방식'이 참 좋습니다.

처음 만난 상대에게 궁금한 점을 묻듯이 질문에 호응하는 답변으로 글을 쓰는 방식입니다. 글쓰기는 대상에 대한 궁금증을 푸는 놀이입니다. 대상에게 궁금증이 있어야 경청을 통한 관찰이 가능합니다.

글쓰기의 목적은 소통입니다. 독자의 욕구에 저자가 응답하고, 저자의 주장에 독자가 응답할 때 소통이 이루어집니다. 소통이 원활하기 위해선 글의 구성력과 전달력이 필요합니다. 가상의 독자를 구체적으로 상상할수록 소통의 효과는 높습니다. 허공에 소리치는 것보다 어떤 장소에서 어떤 사람에게 말을 건네느냐에 따라 '어떻게'가 결정됩니다. 이런 생각으로 글을 쓸 때마다 부족함을 느끼지만 부족함을 부지런함으로 채운다는 생각으로 생각하고 글을 쓰고 공유하고자 책을 냅니다. 독자는 제2의 저자입니다. 책은 그저 하나의 참고사항일 뿐입니다. 이미 가지고 있는 자신의 것을 확인하거나 보완하거나 재구성하는 것입니다. 부디 제 졸작이 독자제위의 삶에 작은 울림이 되기를 소망해봅니다.

사람이 사는 동안 겪게 되는 여러 가지 일들이 있습니다. 저도 짧지 않은 시간을 사는 동안 크고 작은 개인적인 일과 사회적인 일들을 겪었습니다. 이런 저런 사회 문제가 크게 저를 짓누르는 아픔들이 있습니다. 그것들 중 가장 큰 것은 지난 2014년 4월 16일에 일어난 세월호 참사였습니다. 그 일로 아팠고 힘들었고, 분노했습니다. 그리고 아무것도 변하지 않은 세상에 대해 울분을 토로하면서 하면서 살아가고 있습니다. 이 아픔에 더해서 다음 세대랄까, 미래세대의 아픔마저 더해지니 가슴이 먹먹해져옵니다.

20대가 패기를 가지기 어려운 때입니다. '니트족' '삼포세대'같은 단어를 접할 때마다 이런 생각을 했습니다. 우린 어디서부터 잘못된 것일까요? 아르바이트를 하다가 화상을 입어 받은 상해보험금으로 스키장에 간 누군가의 이야기를 들은 적이 있습니다. 스키장이라니. 의아하기도 하면서 한편으로는 이해가 됐습니다. 아마 그것이 이 시대 20대의 태도가 아닐까 싶었습니다. "힘든 게 싫습니다. 반론을 제기하고 싸우고, 그런 건 너무 힘든 일입니다. 더 나아질 것 없는 이 세상에서 우리는 이미 충분히 지쳐 있습니다." 이렇게 말하는 청춘들에게 위로의 말을 건네고 싶었습니다. 그리고 기성세대로서 미안함에 함께 하고 싶었습니다. 이런 바람이 이 글 이 곳, 저 곳에서 드러날 것입니다.

책은 집 안에 두고 간직할 확률이 높아 그 자체로 진실을 담아두는 역사가 됩니다. 칼럼과 수필은 더욱 그렇습니다. 작가는 시대의 몸살을 함께 앓는 사람이라고 생각합니다. 아직은 함께 아파하고 기억해야 할 시간들이 많이 남아 있는 것 같습니다. 미숙한 글이나마 우리네 삶의 어우러짐을 전하고 싶었습니다. 사실 저는 제 이름 석자를 적는 데도 용기가 필요할 만큼 모든 것이 불안불안 위태롭습니다. 그런데 그 와중에 글을 썼습니다. 쓰고 싶은 이야기가 있기 때문이었습니다. 오래된 감기처럼 제게 떡 들러붙어 떨어질 생각을 않던 이야기들이었습니다. 키보드 자판을 두드리고 두드려 겨우 떨쳐냈다 했는데 이렇게 책으로 묶고 보니 어색하고 쑥스럽습니다.

이 책은 2016년 새해 첫 주부터 지금까지 주간 ≪크리스챤신문≫, 주간 ≪전북기독신문≫, 주간 ≪익산신문≫, 일간인터넷신문 ≪투데이안≫, 일간 ≪전라매일신문≫에 연재한 글들과 대전극동방송 익산본부에서 진행한 청소년바른지도법(청바지)으로 매주 목요일 11시 50-12시에 방송한 칼럼을 보완해서 엮은 것입니다. 이처럼 이 책은 각각의 필요에 따라, 지면의 성격에 따라 빛을 낸 글샘입니다. 이런 글샘을 하나로 묶고 보니 여럿이 함께하는 즐거움처럼 흥겹습니다.

책을 내는 작업마다 그랬듯이 이번에도 감사한 분들의 사랑에 힘입어 책을 내게 되었습니다. 늘 마음 좋은 도반으로 고운 사귐으로 함께 해주면서 서툰 글에 추천사를 써 주신 한국학중앙연구원의 고병철 박사님과 넉넉한 웃음으로 격려해주시면서 엉성한 글을 교정해주신 황등교회 김순자 권사님에게 감사의 마음을 전합니다. 이 지면을 빌어 어려운 교육 여건에서도 그 사명을 감당하느라 노고를 아끼지 않으시는 제 삶의 터전이요, 글의 샘터인 황등중학교 김완섭 교장선생님 이하 교직원들 그리고 같은 재단 성일고등학교 김성중 교장선생님과 교직원들에게도 감사의 말씀을 전하고, 학교법인 황등기독학원 재단이사회 조춘식 이사장님과 이사님들과 황등교회 정동운 담임목사님과 교인들에게도 감사의 말씀을 전합니다. 책을 낼 수 있도록 노고를 아끼지 않으신 도서출판 박문사 윤석현 대표님을 비롯한 여러분의 노고에도 감사드립니다. 이 책을 만드는 과정에서 노고를 감당해 주신 노동의 일꾼들께도 진심으로 감사드립니다.

끝으로 매달 연재 글을 쓰고, 단행본으로 엮어내는 작업을 하는 동안 남편으로, 아빠로서 정성을 다하지 못함을 이해하고 용납해 주는 아내(이희순)와 아이들(한사랑, 한겨레, 한가람, 한벼리)에게도 고마운 마음을 담아 사랑을 전합니다. 가족은 제게 늘 큰 힘이 되고 삶의 원천이면서 늘 미안함의 대상이랍니다.

부족함을
부지런함으로 채워가는
한승진

추천사

 늘 자신을 '시골 서생'이라고 표현하면서도 교육이면 교육, 출판이면
출판, 봉사면 봉사로 이미 유명인사가 되어 있는 사람! 바로 이 책에서
'책을 내는 게 취미이자 특기'라고 고백한 한승진 선생이다. 들꽃의 잔잔
함과 부지런함의 이미지를 같이 만들어가는 사람이라고나 할까? 향기
없이 묵묵히 삶의 걸음을 알아채는 수준의 게으른 사람이 이 단행본의
추천사를 적기에 부끄러울 뿐이다.
 한승진 선생이 출판한 단행본은 이미 20여 권이다. 책 수만큼이나 중
요한 것은 그 안에 담긴, 사회 곳곳에 두루 미치는 다양한 관심과 예리한
문제의식이 아닐까 한다. 한승진 선생은 이러한 관심과 문제의식을 결코
쉽지 않은 실천을 통해 삶으로 연결시켜 가고 있다. 목사, 교사, 논설위
원 등 한승진의 기억 장치들이 이러한 실천을 여실히 보여주고 있다.
 이번에 출판된 단행본에도 한승진 선생의 다양한 관심과 예리한 문
제의식이 드러나 있다. '인성과 교육(1), 참된 자기다움 찾기(2), 여러
예화(3), 혐오감의 표출과 범죄(4), 더불어 사는 세상(5)' 등 다섯 가지
범주 안에 들어 있는 다양한 세부 주제를 통해 이러한 관심과 문제의식
을 확인할 수 있다. 이러한 주제들을 관통하는 것은, 그리고 저자가 지향
하는 것은 '생각과 느낌의 울림을 통한 소통'이 아닐까 싶다.

독자들은 이 단행본을 읽고 사회 곳곳에서 발생하고 있는 다양한 현상을 접할 수 있을 것이다. 그렇지만 역시 놓치지 말아야 할 부분은 다양한 현상을 예리한 문제의식으로 집어내는 한승진 선생의 폭 넓은 안목을 읽어내는 것이다. 이 단행본에 담긴 폭 넓은 안목이 가능한 한 많은 독자의 생각과 느낌을 울려 모종의 소통으로 이어지기를 기대한다.

2016년 6월 어느 날
청계산 자락에서

고병철

차례

1
바른 인성을 위한 자립교육의 자세

2
참된 자기다움을 찾아서

3
슬기로운 재판

4
혐오감의 거친 표출은 범죄입니다

5
더불어 사는 세상을 꿈꾸며

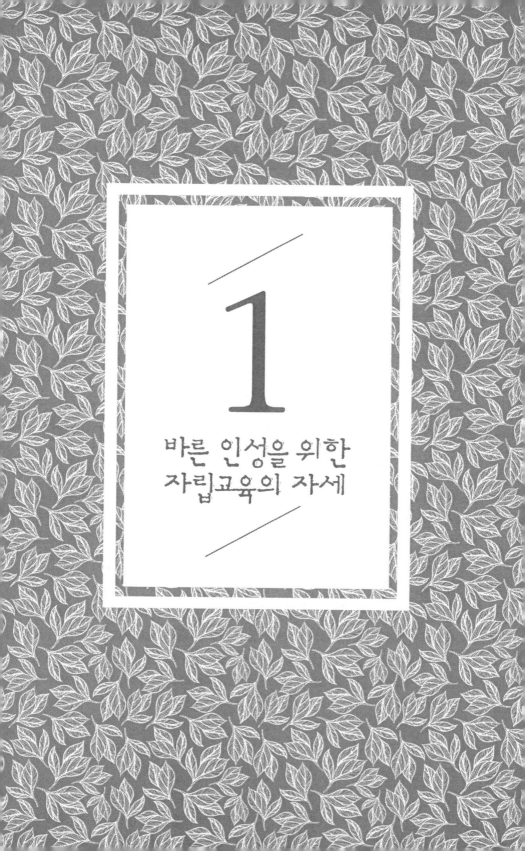

1

바른 인성을 위한
자립교육의 자세

습관에도 힘이 필요합니다

———————————————— 이 이야기는 어느 상담심리학 특강에서 들은 것입니다. 어떤 사람이 매일 오후 초콜릿을 먹는 습관이 있다고 가정해봅시다. 그는 매일 오후 3시에서 3시 반 사이 매점에서 초콜릿을 먹으며 친구들과 수다를 떱니다. 이 습관 때문에 그는 비만을 걱정하게 되고 말았습니다. 그래서 그는 이 습관을 고치기 위해 여러 가지 시도를 하게 되었습니다. 예를 들면 그는 초콜릿이 먹고 싶은 그 시간이 되면 초콜릿의 유혹을 피하기 위해 동네를 한 바퀴 돌았습니다. 가끔 약한 마음 때문에 매점에는 갔지만 아무것도 사지 않고 10분 동안 그냥 친구들과 수다를 떨기도 했습니다.

다양한 실험의 결과 그는 자신의 습관이 초콜릿 먹는 것과는 아무런 상관이 없다는 것을 알게 되었습니다. 그래서 요즘 그는 초콜릿의 유혹이 있었던 그 시간이 되면 자리에서 일어나 주변을 둘러보고 친구가 보이면 그리로 가서 10분 동안 수다를 떨다가 자기 자리로 돌아오곤 합니다. 결국 그에게 초콜릿의 유혹은 사라졌고 새로운 습관이 자리를 잡게 되었습니다.

　그는 어떻게 초콜릿 먹는 습관을 바꿀 수 있었을까요? 그는 자신이 진정 원하는 것이 무엇인지 파악했습니다. 그는 초콜릿을 원하는 것이 아니었습니다. 그가 정말 원했던 것은 오후의 나른한 시간을 친구들과 수다를 떨며 피곤함을 잠시나마 잊는 것이었습니다.

　이 이야기는 우리가 나쁜 습관을 떨쳐내려고 의식적으로 확실하게 노력하지 않으면, 즉 새로운 반복활동을 찾아내지 못하면 나쁜 습관 패턴이 자동적으로 전개된다는 것을 의미합니다. 그렇습니다. 습관을 바꾸려면 자신이 바꾸길 원하는 습관을 통해서 자신이 받게 되는 보상이 무엇인지 정확하게 알아내야 합니다. 그리고 자신이 진정 원하는 보상을 주는 다른 습관을 만들어 내야합니다. 그러면 습관을 바꿀 수 있습니다.

　습관은 왜 생길까요? 습관이 형성되는 이유는 우리의 뇌가 활동을 절약할 방법을 끊임없이 찾기 때문입니다. 습관이 뇌에게 휴식할 시간을 주기 때문입니다. 습관이 뇌 활동의 효율적 운용방식입니다. 이런 의미에서 습관적 행동을 할 때, 우리의 뇌 활동은 가장 최소한으로 이루어지게 됩니다. 나아가 기억은 사라져도 습관은 남습니다. 기억 상실자도 습관적 행동에는 아무런 어려움이 없습니다. 문제는 우리의 뇌가 좋은 습관과 나쁜 습관을 구별하지 못한다는 것입니다.

　좋든 나쁘든 습관은 습관일 뿐입니다. 좋은 습관을 갖는 것이 중요합니다. 아리스토텔레스의 말입니다. "좋은 사람이 되려면 본성과 가르침보다 습관이 절대적으로 중요합니다." 누구에게나 나쁜 습관이 있습니다. 누구보다도 자신이 잘 알지만 고치지 못합니다. 습관의 중요성을 깨닫고 하루라도 빨리 나쁜 습관을 깨닫고 방향을 바꿔 좋은 습관을 만들어 봅시다.

"세 살적 버릇 여든 간다."는 속담은 우리의 일상을 깨우치는 무서운 가르침입니다. 우리가 가진 생각이 말로 표현되고, 행동으로 반복되어 버릇이 되고 습관이 됩니다. 자신에게 익숙한 습관은 곧 자신의 인격이 됩니다. 믿음이 깨지면 사회적 기반이 무너집니다. 우리에게 주어진 가정과 일터에서 신뢰를 지키고 책임을 다할 때 존중받는 사회를 이룰 수 있습니다. 그 어떤 때보다도 신뢰를 회복하기 위한 각고刻苦의 노력을 꾸준히 해나가야 합니다. 간절한 열망은 습관을 만드는 원동력입니다. 생각이 바뀌면 습관이 바뀌고, 습관이 바뀌면 인생이 바뀝니다.

중2 제거를
이해하는 대화법

중학교 2학년 나이 또래의 청
소년들이 자아를 형성하는 과정에서 겪는 혼란·불만과 같은 심리적 상
태 또는 반항, 일탈 행위를 이른바 '중2병'으로 정의합니다. 몇 년 전부터
중2병이라는 용어는 사회 현상의 하나로 떠올랐습니다. '까다로워서 다
루기 어려운, 때론 나쁜 아이들'로 인식하고 있습니다. 북한이 전쟁을
일으키지 않는 이유가 우리나라 중2가 워낙 개념 없고, 대책 없다보니
무서워서라는 우스갯소리가 있을 정도로 논란의 대상이 될 정도이고,
중2를 개그 소재로 삼기도 하니 그만큼 우리 사회에서 중2는 중요한 대
상인가봅니다. 그런데 곰곰이 생각해보면 중2병에 대해 깊이 생각하지
않고, 하나의 가십거리로 희화화戲畫化하고 마는 것 같아 안타깝기도 합
니다. 우리의 아이들을 위해 우리의 미래를 위해 좀 더 깊게 바라보고
생각하면 어떨까 싶기도 합니다.

중2병은 중학교 2학년들이 심각한 문제가 아니라, 이들을 이해하지
못하는 부모들이 문제일 지도 모릅니다. 중2병이라는 신조어가 등장한

데는 우리 사회의 변화도 한 몫을 했습니다. 부모 세대보다 물질적으로 풍요로운 생활을 영위하고 있지만 과도한 경쟁을 부추기는 우리 사회가 아이들을 불안하고 외롭게 만들었기 때문입니다. 극핵가족 가정과 맞벌이 가정이 늘어나는 점도 영향을 미쳤습니다.

제2차 성징이 발현되기 시작하면서 아이들은 혼란을 느끼고 고민에 빠집니다. 충동적으로 행동하고 과잉 반응을 보이며 속어·은어를 즐겨 쓰는 것은 자신의 고민을 표출하는, 일종의 절규인지도 모릅니다. 내·외적 변화와 고민을 속 시원하게 털어놓을 사람이 없는 아이들은 무기력해지고 난폭해지며 공부를 포기하기도 합니다. 외로움을 해소하기 위해 휴대전화와 인터넷 게임에 빠지기도 합니다. 드물긴 하지만 돌이킬 수 없는 선택을 하기도 합니다. 이런 속사정을 모르는 어른들은 마냥 속만 타들어갑니다. 반항한다고만 여깁니다.

중2병 현상은 우리가 서로를 이해하지 못하거나 이해하지 않으려 하기 때문에 발생한 것입니다. 우선 과거와 달리 정서적인 면에서 '자수성가' 해야 하는 아이들이 많다는 걸 인정해야합니다. 힘든 일이 있을 때 도움 받을 수 있는 조언자가 없습니다.

부모는 아이들을 '통제'가 아닌 '이해'로 다가가야 합니다. 학교에선 '억압'하기보다는 '수용'하고 스스로를 돌아볼 수 있도록 다양한 활동을 지원하는 게 좋습니다. 통제보다는 아이들의 모습을 있는 그대로 인정하려는 노력이 필요합니다. 힘든 시대를 살고 있는 아이들을 이해해보는 노력을 해야 합니다. 이렇게 마음먹는 것이 중2병을 예방하는 첫 걸음입니다. 서로의 마음을 이해하면 상대에 대한 적대감과 원망과 분노는 줄어들고 미움도 사라지게 됩니다. 사춘기 아이들과 잘 지내려면 이해하려는 의지와 노력이 있어야합니다.

오늘 하루도 씩씩하게 생활하고 있는 아이들에게 온 마음을 담아 '힘들었지?' 말을 건네는 것부터 시작해야합니다. 이런 말에 아이들은 겉으로는 시큰둥해하지만 속으로는 '내 마음을 이해하기 위해 노력하시는구나' 하고 느낍니다. 이 말은 마음이 열리고 대화의 물꼬를 틀 수 있게 합니다. 힘든 일이 있다고 이야기하면 "그래서 힘들었구나", "그랬구나", "아~ 그렇겠구나" 라고 맞장구 쳐주면 어떨까요? 그러면 아이들은 점차 '나를 이해하시는 구나'하는 느낌을 분명하게 갖게 됩니다. 자신의 마음을 알아주는 사람이 있다는 것만으로도 아이들은 두려움과 분노를 내려놓게 됩니다. 마음 속 이야기를 듣고 나선 "괜찮아", "괜찮다", "이제는 괜찮아질 거야"라고 말해주면 어떨까요? 이 말들은 아이들을 포용하고 격려하는 말입니다.

"정말 너를 사랑한단다." 이 말처럼 아이들이 좋아하는 말은 없습니다. 늘 아이들에게 사랑한다는 확신을 심어주는 말을 표현해봅시다. 아이들에게 제일 중요한 것은 자신이 부모나 선생으로부터 사랑받고 있다는 확신입니다. 아이들이 부모나 선생의 사랑을 확신하고 있다면 아이들은 건강한 마음으로 긍정적인 자아상을 가질 수 있고, 자신감 있는 성격으로 자라게 됩니다.

소심한 아이들은 '틀릴까봐' 혹은 "잘못했다"는 말을 들을까봐 두려워, 어떤 행동을 하는데 주저하고, 자신감이 없습니다. 이런 아이들이 용기를 가지고 어떤 일에 도전해 볼 수 있도록 부모나 선생이 항상 격려하는 말을 해주면 좋습니다.

"틀리면 어떠니? 틀려도 괜찮은 거야. 누구나 실수 할 수 있는 거야."

이런 말로 아이가 낯선 경험에 부딪힐 때 잘 헤쳐나 갈 수 있도록 유도하면 성격발달에 도움을 줄 수 있습니다.

부모가 결과에 집착하면 아이들 또한 지나치게 경쟁적인 아이들로 자라기 쉽습니다. 부모가 보는 데서는 잘하려고 노력하지만 보지 않는 데서는 아무렇게나 행동할 수 있습니다. 아이들 스스로 열심히 했는데 결과가 좋지 못하다면 가장 실망할 사람은 바로 아이들 자신입니다. 아이들이 노력한 그 과정에 관심을 가지고 칭찬해줍시다.

스스로 하기보다는 주위의 도움으로 인해 스스로 할 의지를 상실하거나 잘하지 못할 것이라는 두려움이나 잘 모른다는 것 때문에 중도에서 포기하거나 시작조차 하지 않으려는 아이들이 있습니다. 아이들에게 항상 '너는 잘할 수 있을 거야', '끝까지 해보는 거야' 등의 말을 자주 들려주면 좋습니다. 아이들은 이런 말을 들으면서 자신감이 생겨, 자신을 믿게 되며, 어떤 일을 하더라도 끝까지 최선을 다하게 됩니다.

인사는 관계를 형성하는 최초의 언어 통로입니다. 친구를 만나면 반갑게 인사할 줄 알고, 도움을 받았으면 당연히 고마워 할 줄 알아야 합니다. 또 잘못했으면 당당하게 미안하다고 말할 줄 아는 아이들로 키워야 합니다. 여기에 부모나 선생이 먼저 모범을 보여야합니다. 미안하다는 말, 고맙다는 말을 정확하게 사용해야합니다. 예절이나 예의는 윗사람에게 배우는 것입니다. 이 말들은 아이들의 자존감을 높일 수 있는 일종의 심리적 영양제입니다.

이른바 자녀교육의 모델로 일컬어지는 유태인 자녀교육의 핵심도 '대화법'에 있습니다. 부모가 먼저 나서서 이거 해라 저거 해라 나서는 방법으로는 똑똑한 아이, 얌전한 아이는 키울 수 있지만 창의적이고 개성적인 아이는 키울 수 없습니다. 창의적이고 리더십 있는 아이를 키우기 위해서는 부모들이 올바른 대화법을 실천해야 합니다.

아이의 미래를 생각한다면 부모의 '말'부터 바꿔야합니다.

"넌 그것밖에 못하니?"

"왜 그렇게 했는지 설명해줄래?"

좋은 대화는 들어주는 것에서 시작됩니다. 대화만큼 훌륭한 교육은 없습니다. 아이의 실패와 성공, 부모의 말이 좌우합니다. '얌전한 아이'는 칭찬이 아닙니다. 아이가 스스로 답을 찾게 유도해야합니다. 아이가 대화의 주체가 되게 해야 합니다.

성장의 종말을 생각해봅니다

———————————————— '경제성장률', 이름에서부터 진중한 무게감이 느껴지는 이 단어는 오늘날 절대적으로 옳은 것이며 추구해야 할 가치로 자리매김했습니다. 과거 군사정부가 행했던 악행들이 '경제성장' 하나로 덮여지는 것처럼 말입니다. 정치인들과 정당들은 경제성장을 통한 국가발전을 핵심 국정과제로 설정해서 발표하곤 합니다. 유력한 대통령선거를 목표로 하는 이들은 더더욱 그렇습니다. 이들 정치인에게 경제 성장은 단골 공약입니다.

오늘날의 성장 중심주의는 무한한 성장이라는 환상을 만들어냈습니다. 그러나 우리는 결코 지속적인 성장을 할 수 없습니다. 지속적인 성장은 지속적인 생산에서부터 시작하는데, 이는 지구의 자원이 한정돼 있다는 것을 고려하면 불가능해보입니다. 과거에는 공급과 수요만으로 모든 경제현상을 설명했습니다. 하지만 그건 마치 요리사와 손님만 있으면 스테이크를 만들 수 있다는 것과도 같은 얘기입니다. 요리사가 아무리 실력이 뛰어나고 손님과 돈이 아무리 많아도 고기가 없으면 식당도 운영

될 수 없듯이 말입니다. 경제도 마찬가지입니다.

화폐(금융)경제도 근본적으로 실물경제와 유리될 수 없다는 걸 알아야 합니다. 가장 중요한 건 요리 재료인 지구의 자원이 한정돼 있다는 것입니다. 즉, 경제 성장은 눈에 보이는 한계가 존재하는 개념입니다.

지속적 성장은 물리적으로도 불가능합니다. 열역학 제2법칙에 따르면 에너지는 언제나 감소하는 방향으로 흘러가기 때문에 산출되는 에너지는 절대로 투입된 에너지보다 클 수 없습니다. 결국 우리가 사용하는 지구 자원이 우주로부터 날아 들어오지 않는 이상 '무한한 성장'은 불가능합니다. 고전경제학자 맬서스도 『인구론』에서 "식량은 산술급수적으로 증가하는 반면, 인구는 기하급수적으로 증가한다."며 언젠가 경제 성장은 한계에 도달할 것이라고 말했습니다.

그러면 지금 당장 생산과 성장을 멈추고 손가락만 빨자는 말이냐고요? 아닙니다. 그럴 수도 없고 그래서도 안 됩니다. 단지 추구하는 방향을 바꿔보자는 말입니다. 경제의 '성장'이 아닌 '발전'으로 말입니다. 무조건적 성장이 아니라 탈성장과 발전으로 경제의 뱃머리를 틀어보자는 말입니다.

이를 위해선 우선 효율성의 개념을 재정의해야 합니다. 경제에서 효율은 '편익과 비용의 비율'로 정의됩니다. 여기서 편익은 '우리가 얻는 인공 서비스'이고, 비용은 '희생되는 생태 서비스'라는 것입니다. 즉, 효율성이 높다는 것은 생태의 희생은 최소화하면서 인공 서비스의 획득은 최대화하는 상태를 말합니다. 기존의 경제 개념과 '환경과 생태계'를 함께 고려해 보자는 것입니다. 환경세나 엄격한 배출제한제와 같은 현실적인 방법론의 실행도 경제관념의 변화가 선행돼야 가능합니다.

발전을 위한 첫 단추는 우리의 의식 변화입니다. 성장에 대한 집착을 버리고, 성장도 비효율적일 수 있다는 것을 인지認知하는 것 말입니다. 열역학 제2법칙을 거스를 수는 없지만, 그 진행 속도를 늦출 수는 있습니다. 이제 우리는 성장의 종말을 준비해야 합니다. 이 틀에서 생태공동체, 생명공동체와 함께하는 '살림의 경제'를 모색해나가야 할 것입니다.

청춘이여, 힘들지만
그래도 책을 읽읍시다

──────────────────── 여기저기에서 서점이 사라져
가고 있습니다. 지역의 명소로 추억이 가득한 것으로 여겨지던 서점들의
폐업이 속출하고 있습니다. 천안에 대훈서적이 그랬고, 30년의 역사를
지니고 있던 부산의 동보서적도 역사의 뒤안길로 사라졌습니다. 물론
이런 현상을 '책 읽지 않는 풍조'로 치부하는 것은 무리가 있습니다. 해
마다 인터넷 서점 시장은 커져가고 가격전쟁이 일어나고 있습니다. 책을
가장 많이 읽을 시기라는 중고등학교시절과 대학시절. 과연 우리나라
학생들은 얼마나 책을 읽을까요? 잘 아시는 바와 같이 중고생들은 상급
학교 입시에 찌들어 살다보니 책 읽기를 제대로 하지 않습니다. 대학생
들도 이른바 심각한 청년실업으로 인해 대학 신입생 때부터 취업준비를
시작한다고 하니 당연히 책 읽기를 기대하기 어렵습니다. 제가 사는 인
근 대학의 도서관에 가보면 인문사회과학서적보다 토익이나 공무원 시
험서적을 펴고 있는 학생들이 많음을 쉽게 볼 수 있습니다. 언론매체들
은 심심하면 '책 읽지 않는 세대'라는 자극적인 헤드라인으로 이야기를

하곤 합니다. 과연 그들이 주장하는 '책 읽지 않는 세대'는 누가 만든 것일까요?

　세상은 필요에 의해 수요가 생기고 공급이 일어납니다. 해마다 안정될지 모르는 취업난에 대학 입학하고부터 아니 대학 진학 전부터 취업에 대해 걱정하고 또 걱정합니다. '먹고 대학생'이라는 말은 예전입니다. 그 누구보다 걱정이 많고 노력하는 계층이 대학생입니다. 청춘을 즐기고 책을 읽어야할 학생들에게 그런 여유를 빼앗은 것은 다름 아닌 우리 기성세대가 판을 치는 사회입니다. 우리 때는 사회에 대해 끊임없이 고민하고 저항했다는 기성세대의 이야기는 무책임하고 공허한 메아리일지 모릅니다.

　기성세대가 이끌어낸 세상의 변화를 부정하거나 무시할 수는 없습니다. 이들의 공로로 오늘 우리 사회가 이만큼 민주화되고 윤택한 삶의 질이 보장됨은 사실입니다. 그러나 그렇다고 기성세대가 대학생들에게 이를 강권하기에는 아쉬움이 있습니다. 청춘들이 사회문제에 관심을 갖기에는 힘겨운 생존투쟁에 직면한 모습이 너무도 처량합니다. 그러니 기성세대가 청춘을 이해하는 마음이면 좋겠다는 바람입니다.

　대학생들도 사회에 대해 고민하고 책을 읽으며 지식을 쌓고 끝없이 꿈꾸고 싶어 합니다. 하지만 '현실적으로' 라는 말이 입에서 먼저 나옵니다. 현실적으로, 현실적으로 독서열에 불타는 것은 쉽지 않습니다. 현실을 변화시키는 것, 그보다도 현실에 순응하는 것이 힘들기 때문입니다. 지금도 도서관에서 일 분, 일 초를 아끼며 취업준비에 매진하는 학생들이 많습니다. 졸업을 앞두고, 혹은 졸업까지 미뤄가며 의자에서 엉덩이를 떼지 못하는 세상입니다. 무더운 여름에도 남들은 피서를 떠나는데도 도서관을 떠나지 못하는 그들입니다.

　이런 대학생들을 보노라면 이른바 정규직인 제가 미안해지고 부끄러워지기도 합니다. 이런 이유로 제가 아는 대학생들을 보면 차라도 한 잔 사주고 싶습니다. 그리고 그래도 청춘의 때에 힘든 취업 준비로 지칠 때 짬을 내서라도 책 한권 읽으면서 숨을 돌리는 게 어떨까 권해봅니다. 취업준비에 여념이 없으니 취업하면 여유를 갖고 책을 읽겠다고 할지 모르나 제 경험으로 보면 취업하면 더 바쁘면 더 바빴지 여유롭지 못합니다. 요즘은 명예퇴직의 연령도 낮아지고 직장에서도 적은 인원으로 최대의 효율을 얻으려고 하기에 업무 양이 흔한 말로 장난이 아닙니다. 이는 저와 같은 교직 사회도 그렇습니다. 그러니 책 읽기는 언제나 요원합니다. 그러나 마음만 먹으면 책 읽기가 하나의 더해지는 부담되는 일 일 아니라 하나의 쉼으로 더욱 큰 발전과 성숙을 위한 토대를 마련하는 소중한 일로, 자신을 가다듬는 필수불가결한 일로 여긴다면 시간은 여건은 얼마든지 극복할 수 있습니다. 취업을 준비하는 대학생들에게 제가 권하는 책들이 있습니다.

　『장미와 찔레』는 '미주'라는 인물을 통해 사회에 첫 발을 딛고 어떻게 미래를 설계해야 하는지 실례를 들어 풀어내고 있습니다. 단지 '어떻게 하면 잘산다.'는 식의 자기계발서가 아닌 구체적인 상황을 부여하고 이야기 형식으로 되어 있어서 더 생생하게 느껴집니다. 『인생기출문제집』은 우리의 인생 선배들이 구체적인 질문에 대한 대답과 방향을 제시한 책입니다. 답을 제시하는 인생 선배들이 한정된 직업이 아닌 각자 다양한 직업과 경험을 가지고 있어서 다방면의 지식과 나아갈 미래설정에 큰 도움이 됩니다. 그리고 취업과 사회진출에 대해 조바심을 가지고 있는 청춘들에게 잠시 여유를 느낄 수 있는 글들이 수록되어 있어 작은 여유를 가질 수 있게 구성되어있습니다.

여유를 느끼기에는 너무 팍팍한 세상이라고 말할 수도 있습니다. 하지만 그래도 젊고 패기 넘치는 이 때에 잠시라도 여유를 가져보지 않는다면 언제 마음의 여유를 가질 수 있을까요? 오래 달려왔고 오래오래 달려 가야하는 게 인생입니다. 그리고 앞으로도 쉴 새 없이 달려야 하는 게 인생입니다.

그렇기에 청춘의 시기에 잠시 숨 돌리는 게 어떨까요? 오랜만에 커피 한 잔 앞에 놓고 **빳빳한** 책장 한 장 한 장 넘겨가며 삶의 여유를 만끽하면서 하루를 상상해보면 어떨까 싶습니다.

부모님을 공경하는 삶

─────────────────────── 탈무드에 나오는 이야기입니다. 아주 먼 옛날 이스라엘의 디머라는 도시에 이방인 한 사람이 살고 있었습니다. 그는 이 도시에서 꽤 유명했는데, 값을 따지기 어려울 정도의 크고 아름다운 다이아몬드를 가지고 있었기 때문이었습니다.

어느 날, 지역의 율법학자이면서 지혜자로 통하는 랍비가 이방인의 집을 방문했습니다.

"무슨 일로 선생님처럼 훌륭하신 분이 저 같은 이방인을 찾아오셨습니까?"

"다름이 아니라 당신이 가지고 있는 다이아몬드가 꼭 필요해서 이렇게 왔습니다. 이번에 하나님께 예배드리고 교육하는 회당을 짓는데, 당신의 보석을 회당을 장식하는 데 사용했으면 합니다. 값은 충분히 쳐 드리겠습니다."

랍비는 이방인에게 준비해 온 6,000개의 금화를 내밀었습니다. 예상했던 것보다 높은 가격에 이방인은 흔쾌히 보석을 랍비에게 팔기로 했습니다.

"좋습니다. 그럼 잠깐만 기다려 주십시오. 다이아몬드를 금고에 넣어 두었는데, 그 열쇠를 제 아버님께서 가지고 계십니다. 우선 열쇠를 가지고 와야겠습니다."

이방인은 아버지의 방으로 갔습니다. 그런데 공교롭게도 아버지가 금고의 열쇠를 베개 밑에 넣어 둔 채 곤히 주무시고 계셨습니다.

열쇠를 가져가려면 아버지를 깨워야 했으므로 이방인은 잠시 생각에 잠겼습니다. '이를 어떻게 해야 하나' 이방인은 주무시는 아버지를 깨우는 것은 자식으로서 옳지 못한 일이라고 결론지었습니다.

아버지의 방에서 빈손으로 나온 이방인이 몹시 미안해하며 말했습니다.

"랍비님, 정말로 죄송하게 되었습니다만 그냥 돌아가셔야 할 것 같습니다."

"아니, 도대체 무슨 말씀입니까?"

"지금 제 아버님께서 금고 열쇠를 베개 밑에 놓고 낮잠을 주무시고 계십니다."

"그럼 아버님을 깨우면 되지 않습니까?"

"보석을 좋은 값에 팔려고 저렇게 편히 주무시는 아버님을 깨울 수는 없습니다."

이 말을 들은 랍비는 크게 감동했습니다. 금화 6,000개를 받고 다이아몬드를 팔았다면 큰 이익을 남겼을 것입니다. 그렇지만 곤히 주무시는 아버지를 깨우지 않기 위해 이방인은 엄청난 이익을 포기했던 것입니다. 랍비는 이방인의 아버지가 깨어나실 때까지 기다렸다가 금화 6,000개를 주고 다이아몬드를 구입했습니다. 그리고 이방인의 아름답고 지극한 효성을 사람들에게 널리 알려 이방인이 이 지역에서 존경받고 살도록 도왔습니다.

　　우리가 잘 아는 바와 같이 유대인들은 지나칠 정도로 자기민족 우월의식이 강합니다. 이른바 시오니즘Zionism으로 자신들만이 선택받은 특별한 민족이라는 것입니다. 그러다보니 자기 민족이 아닌 사람들을 이방인으로 여겨 무시하고 함께하지 않으려는 속성이 있습니다. 이런 유대인만은 아닙니다. 정도의 차이는 있으나 많은 국가나 민족들이 그렇습니다. 중국인들은 천하의 중심을 자신들이라 생각하고 자신들이 살고 있는 곳을 중국中國이라 불렀습니다. 그리고 자기들이 아닌 다른 지역의 사람들은 모두 오랑캐(이민족을 비하하는 말)로 여겼는데, 자신들의 동쪽에 사는 오랑캐는 동이東夷, 서쪽에 사는 오랑캐는 서융西戎, 남쪽에 사는 오랑캐는 남만南蠻, 북쪽에 사는 오랑캐는 북적北狄이라는 말로 불렀습니다. 이런 말들은 중국인들의 세계관을 잘 보여줍니다.

이러한 시각은 비단 중국에만 국한되지 않습니다. 일본 역시 일본日本도 자신들이 태양의 근본인 나라로 천황제天皇制를 강조합니다. 1853년 미국 페리 제독이 이끌고 온 군함의 위세에 눌려 개항할 때까지 쇄국을 유지했습니다. 이는 우리나라도 마찬가지입니다. 우리나라를 작은 중국으로 여겨, 중국 이외의 나라들을 오랑캐로 여기며 서양 제국들을 오랑캐라 무시하고 쇄국정책을 펼쳤습니다.

이렇듯 자기 민족우월을 뽐내는 유대인들이 매우 중요하게 여기는 책인『탈무드』에 이방인을 칭송하는 이야기가 담긴 이유를 생각해봅니다. 어쩌면 우리가 무시하는 이방인들도 이렇듯 효도하는데 우리가 효도를 안 하면 되겠느냐하는 경각심을 불러일으키려고 한 것인지도 모릅니다. 그렇게 보면 이 이야기는 실제가 아니라 꾸며낸 것인지도 모릅니다. 이렇게 생각해볼 수 있는 것이 이방인이나 랍비의 실명實名이 나오지 않음과 도시명이 모호하다는 사실입니다. 아니면 이방인이 효심이 너무도 감동적이기에 입에서 입으로 전해지다 보니 사람이름이나 도시명이 전해지지 않았으나 내용만은 아름답게 전해지면서 기록에 남았을 지도 모릅니다. 아무튼 이 이야기가 실제인지 아닌지는 명확하지 않지만『탈무드』라는 귀중한 책에 기록되어 효도의 중요성을 일깨운 것은 사실입니다.

언젠가 제 아이들에게 물었습니다. "아빠가 왜 좋아?" 이 질문에 대답이 분분했습니다. "아빠가 용돈을 주니까", "아빠가 맛있는 거 사 주니까", "아빠가 돈 벌어오니까"라는 대답에는 '아빠란 존재가 이런 것으로만 비치나'하는 생각과 '아직 아이들이 어려서 이렇게 대답하는구나' 싶었습니다. '멋진 대답을 기대하긴 이르다'고 체념하려는 순간 저희 집 막내인 네 살배기 아들이 저를 놀라게 했습니다. 그 순간 저는 저도 모르게 울컥했습니다. 막내둥이의 대답은 단 한 마디였습니다. "그냥... 난 아빠가 그냥 다 좋아..." 말도 잘 못하는 어린 녀석이 어찌나 대견했는지 두 팔 벌려 안아주고 머리를 쓰다주었습니다. 아빠가 뭘 해줘서가 아니라 조건적인 이유가 아니라 그냥 좋다고 하는 말이 얼마나 듣기 좋았는지 모릅니다.

우리가 부모님께 효도해야하는 이유가 무엇일까요? 부모님이 우리를 먹여 살려 주었기에, 학교 보내 주었기에 등 이유를 헤아려보면 많이 있습니다. 그러나 이것은 정답이 아닙니다. 무조건 무조건 우리는 효도

해야합니다. 낳아주신 은혜만으로도 부모님은 생명의 은인恩人이십니다. 그 어떤 것으로도 생명의 은혜에 보답할 수는 없습니다. 우리를 안아주고 길러주고 때때로 보살펴주기를 쉬지 않은 까닭에 우리가 저 해와 달을 보게 되었습니다. 금전적으로도 측정이 불가합니다. 왼쪽 어깨에 아버지를 모시고 오른쪽 어깨에 어머니를 모시고 천년만년 의복과 음식과 평상과 침구와 의약을 풍족하게 하여 공양하고, 그 부모가 어깨 위에서 오줌과 똥을 누더라도 자식은 그 은혜를 다 갚지 못한다는 불가의 가르침도 있습니다. 부모의 은혜는 한이 없습니다. 부모님 살아생전에 효를 다하여 그 시기를 놓치지 말아야합니다. 효도는 거창한 게 아닙니다. 부모님을 존중하고 말 한마디라도 건네고 안부를 묻고 것과 같은 사소한 듯한 일상이 효의 생활실천입니다.

엄부자모의 가정교육

옛날 아주 먼 옛날에 있었던 일로 전해지는 이야기입니다. 임금님이 혹시라도 관리들이 부정을 저지르는지, 백성들이 힘들게 사는 것은 없는지 살펴보게 하려고 몰래 알아보게 보내는 사람이 암행어사입니다. 암행어사 한 사람이 어느 고을에 들어갔다가 집 뒤꼍에 나무를 심고 있는 주인이 이상한 행동을 하는 것을 보게 되었습니다. 그 주인은 나무에게 절을 하고 있었습니다. 나무를 심다가 나무에게 절을 하는 것이 하도 이상해서 그 사람 곁으로 가서 이렇게 물어 봤습니다.

"그게 무슨 나무길래 심어 놓고 정성을 다해서 큰 절을 합니까?"

"네. 이 나무는 보통 나무가 아니랍니다. 이 나무는 저희 아이들이 자랄 때 때려 줄 회초리로 쓸 나무랍니다."

그 사람은 장차 아이를 교육시킬 나무이니 아주 잘 자라서 회초리로 쓸 가지를 많이 뻗어 달라고 큰 절을 한 것이라고 했습니다. 이를 본 암행어사는 이렇게 생각했습니다.

'으음, 이 고을은 부모의 가정교육이 아주 특별하구나.'

암행어사는 무척 흐뭇했습니다. 그리고는 길을 걷다가 어느 집에서 또랑또랑 글 읽는 소리가 흘러나오는 것이 너무도 듣기 좋아서 그 집 담을 넘어다 봤습니다.

'아니, 저 부인은 왜 또 저러지?'

때는 여름철이어서 방 안이 훤히 들여다보였는데, 한 아이가 글을 읽는 바로 앞에 병풍이 쳐져 있었습니다. 병풍 건너편에 앉은 여자는 분명 아이의 어머니인 것 같았습니다. 이상한 건 이 시절에는 병풍은 남자와 여자가 만나기가 조심스럽기에 여자 집에 찾아온 남자 손님을 맞이하면 서로 얼굴을 피하려고 치는 것이었습니다. 마침 그 집에서 하인이 나오는 것을 본 암행어사가 붙잡고 물어 봤습니다.

"지나가다가 아이의 글 읽는 소리가 하도 듣기 좋아서 담을 넘겨다보았느니라. 헌데 어찌해서 어머니와 아들 사이에 병풍을 치고 앉아 있는가?"

"네. 그것은 이 댁 어르신이 세상을 떠나셔서 아버지 대신 어머니가 글을 가르치십니다. 그런데, 어머니는 아무래도 아버지처럼 엄격하시지 못하시기에 혹시라도 아들이 글을 잘 읽으면 어머니의 얼굴에 기쁨이 어리므로 아들이 그것을 보고 자만할까 봐 그렇게 하시는 것입니다."

"오, 글 읽는 아들이 어머니의 표정을 못 보게 하려고."

이렇게 어머니와의 사이에 병풍을 쳐 놓고 글공부를 한 아들은 어머니의 엄격한 교육으로 잘 자라나 훗날 나라사랑에 귀감이 되는 조선 인조 임금 때의 문신인 홍서봉洪瑞鳳입니다. 그는 병자호란 당시 화의和議를 주장, 최명길崔鳴吉·김신국金藎國·이경직李景稷 등과 청나라 군사 진영을 내왕하며 화의를 위한 실무를 수행했고, 1639년 부원군府院君에 봉해지고, 이듬해 영의정에 올랐습니다. 한편 한재旱災로 인한 기민饑民의 구제를 위해 부민富民들에게 실질적인 직위를 부여해 살 길을 열어줄 것을 주장했습니다. 1640년부터 1645년까지 영의정과 좌의정을 번갈아 역임하며 임금을 성심을 다해 보필했습니다. 시를 잘 쓰기도 해서 그의 시조가 ≪청구영언≫에 전하기도 합니다.

　오늘 우리가 사는 세상은 급속한 산업화로 인해 농촌보다는 도시 중심의 생활권이 일반적입니다. 이에 따라 가정의 형태도 도시문화에 적합한 핵가족화가 급속하게 늘어났습니다. 이제는 전통적인 가족개념인 대가족제는 있기는 하지만 아주 먼 옛날 호랑이 담배 피던 시절의 이야기처럼, 시대착오인 듯, 덜 세련된 것처럼 느끼기도 합니다. 핵가족화가 되면서 집집마다 많아야 셋, 아니면 한두 명의 자녀를 둔 부모들이 많습니다. 그러다보니 제가 1녀 3남을 양육하는 것을 보고는 저출산고령화 시대에 애국자라느니 존경스럽다느니 하는 덕담을 하는 사람들이 있습니다. 이전 시대 같으면 4자녀를 둔 가정이나 그 이상을 둔 가정이 많은데 오늘날은 흔하지 않아서 그런지 자녀수가 많다는 이유만으로 졸지에 애국자라느니, 존경한다느니 하는 말을 들으니 좋은 건지, 아닌 건지 싶기도 합니다. 또 어떤 사람들은 안타깝게 보면서 네 자녀를 어떻게 키울 것이냐고 묻기도 합니다. 그럴 땐 제가 좀 무책임하고 현실감각이 떨어지는 사람인 것 같습니다.

　이처럼 적은 자녀수를 둔 핵가족 사회가 도시문명과 현대사회에 적합한 가족제도다보니 자연스럽기는 하지만 핵가족 사회가 갖는 장점도 많지만 그에 못지않은 문제점이 사회문제로까지 부각되기도 합니다. 이전 세대는 대가족 사회에서 조부모와 함께 생활하면서 예의범절과 함께 형제애를 다졌습니다. 그러나 핵가족 사회는 자녀교육을 전적으로 부모만 책임지는 형태이고, 그마저도 맞벌이인 경우가 많아 자녀교육이 쉽지 않습니다. 또한 민주화, 인권존중의 사회로 부모와 자녀관계가 수직적인 방식에서 점차 수평적으로 이동하더니 급기야 자녀가 부모 위에 있는 듯한 분위기로 역전되기에 이르렀습니다. 자식을 부모보다 더 귀한 존재로 여기며 양육하다보니 엄격한 가정교육을 통한 예의범절과 인성교육을 기대하기 어렵습니다. 이처럼 부모가 자녀를 존중하고 심지어 떠받들다시피 양육하다보니 이에 따른 문제가 눈에 띠게 드러나고 있습니다.

이중 하나가 바로 '응석받이' 형태입니다. 공공장소에서 기본적인 도덕과 질서를 지키지 않고, 큰 소리로 떠들거나 눈살 찌푸리게 만드는 행동들을 쉽게 찾아 볼 수 있습니다. 이런 광경에 보다 못해 조금만 다른 사람을 배려하는 마음으로 조용히 해 달라는 요청하면 두 세배로 들려오는 상대방의 강한 말투는 오히려 공중도덕을 강조한 사람이 잘못된 사람으로 몰리는 어처구니없는 상황이기도 합니다. 그러니 시끌벅적 아이들이 떠들면 그냥 그 자리를 피하는 게 상책일지도 모릅니다. 더욱이 오늘날 주거공간은 아파트나 연립이나 빌라와 같이 다세대가 함께하는 경우가 많습니다. 이런 경우, 아이들의 활동력은 소음공해로 층간소음으로 이웃에게 피해를 줍니다. 이웃 간에 피해를 주지 않도록 주어진 공간에서 조심시키고 주의를 기울일 부모의 역할이 중요한데 그렇지 않은 경우들이 많아, 아이들이 사는 다세대주거공간이 공포의 공간으로 여겨지기도 한다는 말도 들리는 지경에 이르렀습니다. 부모들은 회초리는 아이들 마음에 상처를 주고 아이의 기를 꺾는다는 생각에 따끔한 말 한마디 없이 아이의 잘못을 덮어주는 허용적·관용적인 자세가 일반적입니다.

이처럼 지나치게 허용적인 자세는 아이들이 모든 것을 자기 마음대로 할 수 있다는 생각을 심어주게 됩니다. 또한 부모에게 지나치게 의존적인 아이로 자라나, '사랑이란 다른 사람이 나를 보호해주는 것이다. 내가 나 자신을 돌볼 필요가 없다.'고 생각할 수 있습니다. 그러니 스스로 어떤 문제를 해결해 보거나 좌절감을 맛보지 못한 아이들로 자라나 자신이 무능한 사람이라고 생각할 수 있습니다. 그 결과 무엇보다 아이에게 반항적인 기질을 키워주기 쉽습니다. 그래서 조금이라도 자기 의지대로 할 수 있는 것을 찾아 부모가 바라는 것과 정반대로 행동하거나 아니면 겉으로 따르는 척하면서 몰래 자기 뜻대로 해 버립니다.

오늘날은 공부만 잘하면 모든 게 용서되는 성적만능주의로 인해 더 중요한 사람됨의 교육이 등한시되고 있습니다. 이에 따라 우리 사회는 나날이 도덕적으로 황폐해지고 범죄율이 증가하고 있습니다. 이런 사회 속에서 내 아이만은 보호받기를 바라고 좋은 학교에만 보내면 교육이 끝난 것으로 아는 부모들이 너무도 많습니다. 학교 성적만 좋으면 성공한 자녀, 평생이 보장되는 바람직한 자녀로 여깁니다. 그러다보니 공부만 잘하면 버릇이 좀 나빠도 넘어가고, 게으르고 집안일 하나 몰라도 눈감아 줍니다.

예로부터 우리나라는 공동체의식을 중시하는 유교문화권의 영향으로 자식에게만큼은 엄부자모嚴父慈母의 모습을 보여 왔습니다. 자식의 도덕적 잘못에는 회초리를 들어서라도 따끔한 도덕적인 덕목을 습관으로 길러주려고 했고, 잘했을 때는 아낌없는 칭찬으로 자식을 양육했습니다. 부모는 분명한 질서와 엄격함 속에서 사랑을 베풀었습니다.

가족이란 일반적으로 영속적인 결합에 의한 부부와 거기에서 태어난 자녀로서 형성된 생활공동체라든가, 혹은 가계를 공동으로 하는 친족집단으로 또는 혼인, 혈연, 입양 이외에도 구성원의 필요에 따라서 기타 관계된 사람들이 지속적인 연대의식으로 생활을 함께 영위하는 집단이라고 주로 형태적인 측면에서 정의되기도 합니다.

가족은 사회변화를 그대로 반영하여 임신, 출산, 노동력 등의 국가가 담당할 수 없는 재생산기능을 제공합니다. 사회구성의 기초단위인 가족이 차지하는 비중은 매우 커서 사회에 끼칠 수 있는 영향력 또한 큽니다. 그러므로 가족의 과업수행능력은 사회의 발전과 직접적으로 맞물려 있으며, 가족이 안정적으로 기능을 하면 사회발전에 촉매가 되지만 불안정해지면 사회 또한 위태로울 가능성이 큽니다.

요즘은 과거에 대해 가족의 개념이 많이 희석되었습니다. 옛말에는 대가족의 체계에서 가족의 소중함이 많이 요구되었으나 요즘은 핵가족 현상으로 인한 부부중심의 가정으로 되어 있어 가족은 부부와 자녀 중심으로 바뀌져 가고 있습니다. 인간의 성장과 발달에 있어 가장 큰 영향을 미치는 존재로는 부모를 들 수 있습니다. 특히 부모의 양육태도는 아이들의 성격과 대인관계에 직접적인 영향을 미치기에, 부모의 양육태도는 매우 중요합니다.

오늘 우리가 현대사회의 문화적 가치와 삶의 양식을 거부할 수는 없습니다. 그러나 변화된 문명사회 속에서도 우리의 전통과 공동체의식을 우직하게 지켜나갈 필요가 있습니다. 옛 것은 무조건 구태의연한 것이나 인습因襲이 아닙니다. 오랜 세월 우리 삶의 저변에 내재된 전통을 소중히 간직하면서 오늘에 맞게 개량해나가면 새로운 시대에 새로운 전통으로 자랑스러운 우리의 문화가 될 것입니다. 자녀를 지극히 사랑하되, 엄격함과 질서와 공동체정신을 심어주는 가정교육이야말로 오늘 우리 시대에 꼭 필요한 인성교육일 것입니다. 이를 위한 예비부모교육과 가정교육과 어린 시절부터 실시할 도덕인성교육은 아무리 강조해도 지나치지 않을 것입니다. 지식은 학교에서 배우지만 지식보다 더 중요한 자립심, 공동체 의식, 예의와 도덕 등은 가정에서 부모들이 모범을 보이면서 행동으로 가르쳐야 합니다. '세 살 버릇 여든까지 간다'는 말처럼 교육은 어려서부터 습관이 되도록 함이 좋습니다. '평생 살아갈 교육은 유치원에서 다 배운다'는 말처럼 어른 시절의 교육은 습관과 인격을 갖추는 결정적 시기입니다. 오늘 우리는 사랑이 지나쳐 엄격함이 너무도 빈약합니다.

오늘 우리 시대는 엄한 교육이 우리 아이들을 살린다고 봅니다. 그렇다고 엄하기만 해서는 안 됩니다. 이는 일종의 독재형 양육태도입니다. 독재형 양육태도를 보이는 부모는 자신의 자녀를 처벌적 태도로 대하게 됩니다. 자녀의 정서보다는 학습이나 성적 등의 성과만을 추구하기 때문에, 자녀에 대한 인간적 배려가 적습니다. 또한 자녀에 대한 강한 통제와 감시가 수반되기 때문에 부모와 자녀 관계는 항상 긴장 관계에 빠져 있는 경우가 많습니다. 나아가 자녀에게 애정표현을 하지 않고 자녀를 수용하지 않으며 심리적 신체적으로도 자녀의 행동을 규제합니다. 또한 자녀를 수시로 통제하고 억압함으로 자녀의 욕구가 좌절하며, 자녀와의 소통 자체가 거의 힘들게 합니다. 이처럼 독재형 양육태도는 자신의 자녀에게 애정은 있지만, 자녀의 모든 행동을 통제하려 들기 때문에 자녀는 큰 스트레스를 받을 수 있습니다. 또한 부모는 가족 내 규칙 준수를 자녀에게 강요할 수 있으며, 자녀의 합리적 행동에 대해서는 칭찬을 아끼지 않는다는 특징을 나타내 보이게 합니다.

　이러한 부모 밑에서 성장한 아이들은 기성세대에 대한 반항심이 커지게 됩니다. 또한 사회성 부족과 함께 항상 불안감을 느끼며, 대외활동에 있어서도 언제나 주도성을 갖지 못해 소외되곤 합니다. 그러다보니 자아정체감을 갖지 못하며, 자아에 대해 분노를 느낍니다. 심한 경우 내면화된 갈등과 고통을 견디지 못하고 자기학대 또는 자살까지도 합니다. 매사에 적대적·공격적·불복종이며 낮은 자아존중감을 갖기 때문에 비행 청소년으로 성장할 가능성이 큽니다.

　엄격함에 적절한 칭찬과 격려와 위로와 스킨십과 유머가 양념으로 더해져야합니다. 철저함과 배려, 엄격함과 사랑, 통제와 믿음 사이에서 중용을 길을 찾아 교육을 실천해야합니다. 그러면 자연스럽게 선과 사랑 그리고 배려와 나눔을 우선시하는 사람됨을 갖춰갈 수 있습니다.

　서로 배려하고 사과하는 법은 어느 날 갑자기 저절로 나오거나 남을 따라한다고 해서 되는 게 아닙니다. 오랜 시간 연습을 통해서 습관화되었을 때만 이루어지는 예절입니다. 부모라면 그 어떤 것보다도 가장 먼저 아이에게 알려주어야 할 지식이며, 부모의 의무가 되어야만 하며, 그래야 미래에 바람직한 사회구성원으로 자리 잡을 수 있습니다. 규칙적인 생활 속에서 자라날 수 있도록 부모는 신경써야하며, 생활 태도와 예의범절이 제2의 본성이 되도록 지도하다보면 자녀는 외면과 내면의 균형을 갖춘 올바른 사회인으로 성공할 수 있습니다.

장애가
장애가 아닌 교육

──────────────────── 서울서 나고 자라다가 십 여
년 전부터 학교 목사와 선생이 되면서 농촌에서 살다보니 직접 농사를
짓지는 않지만 농사에 대해 배우고 느끼는 게 참 많습니다. 저는 이른바
'화이트칼라'인 '사'자가 들어가는 직업인입니다. 그러니 일이 힘들다고
투덜대곤 하지만 그래도 나은 편입니다. 농촌의 일은 대부분 육체적으로
몹시 고되고 어렵습니다. 직접 손으로 해야 하는 일이 많고, 시간도 많이
걸립니다. 그런 일들을 쉽게 하기 위해 예로부터 우리 선조들은 여럿이
함께 일하는 공동 일터를 만들었습니다. 한 사람이 하면 열흘 걸릴 일을,
열 사람이 하면 하루에 마칠 수 있습니다. 또한 한 가지 일을 위해 하나
가 되었다는 공동체 의식을 바탕으로, 서로 격려하며 부족한 부분을 채
워 주다보니 일도 쉽지만, 마음도 훈훈해서 좋습니다.

보건복지부가 시행한 장애인 실태 조사 결과, 우리나라에는 약 220만
정도의 장애인이 있는 것으로 나타났습니다. 그러나 이 수는 정확한 것
이 아닙니다. 어떤 이유로든 조사에서 제외된 이들까지 합치면 그 수는

훨씬 많을 것입니다. 세계보건기구WHO는 한 나라 국민의 약 10%가 장애인인 것으로 추정합니다. 그렇다면 우리가 아는 장애인 수는 실제 인원보다 훨씬 적은 것임을 알 수 있습니다. 우리가 아는 장애인 수가 적은 것은 우리가 그들과 만나고 함께 하는 경우가 그리 많지 않기 때문입니다. 아직도 우리 사회는 장애인의 공간과 비장애인의 공간이 확연히 나뉘어 있습니다. 또한 장애인에게 일자리나 편의시설을 제대로 제공하지 못하고 있는 것이 현실입니다.

이렇게 된 데는 우리의 비뚤어진 시각과 잘못된 편견이 가장 큰 원인입니다. 그들은 우리와 똑같이 살아갈 권리와 행복을 추구할 권리가 있는 존엄한 사람임을 인식하지 않습니다. 우리 사회를 지탱하는 한 구성원임을 인정하지 않습니다. 우리 사회는 장애인에게 행복한 사회가 아니고, 장애인과 하나 되어 살아가기에 장애를 지닌 사회입니다. 이런 사회는 건강한 사회가 아닙니다. 경제적으로는 선진국에 가깝지만 정신적으로는 후진성에서 벗어나지 못한 것입니다. 우리나라 학생들에게 진정으로 필요한 교육의 모토는 행복교육, 꿈과 끼를 살리는 교육입니다.

'우분트'라는 말에 대해 들은 적이 있습니다. 한 인류학자가 아프리카 부족의 아이들에게 게임을 제안했는데, 앞에 있는 나무 밑에 과일이 가득 담긴 바구니를 두고, 제일 먼저 달려가는 사람에게 과일 바구니를 상으로 주겠다고 했습니다. 그러자 아이들은 "출발"소리에 모두 함께 손을 잡고 달려가서 모두 상을 받았습니다. 한 명이 다 가질 수도 있었는데 왜 그렇게 함께 달렸느냐고 묻자, 아이들은 "우분트"라고 대답했습니다. 그러면서 하는 말이 "다른 사람이 모두 슬픈데 어떻게 저 혼자만 행복할 수 있어요?" '우분트'는 코사족의 말로 '나는 곧 우리'라는 뜻입니다.

학생 개개인마다 다른 특성과 장점을 최대한 계발해서 자신이 잘 할 수 있고, 하고 싶은 목표를 향해 나갈 수 있도록 도와줄 때, 우리 학생들이 그만큼 행복해질 수 있습니다. 이러한 행복교육은 교육공동체의 모든 구성원이 함께 행복할 때 진정으로 성취될 수 있습니다. 학급의 다양한 학습자 중에는 특수교육 대상 학생들이 있을 수 있습니다. 전체 특수교육 대상 학생 중 약 70% 정도가 일반학교 특수학급 또는 일반학급에서 교육을 받고 있습니다. 이제는 일반학교의 학습공동체에서도 특수교육 대상자는 중요한 일원입니다. 이들은 몸이 불편하거나 인지능력이 조금 부족하거나 하는 등의 어려움이 있지만 누구보다도 학교생활을 즐거워하는 학생들입니다. 친구들과 선생님 옆에서, 장애학생들은 자신의 역량을 마음껏 펼치며 발전해갈 수 있습니다.

그런데 안타까운 것은 어떤 학교, 어떤 선생님, 어떤 또래 학생들을 만나는가에 따라 행복하고 자신에게 맞는 교육을 받기도 하고, 놀림이나 무시, 무관심의 대상이 되어버리기도 합니다. 우리의 학교가 학생들의 꿈과 끼를 마음껏 발산하는 진정한 의미의 행복교육이 되기 위해서는 학급의 모든 구성원이 함께 발전해 갈 수 있도록 하는 교육이 되어야 합니다. 통합교육의 추세에 따라 일반학교에서 교육받기를 희망하는 학생이 증가하고 있습니다. 일반학생 및 교사들의 장애인식을 개선해 통합교육 분위기를 만들어 가야합니다. 교실 한 쪽에서 소외되거나 낙담하는 학생이 생기지 않도록 함께 노력해야 합니다. 담임교사와 또래 학생들의 관심과 배려, 이들을 지원하는 특수교사의 노력이 함께 어우러질 때 장애학생을 포함한 학급 전체의 행복은 현실화될 수 있습니다.

교육현장에서 더욱 장애학생의 인권이 존중되고, 학습권이 보장되며,

나아가 자신의 역량에 맞는 진로직업교육을 통해 우리 사회의 구성원으로 기여할 수 있도록 하는 종합적인 특수교육의 발전이 이루어질 것을 기대해봅니다. 이를 위해서는 영유아기의 조기교육부터 시작해서 고등교육과 평생교육까지 요구되는 광범위한 특수교육에 대한 수요를 고려해서, 교육계의 모든 분야와 협력하고 교류해야합니다. 초·중등교육뿐 아니라 모든 교육 분야에 장애학생과 장애인의 참여가 늘어나야합니다. 이제 우리 교육이 나 하나만을 생각하며 뛰어가는 사람을 기르는 것이 아니라, 타인의 입장을 이해하고 도움이 필요한 사람을 도울 줄 아는, 능력과 인성을 겸비한 학생들을 키울 수 있기를 진심으로 소망해봅니다.

일하고자 하는 장애학생은 일할 수 있도록 고등학교부터 체계적인 취업 창업교육을 제공해야합니다. 학생 개개인의 능력 특성을 고려하고 거주지에서 쉽게 접근해서 교육받을 수 있도록 현장 중심의 직업교육을 위한 통합형 직업교육 거점학교를 확대해야합니다. 고등학교 과정의 특수학교나 특수학급 학생을 대상으로 특성화고, 마이스터고, 전문대학 및 폴리텍 대학에 위탁교육 기회를 확대해야합니다. 또한, 전공과 학생의 전문직업인 양성을 위해 전문대학교와 연계한 장애학생 취업 창업지원도 확대해야합니다.

세계가 인정하는 우리나라의 많은 영역들 중에서 단연 두드러진 것이 교육에 대한 열정과 교육의 수월성입니다. 고등교육 진학률이 세계에서 가장 높습니다. 소아암 등으로 힘든 입원 생활 중인 학생들도 병원학교에서 열심히 공부합니다. 이제 우리 교육의 진정한 수월성은 다양한 장애로 인해 어려움을 겪는 특수교육 대상 학생들까지도 자신의 꿈과 재능을 마음껏 키워갈 수 있도록 하는 데서 찾을 수 있어야 합니다. 장애인의 행복지수가 진정한 복지국가의 바로미터라고 말할 수 있듯이, 장애학생들의 행복지수가 우리 교육의 현주소를 나타내는 것이 아닐까 싶습니다. 장애학생과 그 가족들이 웃음과 희망을 가질 때, 우리교육과 사회는 성숙으로 나아가는 큰 도약을 이루게 될 것입니다.

이제라도 성숙한 장애이해를 통한 배려와 나눔과 상생의 사회가 되도록 마음을 모으고 사랑을 나누는 교육이 실현되기를 소망해봅니다. 장애인은 분명 우리의 소중한 이웃입니다. 소중한 이웃들이 우리와 더불어 함께할 수 있도록 하는 마음이 무엇보다 중요합니다. 마음을 함께하는 것은 그 어떤 물질적·재정적 지원보다 우선합니다. 마음을 함께하는 것은 그 어떤 것도 이겨낼 수 있는 힘이 됩니다. 장애인은 동정의 대상이 아닙니다. 그들과 더불어 함께하며, 마음을 나누다보면 어느새 우리는 그들이 장애인임을 잊고 말 것입니다. 장애인이라고 규정짓지 않고, 그냥 한 사람으로 인식할 것입니다.

농사는 힘들지만 힘든 만큼 여럿이 함께하는 삶을 이어가게 하는 대동大同을 만들어가는 삶입니다. 교육은 농사와 비슷한 점이 많습니다. 진정한 교육은 혼자만이 가쁘게 가는 경쟁과 선별이 아니라, 모두가 행복한 세상을 꿈꾸는 과정입니다. 이렇게 보면 교육은 정성을 다해 작품을 만드는 예술가의 자세로 교육당국과 교사와 또래학생이 어우러져서 공동체를 이루는 농사를 연상시킵니다. 그런 점에서 교육자는 사람농사人農를 하는 사람인가 봅니다.

바른 인성을 위한 자립교육의 자세

옛날 어른들은 "자식은 농사와 같다" "자식 농사가 최고다"라는 말을 자주했습니다. 자신들은 비록 시골에서 농사를 짓고 살지만 자신의 아이들은 훌륭하게 키워 보려고 애를 썼습니다. 있는 것 없는 것 다 팔아 학비를 마련해 주며 공부를 시키면서 아이를 믿었습니다. 아이를 다그치고 내 몰지는 않았습니다. 아이에게 모두를 맡겼습니다. 통지표를 받아 오는 날 예상하던 성적이 아니라도 "다음에는 잘 해라" 정도가 끝이었습니다. 그저 공부하는 환경을 만들어 주고 최고의 뒷받침을 하기 위해 자신들은 안 먹고 안 입고 하는 불편을 묵묵히 감내했습니다. 이렇게 자녀 뒷바라지에 최선을 다했지만 아이의 의견을 존중해서 아이가 안 하려고 하면 시키지 않기도 했습니다.

그런데 요즈음 학부모들은 어떤가요? 남들은 다 하는데 우리 아이만 안 하면 우리 아이가 금방 뒤쳐져 바보라도 되는 듯 학교 공부를 마치기가 바쁘게 시간표를 만들어 여기 마치고 저기 또 저기로 잠시의 틈도 주지 않고 학원으로 막 돌립니다. 학원에만 가면 다 되는 듯 집에 올 때는 초등학생도 캄캄한 밤입니다. 한 교실에서 같이 공부하는 친구들이 학교 공부를 마치면, 우루루 몰려 나가 학원 차에 탑니다. 학원에서 공부하고 또 다른 학원에서 만나고 가족들 보다 함께하는 시간이 더 많은 것이 친구지만 친구와 이야기 할 시간도 없습니다. 학원 차 속에서 학원 숙제를 하느라 옆 한 번 볼 틈도 없습니다.

"공부만 하는 한국 청소년, 더불어 살기 의식 세계 꼴찌"

"어린이 78% 학교서 스트레스"

신문 기사 제목들입니다. 여기에 맞장구라도 치듯 2011년 5월 5일 어린이날을 맞아 한국방정환재단과 연세대 사회발전연구소가 청소년 행복지수 조사가 그를 뒷받침해 주고 있습니다. 이 조사에서 행복지수는 100점 만점에 66점이었습니다. OECD 23개국 중 최하위였습니다. 가장 높은 스위스는 114점이니 48점이나 차이가 납니다. 더 중요한 것은 3년 연속 꼴찌를 했다는 것입니다.

동물들은 배우면서 살아갑니다. 포유류는 말할 것도 없고 새와 곤충, 심지어 물속에 사는 편형동물인 플라나리아도 배울 줄 안다고 합니다. 좁쌀 보다 작은 두뇌로도 정보를 입력해 두었다가 필요할 때는 그걸 활용한다고 하는데 인간이 안 배우고 살 수는 없을 것입니다.

그런데 배우려는 방법과 가르치는 방법에 문제가 있습니다. 사람과 가장 가까운 동물 침팬지가 그 정답을 알려 주고 있습니다. 아기 침팬지가 호두의 단단한 껍데기를 돌로 깨어서 먹을 줄 알고 흰개미 굴에 나뭇가지를 넣었다가 빼내어 훑어 먹을 줄 아는데 이것을 어른 침팬지나 어미 침팬지가 가르쳐서 알게 하는 것이 아니라 어린 침팬지가 어른들이

하는 걸 보고 배운다는 것입니다. 어른들이 아이에게 가르치려고 난리를 피우지도 열을 올리지도 않습니다. 아기 침팬지 스스로 어른들의 반복 행동을 보고 배우게 한다는 것입니다.

사람에게 가르침과 배움은 침팬지와는 다릅니다. 짧을 시간에 많은 것을 학습해야 하기 때문입니다. 어머니들은 짧은 시간에 많은 것을 알게 해야 하기에 지켜볼 시간도 없이 그냥 답을 알려주고 또 다음 시간으로 끌고 가야하며 아이들은 스스로 학습해야지 하는 필요를 느끼지도 않는데 억지로 막 쑤셔 넣어야 하니 여기서 스트레스가 쌓입니다.

'자기 주도적 학습, 스스로 학습' 참 좋은 생각인데 학생이 배우려고 해야 가능합니다. 즉, 아기 침팬지가 배가 고파서 어미의 행동을 보고 호두는 어떻게 먹지? 호기심을 가질 때 새 학습이 이루어지는 것입니다. 말을 물가로 끌고는 갈수 있지만 억지로 물을 먹게 하려고 하다 보니 서로가 서로의 일에 스트레스를 만들어 내고 있습니다.

EBS 다큐프라임 특별기획 '가족 쇼크'에 나오는 것을 정리해봅니다. 수정이는 어느 날부터인가 자신에게 이제는 다정한 얼굴을 보여주지 않는 엄마가 야속합니다. 어렸을 적 아주 작은 것에도 아끼지 않았던 엄마의 칭찬은 이제 기대할 수 없습니다. 조금 잘해서 '이번에는 엄마를 기쁘게 할 수 있겠지.' 싶으면 엄마는 다른 아이들은 어떤지부터 묻습니다. 우리 엄마, 도대체 왜 이러는 거죠? 엄마들은 말합니다. "아이와 공감하고 소통하는 엄마, 힘든 일이 있을 때 터놓고 이야기할 수 있는 엄마가 되고 싶다."고요. 그래서 아이들에게 하루 중 엄마에게 가장 많이 듣는 말을 물었습니다. 초등학교 2학년생 "우리 이쁜이. 귀염둥이. 순둥이." 초등학교 6학년생 "휴대전화 좀 꺼." 중학생 "공부해... 공부해!"

학년이 높아질수록 엄마와의 대화 시간은 줄었고, 부정적인 말은 훨씬 더 많아졌습니다. 중학생들에게 요즘 고민에 대해 엄마와 이야기한 적이 있는지 묻자 "성적 얘기엔 민감하지만, 진짜 나에게 심각한 고민은 대수롭지 않게 흘려 듣기 때문에 이제는 마음속 이야기를 하지 않는다."고 대부분의 아이들은 대답합니다. 한없이 자애로울 것만 같았던 엄마가 성적이 눈에 보이는 중학생이 되면 갑자기 변합니다. 이때부터 엄마와 아이들의 사이는 점점 멀어지기 시작하고, 결국 마음의 문을 닫은 아이들은 막다른 상황에서도 엄마에게 도움을 청하지 않게 됩니다.

아이와 어머니 사이에는 '보이지 않는 강'이 흐릅니다. 때로 그 강은 아이와 어머니 사이에 건널 수 없는 강이 되기도 합니다. 아이와 어머니는 그 강 위에 '가족의 배'를 띄우고 함께 가는 존재가 아닐까요? 아이의 욕망과 어머니의 욕망이 비슷하다면 순항하겠지만 아이가 어머니의 욕망을 채우지 못하거나 어머니의 욕망을 아이에게 강요할 경우 기우뚱거리거나 격랑 속으로 빠져들 수 있습니다. 아이와 어머니 사이에 벌어지는 불행의 대부분은 자녀에게 어머니 자신의 욕망을 과다 투여한 데서 비롯되고 있다고 해도 지나친 말이 아닙니다. 아이를 아이로 보고, 그저 고운 사랑으로 교육환경만 제공하는 것으로 아이 스스로 느끼고 하려고 하도록 기다려주고 믿어주는 것이 좋습니다. 지나치면 모자람만 못합니다.

어머니들이 아이에게 집착하지 않을 때, 아이는 본연의 고운 빛깔을 발하게 될 것입니다. 다른 아이들과 비교하지 마시고, 아이만의 모습으로 지켜보고 응원해주는 사랑 깊음으로 함께하시면 이보다 아름다운 관계를 없을 것입니다.

'사랑해'에서 '공부해'로 변하고 점점 대화가 없어져 가는 이 시대의 엄마와 자녀 관계는 어떻게 해야 회복될까요? '엄마라는 이름으로 살게 해준, 지금 내 곁의 아이를 있는 그대로 바라보는 것' 이것만으로 충분하지 않을까요? 어머니의 자녀 교육법으로 워킹 맘으로서 자녀교육관이 분명한 사례가 하나의 참고가 될 듯 싶습니다.

이제 우리나라도 일하면서 자녀를 키우는 엄마들이 늘었습니다. 이는 국가경제 차원에서도 매우 바람직한 일입니다. 어느 워킹 맘이던 K씨는 평소에 '자식은 나를 대신 살아줄 수 없고 나는 자식을 대신 살아줄 수 없다'는 생각을 했습니다. 30여 년 전인 1980년대 당시로서는 흔치 않은 교육관이었습니다. 우리나라 엄마들 대부분은 자녀 앞에서 단호하지 못한 편입니다. 혹여나 자신의 무관심이나 야단 때문에 아이가 상처를 받거나 미래에 좋지 않은 영향을 미칠까 두려워서입니다. 그래서 아이의 행동 하나하나에 신경을 곤두세웁니다. 그러나 K씨는 이런 '착한 엄마 콤플렉스'가 오히려 아이와 엄마의 인생을 모두 해롭게 한다는 생각을 했습니다.

대부분의 워킹 맘이 출근할 때마다 아이를 떼어놓느라 애를 먹는 반면 K씨는 동네 떠나갈 듯 울며 출근을 막는 두 아들에게 단호했습니다.

"엄마도 하루 종일 너희하고 놀 수만은 없어. 일을 해야 해. 너희도 하루 종일 엄마만 바라보고 있을 수는 없다. 엄마가 옆에 있어도 장난감을 가지고 놀아야 하잖아."

너무 모진 엄마처럼 보였는지 어느 날은 도우미 아주머니가 아이들 몰래 출근해달라고 부탁했습니다. 그러나 워킹 맘이 잘못도 아닌데 죄인처럼 숨어 나갈 수는 없었습니다. 이와 같은 배경에는 아이들도 점차

적응할 거라 믿었기 때문이었습니다. 살면서 일어나는 자연스러운 일들인데, 말 안 통하는 아기들일지라도 억지로 사실을 숨기고 싶지 않았습니다. 당장은 힘들어도 이것을 계기로 또 다른 어려움을 이겨낼 수 있을 것이라는 믿음 때문이었습니다. 얼마가 지나자 아이들은 울음 대신 잘 다녀오라는 손 인사를 건넸습니다. 태어날 때부터 엄마가 일하는 모습을 보고 자라온 둘째 아들은 "그렇게 '엄마는 일하는 사람'이라는 인식이 자연스럽게 머릿속에 인식됐다"고 했습니다. "계속 일을 하시던 어머니가 집에 잠시 계시면, 없는 시간을 쪼개어 저를 위해 노력하고 계신다는 생각에 더 큰 감동을 느꼈습니다. 자라고 보니 얼마나 많은 시간을 같이 지내느냐보다 어떤 가치관을 공유하느냐가 더 중요한 영향을 미친다는 것을 알았다."는 것이었습니다.

아들과 함께 시간을 보낼 때도 자립심을 키워줄 수 있는 방법을 찾았습니다. 다섯 살 때부터 아이를 수영장에 보낸 K씨는 한 번도 수영장 안으로 따라 들어가지 않았습니다. 항상 문 앞에 아이를 내려놓고 끝나는 시간에 맞춰 데리러 갔습니다. 다섯 살짜리를 혼자 수영장 안에 들여보낼 때는 마음이 편하지 않았습니다. 그러나 아이 혼자서도 잘 해낼 거란 믿음이 있었습니다. 아들이 혼자 끙끙거리며 수영복을 입는 모습을 보고 다른 엄마들이 '왜 아이를 혼자 보내느냐'고 따진 적도 있었습니다. 그러나 집에서 수영복을 입고 벗는 법을 가르쳐 계속 혼자 보냈습니다. 아이가 스스로 할 수 없는 게 아니라, 엄마가 도와주기 때문에 할 수 있는데도 하지 않는 것이다. 이런 것이 하나둘씩 늘어 가면 아이는 시도 때도 없이 엄마를 찾는 의존적인 사람으로 자란다고 믿었기 때문이었습니다.

일 때문에 자녀와 많은 시간을 함께하지 못한 것에 미안함이 없었던 것은 아닙니다. 그러나 미안함 때문에 돈이나 무조건적인 칭찬으로 보상하려 하지 않았습니다. 아이가 아무런 행동을 하지 않았는데도 무조건적인 애정을 주면 일관성 있는 교육이 되지 않고 아이들 역시 혼란스러워할 거라는 생각 때문이었습니다. 정말 쉬운 일이 아니나 K씨는 자녀교육을 잘한 것 같습니다.

마무리의 중요성

─────────────── 미국, 일본, 우리나라의 공통
점은 프로야구의 인기가 가히 폭발적이라는 사실입니다. 저도 프로야구
경기를 관람하는 것을 참 좋아합니다. 제가 다른 스포츠경기보다 프로야
구를 좋아하는 이유는 마지막까지 봐야만 그 승부를 알 수 있다는 것입
니다. 1회초부터 9회말까지 상황에 따라 연장전까지 진행되는 경기가
숨 막힐 듯한 긴장감과 예측불허의 상황이 매력적입니다. 프로야구에서
중요하지 않은 선수와 역할이 없지만 그래도 투수의 역할이 아무래도
중요합니다. 투수의 역할과 컨디션이 승패를 좌우하곤 합니다. 이런 이
유로 선수 중에서 투수의 계약금과 연봉이 상위권에 속합니다. 우리나라
프로야구 선수 중에서 우리가 잘 아는 선동열, 최동원, 박찬호, 류현진,
김병현 선수도 모두 투수입니다.

제가 생각하기에 투수의 역할에서 중요한 것 중의 하나는 '마무리'입
니다. 야구 경기가 홈런 하나로도 역전이 가능하기에 다 이긴 경기를
투수가 던지는 공 하나의 실수로도 경기 결과가 뒤집어 질 수 있습니다.
그렇게 되면 오랜 시간에 걸쳐, 감독과 코치와 선수들이 애써온 모든 성과가 물거품이 되기도 합니다. 그러니 마무리 투수의 중요성은 아무리 강조해도 지나치지 않을 것입니다. 그러나 야구의 마무리는 투수만 중요한 게 아닙니다. 투수 못지않게 타자나 수비수들도 중요합니다. 마지막까지 포기하지 않고 임하다보면 기회가 생길 수 있습니다. 마지막에 잘 친 홈런 아니 안타나 번트로도 역전이 가능합니다. 또한 수비수의 좋은 수비나 실수 하나면 경기의 흐름을 바꿔놓기도 합니다. 그러니 감독과 코치도 마무리에서 자기 역할을 잘 감당해야합니다. 그러고 보니 마무리는 정도의 차이는 있으나 모두가 중요합니다. 모두가 자기 역할에서 충실해야합니다. 저는 이런 점에서 프로야구 관람이 좋고, 여기서 배우는 것이 참 많습니다.

마무리의 중요성은 프로야구만이 아닙니다. 우리 삶의 모든 영역에서도 그렇습니다. 제가 재직하는 학교에서 마무리의 중요성을 느낄 때가 한 두 번이 아닙니다. 얼마 전에 있었던 일입니다. 열심히 공부하는 우등생으로 우수한 성적으로 장학금을 독차지하다시피 하던 학생이 있었습니다. 이번 시험에서도 당연히 이 학생이 전교 1등을 하리라 여겼습니다. 예상대로 총 4일간 치러진 시험에서 3일 연속 전 과목 100을 이어갔습니다. 마지막 날 4일째는 비교적 쉬운 과목이니 전 과목 만점이라는 기록도 가능할 것으로 여겼습니다. 드디어 시험을 다 마쳤습니다. 이 학생은 자랑스럽게 친구들과 선생님들에게 전 과목 만점을 확신하며 입가에 웃음이 가득했습니다. 정말로 이 학생의 시험지에 체크된 답은 모두 정답이었습니다.

그런데 뜻밖의 상황이 벌어졌습니다. 평가담당 선생님이 컴퓨터 프로그램으로 성적을 산출한 결과 이 학생은 전교 1등이 아니라 전교 10등마저 지키지 못하고 밀려나 있었습니다. 평가담당 선생님이 혹시 자신이 실수를 하지 않았는지, 확인해봤으나 그렇지 않았습니다. 혹시 기계가 잘못된 건가 싶었으나 그도 아니었습니다. 도대체 뭐가 잘못된 것일까 싶어 자세히 확인하고서는 그만 탄성을 자아내셨습니다. 확인해본 결과 이 학생은 마지막 날 마지막 시험과목에서 그만 시험지에다가는 답을 썼으나 OMR카드에는 답을 마킹하지 않은 채 제출하고 말았습니다. 그러니 가장 쉬운 과목에서 이 학생은 0점이 되고 말았습니다. 3일 동안 10여 과목 모두 만점인데 단 한 과목에서 단 한 번의 실수로 추락하고 말았습니다. 아마 계속된 만점행진에, 마지막 날 마지막 과목이 너무도 쉽다보니 긴장이 풀려서 그랬던 것 같습니다. 이미 제출한 답안지이고 시일이 지난 후라 시험지를 증거자료로 해서 다시 채점할 수도 없었습니다. 이 일로 이 학생은 성적우수상과 수십만 원에 이를 장학금을 놓치고 말았습니다. 저는 이 학생에게 지난 일을 빨리 잊을수록 좋다고 말하면서, 그마나 이 시험이 학교 자체 시험이기에 망정이지 고입선발시험과 같은 매우 중요한 시험이었다면 어쩔 번했나 싶다고 다독이며 위로했습니다.

시작을 잘해야 하지만 마무리를 잘해야 합니다. 오늘 하루를 마무리하면서 아쉬운 점이 있다면 분명히 반성하고 점검해야합니다. 혹여 다른 사람의 마음을 아프게 했다면 변명하고 자기합리화를 할 것이 아니라 다른 사람의 마음으로 입장을 바꿔 생각해보고 빨리 용서를 빌어야 합니다.

시작이 있으면 끝이 있습니다. 마무리 단계는 자신의 삶의 목표와 신념을 점검하는 시간입니다. 자신의 분명한 목표의식을 되새기면서 차분히 정리해나가는 시간입니다. 빠뜨린 것은 없는지 꼼꼼히 살펴봐야 합니다. '유종有終의 미美'라는 말처럼 마무리를 정성껏 잘해서 일을 마무리하고, 관계맺음을 잘해야 합니다.

마무리를 잘하면 새로운 출발, 새로운 다짐으로 나아갈 수 있습니다. 마무리에서 잊지 말아야할 것은 잊을 건 잊고 나가야한다는 것입니다. 이미 지난 일에 연연해서는 앞으로 나아갈 수 없습니다. 이미 지난 일은 훌훌 털어버리고 앞으로의 일을 위한 뼈저린 교훈으로 삼으면 됩니다. 이 교훈이야말로 인생에서 잊지 말아야할 값진 교훈으로 우리의 삶을 더욱 지혜롭게 이끌어 줍니다. 나무가 자라면서 겉으로 보이지는 않지만 그 속에 나이테가 이어져가듯이 지난 일은 우리 삶에서 소중한 추억과 가르침으로 가슴 깊이 간직될 것입니다. 때로는 상처가 되어 남지만 그 상처의 흔적으로 인해 겸손해지고 진지해지고 성숙해지고 단단해질 수 있습니다.

마무리하는 시간은 중요합니다. 이 시간에 자신을 돌아보면서 조용히 가슴 속 깊은 곳에서 들려오는 자아성찰의 소리와 진취적인 기상으로 포효하는 소리를 들어야합니다. 오늘의 분명한 반성만이 내일의 개선과 성숙을 만들어갈 수 있습니다. 저는 마무리하면 되새기는 고사성어가 있습니다. 잘 알려진 말로 일신우일신日新又日新라는 말입니다. 일신우일신은 '하루하루 계속해서 새로워진다'는 뜻입니다. 이 말은 은나라 탕왕의 세숫대야盤銘에 새겨져 있던 '구일신苟日新 일일신日日新 우일신又日新', 즉 '진실하게 하루가 새로워야, 나날이 새로워져도 또 하루가 새로워진다'는 말에서 온 것이라고 합니다. 일신우일신日新又日新은 한걸음씩 앞으로 나아가는 것이나 멈춰 있지 않음을 의미합니다.

새로워진다新는 것은 조금씩 나아진다는 것을 뜻합니다. 그러나 정확하게는 본질이 완전히 변한 상태를 상징합니다. 삶에서 변화하는 것을 거듭하다보면, 자신의 생각과 행동을 한 번에 새롭게 바꿀 수 있는 힘이 생기게 됩니다. 그 때가 되면 하루만에도 자기의 전체를 완전히 변화시킬 수 있습니다. 이런 상태에 일어나는 새로워짐이 구일신苟日新입니다. 비로소 스스로 자기를 바로 바꿀 수 있는 사람으로서 진실한 하루를 맞는 것입니다.

이처럼 구일신苟日新의 상태에 다다라야, 하루하루가 진정으로 새로운 일상日이 됩니다. 그러므로 일신우일신日新又日新은 차근차근 변화하는 것을 가르치지만, 궁극적으로는 한 번에 자기를 변화시킬 수 있는 사람이 되는 것을 목표로 한다고 이해할 수도 있습니다. 그런 까닭에 구일신苟日新은 자기의 관성에서 벗어난 일상이 자유로운 사람이 된 것이고, 일신우일신日新又日新은 그런 사람의 결정과 선택이 행동으로 옮겨져 일상을 일신日新하는 것이라 할 수 있습니다.

참된 교육이란 무엇일까요

교육은 삶의 체계 속에서 발생하는 것이며 이루어지는 것입니다. 즉, 한 시대의 문화적·사회적·정치경제적 상황을 반영하고 있으며 또 그 안에서 새로운 변화를 위한 요구들이 반영되어 이루어지는 것이 바로 한 시대의 교육입니다. 그렇기 때문에 한 시대의 교육적 상황, 시대적 흐름과 특징들을 분석하는 것은 미래지향적인 교육을 설계하기 위한 가장 기초적 필요가 되는 것이라고 말할 수 있습니다. 또한 한 사람은 태어나는 순간부터 다양한 영향력 속에서 성장하게 됩니다. 가족, 또래집단, 학교, 교회, 사회, 그 시대의 과학적 영향력, 사회복지적 안전망, 문화적·사회적 분위기 등이 한 사람의 발달과 성장에 서로 영향을 미칩니다. 그리고 이러한 영향력의 체계 속에서 사람은 성장하며 삶을 영위합니다. 이러한 이유로 교육을 논의함에 있어서 사회적 주요한 이슈들 및 시대적 상황을 논하는 것, 또한 한 사람에게 가장 영향력을 미치는 가정, 이웃, 학교와 같은 요소를 논하는 것은 통전적이며 체계적이고 효율적인 교육과정을 설계하기 위한 필수 요소입니다.

국제 아동구호단체 '세이브 더 칠드런'과 서울대 사회복지연구소가 연구한 〈아동의 행복감 국제비교연구〉에서 우리나라의 어린이들은 자기 자신의 외모, 성적, 몸에 만족하지 못하고 주관적으로 느끼는 행복도 최하위로 나타났습니다. 우리나라, 영국, 스페인 등 15개국 만 8, 10, 12세 아동 5만여 명을 대상으로 〈아동의 행복감 국제 비교연구〉를 진행한 결과입니다. 우리나라 어린이들은 선정한 옷, 컴퓨터, 인터넷 등 소유품 9개중 평균 8.5개를 소유해 물질적 상황은 노르웨이(8.8개)에 이어 두 번째였으나 주관적 행복지수는 최하위였습니다.

안타깝게도 이것은 아동·청소년만의 문제가 아니었습니다. 우리나라 사람들은 사람과의 친밀관계를 중요시하지만 OECD의 〈2015 더 나은 삶 지수〉에 따르면 정작 힘들 때에 의지할 수 있는 사람의 비율은 경제협력개발기구OCED회원국 중 최하위였습니다. 또한 삶의 만족도, 일과 삶의 균형에서도 낮은 하위권을 기록했습니다.

OECD의 〈2015 더 나은 삶 지수Better Life Index 2015〉에 따르면 우리나라는 '사회적 연계Social Connections'에서 36개 조사대상국 중 꼴찌를 기록했습니다. OECD 회원국과 러시아와 브라질을 대상으로 실시된 조사에서 결과입니다. 사회적 연계는 어려움에 부닥쳤을 때 도움을 요청할 수 있는 이웃과 친척 혹은 친구를 말하는데 72%만이 의존할 수 있는 사회적 연계가 있다고 함으로써 OECD 평균 88%보다 16%포인트 낮은 결과를 보였습니다. 우리나라는 총 11개 지표 가운데 사회적 연계를 포함해 절반에 가까운 5개 지표에서 OECD 하위 20%에 들었습니다. 우리의 삶은 이렇게 외롭고 고독하고 불안합니다. 이로 인해 행복지수는 조사국 34개국 중에서 27위로 하위권이었습니다.

사람의 행복은 물질적 여건이나 기본적인 사회적 안전망을 기본으로 하지만 이것으로 국한되는 것은 아니라는 것을 볼 수 있는 측면입니다. OECD의 〈더 나은 삶 지표Better Life Index〉에서 나타난 바와 같이 우리나라는 교육에서는 순위가 높았지만 환경, 삶의 만족도, 일과생활의 균형, 건강 등에서는 하위권을 기록했습니다. 이러한 지표들은 최근 젊은이들 사이에서 회자되고 있는 '헬조선'이라는 용어에서 볼 수 있듯이 사회적인 불안정과 불평등이 우리 사회 속에 만연되어 있다는 것을 분명하게 보여주는 것입니다. 또한 이러한 것들을 제도적으로 풀어나가고 공동체의 의식과 가치관 속에서 새롭게 변화시켜 가야 할 과제가 놓여 있다는 것을 보여주는 것이기도 합니다.

이러한 현실에서 아동에서 성인에 이르기까지 우리나라는 행복을 추구하나 행복하지 않은 나라로 된 것입니다. 그야말로 이른바 '한강의 기적', '쓰레기더미에서 장미꽃이 핀 기적'을 이루었으나 '기쁨을 잃은 나라', '풍요 속의 빈곤'이 된 것입니다. 성장과 번영이라는 목적을 향해 앞만 보고 달려온 결과는 행복하지 않은 삶, 의미를 상실한 삶이라는 뜻하지 않은 결과를 가져왔습니다.

이러한 사회적 상황은 학교교육의 현실에서 비롯되기도 했습니다. 학교는 참된 교육이 자행할 목적과 방향을 잃었습니다. 학교에서만 잘하면 사회에서 충분한 보상을 받는다는 학교지상주의교육, 자본의 축적과 소유를 위해 경쟁을 부추기는 천박한 상업주의교육, 주입식교육으로 인해 비판적 사고능력과 창의력을 상실한 교육, 다양성에 대한 이해와 관용보다는 차이와 비판을 자극하는 분리주의 교육 등이 오늘날 학교교육의 현실입니다. 그 결과 왕따, 학교폭력, 가출, 자살 등이 나타났지만 이를 해결하지 못하는 실정입니다.

　이제 우리는 분명한 반성을 통해 바람직한 힉교교육을 위한 몸부림으로 나아가야할 때입니다. 삶의 행복감, 연대감, 소속감이 최하위를 기록하는 현실 속에서 저마다의 존엄한 가치가 인정되고 더불어 살아가는 바른 인성을 회복하는 교육이 필요한 시점입니다. 교육의 궁극적 목적중 하나는 사람이 그 어떤 물질적 가치나 교환가치로 측정될 수 없는 존엄한 존재로서 사회의 관계 속에서 저마다의 자아를 실현하고 사회에 공헌하는 온전한 삶을 이루어 갈 수 있도록 하는 것입니다. 이를 제대로 실현하기 위해서는 교육생태학적인 시각에서 종합적인 이해와 접근과 연계가 필요합니다.

　교육의 장은 전통적으로 가정, 학교, 교회, 사회로 구분되어 설명되었고 최근에 와서는 사이버 공간이 또 하나의 교육공간으로 등장하게 되었습니다. 학습자의 교육 과정은 이렇게 개별적인 교육의 장의 경험들이 통전적이며 유기적으로 상호 영향을 주고받으며 밀접하게 관련되어 있습니다. 이러한 교육의 장과 교육적 경험의 연관성을 교육생태계적인 맥락에서 접근하는 것이 필요합니다. 이러한 교육생태계적인 인식은 브로펜브레너Bronfenbernner의 생물생태학Bioecological적 모형에서 그 근거를 찾을 수 있습니다. '생물bio'이라는 요소는 발달에 유전적 영향이 있음을 나타내는 것이고 '생태학적ecological'요소는 발달은 다양한 환경과 그 환경에 상호작용으로 발산되는 힘의 함수를 의미합니다. 개인은 브론펜브레너의 모형의 중심에 있고 그들의 발달은 유전적 배경과 환경에 의해서 이루어진다는 것입니다.

　사람이 성장할 때 적어도 미시체계, 중간체계, 외체계, 거시체계, 시간체계로 이루어집니다. 미시체계는 사람에게 가장 강력한 영향을 주는 요소로서 가족, 또래, 학교, 이웃 등을 포함하며 최근에는 텔레비전과 인터넷과 같은 매체를 포함합니다. 미시체계에서 아이의 양육방식은 한 개인의 성격과 인성에 있어서 가장 중요한 영향을 미치는 것입니다. 또래 관계는 청소년 시기에 있어서 결정적 영향을 미치며 부모관계 다음으로 중요한 요소입니다. 태도와 가치, 사회성발달, 정서적 지시등이 또래 집단을 통하여 형성됩니다. 미시체계는 개인과 함께 묶이는 것이며 중간체계는 미시체계 요소간의 상호작용으로 구성됩니다. 이들 요소가 어떻게 효과적으로 함께 작용하는 가에 따라 건강한 발달이 이루어지기 때문입니다.

교육의 효율성을 위래서 교사가 교육과정에 부모를 포함시키면서 미시체계의 두 요소를 결합시키는 것이 중간체계의 상호작용입니다. 학교와 지역사회가 연결하기도 하고 학교와 사회의 기관들과 협력해서 교육하는 것이 바로 중간체제의 기능입니다. 외체계는 부모의 직업, 건강관리, 다른 사회적 서비스와 같은 미시체계와 중간체계 모두에 영향을 주는 요소입니다. 거시체계는 아이가 속해서 자라는 문화입니다. 정직과 평등을 지향하는 문화가 있기도 하고, 순종과 인내를 지향하는 문화가 있습니다. 즉 크게 보면 사회의 지향성이며 사회구성원들이 지향하는 가치관이 거시체계입니다. 시간체계는 생물생태학적 모형의 마지막 단계로서 동일한 연령이라도 19세기를 살아간 사람과 21세기를 살아가는 모습이 다르듯 그 시대의 상황을 시간체계라고 하는 것입니다.

교육에 있어서 생태학적 시스템을 반영한다는 것은 교육현장이 미시체계 간의 유기적 소통과 연대를 실제화 하는 것입니다. 교사가 학생을 이해하기 위해서는 그의 미시체계인 가정에 대한 관심, 가족에 대한 정보들을 기본적으로 인지하는 것에서부터 시작해서 또래관계, 학교, 생활 등에 관심을 가지고 접근하는 것이 필요합니다. 뿐만 아니라 교육은 교육과정에 부모들을 참여시키는 것이 필요합니다. 가정교육은 학교교육과 밀접한 연계를 갖고 이루어지도록 하는 것이 필요합니다. 더 나아가 청소년들을 지도함에 있어서 그들의 중간체계 속에서 갈등하고 위기를 경험하는 것들을 인지해서 그에 대한 구체적 고민들을 해결하고 풀어갈 수 있도록 돕는 적극적이며 실제적인 교육이 필요합니다.

즐거움을 통한 교육

────────────────────── 제가 사는 지역 인근에 종합
대학교가 있기에 제 집 드나들 듯 들리곤 합니다. 가보면 젊음의 향기에
취해 젖는 듯한 흥겨움을 느끼기에 참 좋습니다. 요즘 가서 보니 캠퍼스
곳곳에 집중 교육을 한다는 플래카드와 포스터가 시선을 끕니다. 현재보
다 나은 실력과 스펙 쌓기를 통한 취업 및 미래 개척의 노력을 강조하고
있습니다. 긍정적인 측면이 있는 자기 극복의 노력이라 할 수 있습니다.
그러나 교육이 가장 즐거운 놀이이며, 행복한 행위이어야 하는데, 많은
노력이 취업을 위해 부득이한 과정으로 인식되고 있다는 생각이 드는
현실이 서글프게 느껴집니다. 즐거움을 통한 교육이 되면 얼마나 좋을까
하는 생각을 해봅니다.

　이제 힘든 것을 극복해야 하는 시대적 패러다임은 종말을 맞고 있다
는 것을 인식해야합니다. 현재 기성세대는 춥고 배고픈 시절에 태어나
이를 극복하기 위해 힘든 것을 극복하며 살아 왔습니다. 스파르타식 교
육과 체제에서도 버텨내 왔으며, 이에 대한 결실로 현재가 있습니다.
그러나 이와 같은 방식으로는 더 이상 사회가 진전될 수 없다는 현상들

이 나타나고 있습니다. 저출산고령화 환경 그리고 청년 실업 등의 문제는 심각한 사회문제입니다. 무한한 노력의 강조는 젊은이들에게 낭만을 즐길 수 있는 기회와 가족과 함께 할 시간을 앗아가고 있습니다. 인문학의 중요성을 말하면서도 문화를 즐기는 시간을 가질 수 없게 하고 있습니다.

기술의 발전은 힘들고 반복적인 부분을 자동화로 대체하면서, 인간이 힘들게 해야 하는 일들은 가치가 없거나 저부가가치의 일로 전락하게 만들었습니다. 인공지능을 포함한 기술의 발전은 미래 직업들에 대한 많은 변화를 가져오고 있습니다. 지금 인기가 있는 많은 직업들이 사라질 것이며, 새로운 직업들의 출현을 이야기하고 있습니다. 많은 시간과 노력을 요구하는 어학 능력이 이제 인공통역을 통해서 널리 활용되는 시대가 도래하고 있습니다.

이제 인간은 주어진 반복적인 일들이 아닌 창의적 작업을 하지 못할 경우, 직업을 얻지 못하는 시대가 되고 있습니다. 이와 같은 시대의 생존 전략은 진정 자신이 하고 싶은 일을 바탕으로 한 창의적인 자기 계발에 바탕을 두어야 합니다. 창의적 작업은 즐거움을 바탕으로 하지 않으면 가능하지 않으며, 학습은 즐거움을 바탕으로 한 놀이의 개념으로 바뀌어야 합니다.

앞으로의 시대는 어려움을 극복하는 시대가 아닌 즐거움을 향유해야만 생존할 수 있는 역설의 시대가 될 것입니다. 달리 말하면, 마음이 닿지 않는 노력을 해서는 경쟁력이 생기지 않는 시대가 된다고 말할 수 있습니다. 독특한 개성이 있는 인간이자 자신과 타인에게 즐거움을 줄 수 있는 인간만이 존재의 의미를 지니는 시대가 펼쳐지고 있습니다. 기존 세상과는 다른 생각과 다른 행동만이 가치를 인정받는 시대입니다.

학교는 미래 사회의 인재를 키워내는 모판입니다. 조심스럽게 정성을 다해서 교육해야합니다. 스파르타식 교육은 우리 시대에 효용성의 한계를 지닌 교육 모델입니다. 스스로 노력할 수 있는 개성과 즐거움을 바탕으로 한 교육적 패러다임의 전환이 절실한 시점입니다. 그러기에 오늘날은 거꾸로 교실, 창의인성교육, 융복합 수업, 인문학적 토대 위에 지식창출, 행복교육이라는 말들이 들려오고 있습니다. 이런 교육은 한마디로 말해서 주입식 교육이 아니라 참여적인 교육을 말합니다. 학습자 존중과 자발적인 참여를 통한 즐거운 마음에서 교육이 시작됨을 말합니다.

종의 자식을 업어 키운 황희

조선 시대 세종 임금님을 돕고, 영의정을 18년 동안이나 한 황희는 우리 역사상 지혜로운 위인 중의 한 분으로 손꼽히고 있습니다. 그는 성품이 어질고 청렴한 생활을 해서 모든 정치인들의 표본으로 후세에 더욱 빛나고 있지요. 어느 날, 세종 임금님이 그의 집을 가보고 몹시 놀랐어요.

"아니, 방바닥에 왜 멍석을 깔았소?"

"누워서 등을 긁으려고요."

황희는 이렇게 말은 했지만, 멍석을 깔고 살 만큼 청렴했습니다.

"천장엔 구멍이 나 있구려. 비가 오면 새지 않소?"

"그러면 항아리를 갖다가 낙숫물을 받습니다."

"왜? 허드렛물 긷기가 귀찮소?"

"아닙니다, 낙숫물 떨어지는 소리를 들으면서 가난에 찌들어 우는 백성들을 어떻게 하면 잘 살 수 있게 할지 생각하느라고요."

"과연, 명재상이시오!"

어느 날, 황희가 하인의 갓 난 아기를 업고 있을 때, 그 아기의 아버지가 이를 보고 달려왔어요.

"나리, 어찌하여 천한 제 자식을 업으셨습니까?"

"자식은 똑같은 자식이니까. '내' 자식, '네' 자식, 한 마디만 틀릴 뿐이지 자식은 자식 아니냐."

이 때 황희 등에 업힌 하인의 아기가 실수를 한 바람에 오줌이 뚝뚝 떨어졌습니다. 하인은 기겁을 하였지요.

"아이고, 죽을죄를 지었습니다요!"

"그게 무슨 말인가?"

"제 자식 놈이 오줌을……."

"하하하, 네 자식은 참 효자구나. 내 등이 썰렁하다 싶었는데, 네 자식이 그걸 용하게 알아차리고 따뜻한 물을 부어 주었구나."

황희는 이렇게 매우 너그러웠습니다. 그렇게 때문에 하인들은 물론 만백성이 우러렀으며, 세종 임금조차 '명재상'이라고 한 것입니다.

그 어떤 사람도 그가 직면한 사회구성체 질서와 체제를 거스르기는 힘듭니다. 물론 잘못되거나 구태의연한 사회를 변혁하는 혁명과 개혁을 이룬 선각자들이 있지만 이도 때가 무르익고 많은 사람들의 공감대가 형성되어야만 가능합니다. 그저 한 개인의 의지나 열정이나 다짐으로는 어렵습니다.

분명한 신분제 사회에서 이를 뒷받침하는 유학자로서, 그것도 임금 다음으로 신하 중에서는 최고 지위에 있는 황희로서는 그럴 수 없습니다. 어쩌면 이것이 황희에게 자기합리화의 빌미로 작용할 수도 있습니다. 사회 전체가 신분제 사회이고 이를 당연시하고 자신은 그 중심적 사상가요, 지위에 있으니 말입니다. 그러나 황희는 주어진 여건에서 옳은 길을 실행해 나갔습니다. 이는 누가 시켜서도 아니고, 이렇게 하면 권력과 명예와 부를 누림에 유리한 것이 아니었습니다. 오히려 생활의 불편함과 번잡한 오해를 불러일으킬 수도 있었습니다. 그럼에도 황희는 사람을 차별하지 않고 존중했습니다. 진심으로 그랬습니다.

황희가 정승이라는 고위직이요, 연로한 나이를 감안하면 이것은 결코 쉬운 일이 아니었습니다. 황희는 사람을 대함에 지위고하가 문제가 되지 않았습니다. 주인과 종이라는 주종관계가 아닌 그저 같은 사람으로 대했습니다.

황희는 1392년 고려가 망하자 일정 기간 은둔생활을 하며 고려 유신으로 지냈습니다. 그러다가 1394년 태조 이성계의 적극적인 출사出仕 요청을 수용해서 성균관학관에 제수되면서 세자우정자世子右正字를 겸임하기 시작해서 조선 초기 60여 년을 관직에 있었고, 영의정을 18년이나 지낸 당대 맹사성과 함께 청백리淸白吏의 귀감으로 후대에 존경을 받는 인물입니다. 아주 오래전 사람인 황희가 오늘날까지 추앙받는 이유는 그가 청백리로서 모범을 보였고 그의 고매한 인격이 귀감이 되기 때문입니다.

'작은 이익을 욕심내지 마라. 큰일을 성취하지 못한다', '직위가 없음을 불평하지 말고 실력을 기르는데 힘을 쓰라' 위 명언은 인仁을 최고의 목표로 삼고 그것을 실천하고 실행해서 태평성대의 대명사인 요순堯舜과 이상理想을 실현하고자 했던 공자의 말입니다.

공자는 『논어論語』에서 "어진이는 인仁에 편안하고仁者安仁, 지혜로운 사람은 인仁을 이롭게 여긴다知者利仁"라고 해서 인仁만 구현되면 세상은 요순堯舜 시대가 온다고 설파했습니다.

그러나 공자보다 2,300여 년 뒤에 태어난 다산 정약용은 공자의 본질적인 사상과 철학을 현실세계에 어떻게 구현할 것인가를 고뇌했던 학자로서, 부패와 뇌물에 찌든 당시의 세상을 직시하면서 인仁을 구현하기 앞서 공직자들의 청렴정신이 먼저 실천돼야 한다고 여겼습니다. 이에 다산은 앞의 공자의 말을 바꿔 "청렴淸廉한 사람은 청렴淸廉에 편안하고廉者安廉, 지혜로운 사람은 청렴淸廉을 이롭게 여긴다知者利廉"라는 새로운 사상과 논리를 그의 『목민심서牧民心書』를 통해 주장했습니다.

인仁으로 직행하면 요순시대가 온다던 공자와 인仁으로 가기 위해 청렴淸廉이라는 단계를 거쳐야 한다는 다산의 철학은 2,300여 년의 시공을 뛰어넘는 세월 속에서도 공통분모를 갖고 있습니다. 논리를 전개하는 출발선은 다소 다르지만 목표는 청렴이라는 한 단어에 귀결됩니다.

다산은 『목민심서』에서 "청렴淸廉은 목민관牧民官의 본무요, 모든 선善의 근원이며 덕德의 바탕이니, 청렴淸廉하지 않고는 능히 목민관牧民官일 수 없다"고 했습니다. 추상처럼 단호하고 얼음장처럼 차가운 논조입니다. 목민관은 과거 수령을 일컫는 말이지만 요즘 모든 공직자에 해당됨은 두 말할 나위 없습니다. 이처럼 나라의 녹을 먹고사는 공직자로서 청렴의 자질을 갖추고 중요성을 강조한다는 것은 예나 지금이나 지나침이 없습니다. 청렴은 현대사회에서는 한 국가의 경쟁력과 관련성이 깊습니다.

세계반부패운동단체인 국제투명성기구TI가 발표한 '2014년 국가별 부패인식지수CPI' 결과에 따르면 우리나라의 국가청렴도는 100점 만점에 55점을 받아 175개국 중 43위를 기록했습니다. 또한 경제협력개발기구 OECD 34개 회원국 중 27위로 역시 하위권에 머물렀습니다. 70점대는

'사회가 전반적으로 투명한 상태'이며, 우리나라와 같은 50점대는 '절대 부패에서 벗어난 정도'로 볼 수 있습니다.

해방이후 우리나라는 급격한 경제성장을 이루어 냈으며 경제규모 세계 11위의 성과를 이루어 낸 성공한 나라지만 아직도 부정부패는 아직 선진국의 수준에 들지 못하는 실정입니다. 잊을만하면 나오는 공무원들과 국회의원들의 뇌물수수 소식은 불쾌하기 이를 데 없습니다. 이들의 추락은 오늘 우리의 부끄러운 현실을 그대로 보여주는 듯해서 안타깝습니다. 지난 2015년 말부터 시행된 공무원 징계령에는 공무원이 직무와 관련해 100만 원 이상의 금품이나 향응을 받으면 무조건 파면 또는 해임의 중징계에 처하도록 했을 정도입니다.

오늘날 부정부패가 없어야 올바른 정의사회를 구현할 수 있고 부정이나 뇌물로 인해 특혜를 받거나 또 피해를 보는 사람들이 없어질 수 있습니다. 청렴하고 투명한 사회가 되어야 서로에 대한 신뢰도 쌓이고 또 국가 발전에 많은 도움이 될 수 있습니다. 청렴하고 부패가 없는 사회가 이룩되면 기업들 간의 공정한 경쟁을 통해서 산업이 더 많이 발전하고 그로인해 국민소득도 더 증대되며 해외투자도 더 많이 유치할 수 있습니다.

황희는 청백리만이 아니라 성품이 너그럽고 어질며 침착하고 겸손했습니다. 그리고 사리가 깊고 충효가 지극했습니다. 학문에 힘써 높은 학덕을 쌓았으므로 태종으로부터 "공신은 아니지만 공신으로서 대우했고, 하루라도 접견하지 못하면 반드시 불러서 접견했으며, 하루라도 좌우를 떠나지 못하게 하였다." 할 정도로 두터운 신임을 받았습니다. 그의 인격에 얽힌 일화들은 많습니다.

황희가 고려 말기 관직에 있을 때의 일입니다. 도성에서 일을 보고 잠시 쉬기 위해 어느 논길을 걷는데 한 농부가 검은 소와 누런 소 두 마리를 이끌며 밭을 갈고 있었습니다. 그런 농부를 황희는 물끄러미 바라보다가 농부가 잠시 쉬기 위해 소를 저쪽에 두고 나무 밑으로 오자 황희는 농부에게 가서 물어봤습니다.

　"두 마리 소 중에 어떤 소가 일을 잘 합니까?"

　그러자 농부는 갑자기 황희를 데리고 멀리 가더니 거기에서 황희의 귀에 대고 조그맣게 속삭였습니다.

　"검은 소는 꾀를 부리지만 누런 소는 일을 잘하지요."

　그런 농부를 보고 황희는 크게 웃으며 말했습니다.

　"아니, 하찮은 소를 보고 물어보는데 여기까지 와서 귀에까지 대고 속삭일 필요가 무엇이 있습니까?"

　그랬더니 농부는 약간의 노기를 띠며 황희에게 말했습니다.

　"글을 배운 선비라는 사람이 무슨 그런 말을 하시오! 아무리 소같이 하찮은 동물이라도 자신에게 나쁜 말을 하면 싫어하는 법이오. 그래서 이렇게 소를 피해서 여기서 귀에 대고 속삭인 것이오!"

　그 말을 듣는 순간 황희는 자신이 매우 경솔하게 행동하였다는 것을 깨닫게 되었습니다. 그리고 시골의 농부도 이런 생각을 하는데 글을 배운 선비라는 자가 이렇게 경솔하게 행동하였음을 느끼자 갑자기 너무 부끄러워 얼굴을 들 수가 없었습니다.

　그래서 농부에게 자신의 편견을 고쳐주어 고맙다고 얘기하려고 농부가 있던 곳으로 얼굴을 돌리니 그 두 마리 소와 농부는 온데간데없었습니다. 황희는 '하늘이 나의 편견을 고쳐주기 위해 이런 일을 벌였구나!'

라고 생각하고 이 일로 언행을 삼갈 것을 평생의 교훈으로 삼았습니다.

어느 날 황희의 집에서 일하는 여자 하인 둘이 손님 맞을 준비를 하다가 말다툼을 벌였습니다. 한참 동안 옥신각신 싸웠지만, 결론이 나지 않았습니다. 그러다 여종 둘은 마침내 황희에게 달려갔습니다. 먼저 한 여종이 나서서 말했습니다.

"대감마님, 손님이 오시면 배가 고플 테니 음식부터 장만하는 게 옳지요?"

황희가 대답했다. "오냐, 네 말이 옳다!" 그러자 이번에는 다른 여종이 머리를 조아리며 말했습니다.

"대감마님, 손님을 맞는 데 집안이 어지러우면 예의가 아닌 줄 압니다. 집 안을 청소하여 손님을 기분 좋게 하는 게 우선이 아닙니까?"

이 말을 들은 황희는 또 고개를 끄덕이며 옳다고 했습니다. 이때 옆에서 이 광경을 지켜보던 부인이 따지듯이 물었습니다.

"아니, 세상에 그런 대답이 어디 있습니까? 무슨 일이든 한 쪽이 옳으면 다른 쪽이 그른 법인데, 이 말도 옳다고 하고 저 말도 옳다고 하면 대체 어느 쪽이 옳다는 말입니까?"

그러자 황희 정승은 너털웃음을 지으며 대답했습니다.

"허허, 듣고 보니 부인 말도 옳구나."

이 이야기는 황희가 학식과 덕망과 높은 지위에 있으니 자신이 옳고 남은 틀리다는 생각을 하지 않고 다름을 인정하고 다양성을 존중하는 성품을 잘 드러내줍니다. 또한 당시 무시당하는 계층인 하인이고 그것도 여성임에도 이들의 이야기에 귀기울여준 것으로도 그의 인품을 알게 합니다. 말을 할 때는 상대를 존중하고 입장을 바꿔 생각하는 역지사지易地

思之의 정신으로 임하며, 일에 큰 과오가 없는 한 남의 말을 긍정적으로 수용하고 남을 좋게 이야기하라는 가르침을 일깨워주는 일화입니다. 또 이런 일화도 있습니다.

어느 날 동네 사람이 황희를 찾아와서 물었습니다.

"정승 어른, 한 가지 여쭙고 싶은 게 있습니다."

"그래 무언가? 말해 보게."

"오늘이 아버님 기일忌日이라 제사를 지내야 하는데, 아들 녀석이 몹시 아파서 안 사람이 제사를 지내지 말자고 말립니다. 하지만 제사는 어떤 경우라도 꼭 챙겨야 하는 것이 아닐는지요?"

"자네 말이 맞네. 가서 정성을 다해 제사를 드리게나."

잠시 후에 또 다른 사람이 찾아왔습니다.

"정승 어른, 오늘이 어머님의 제삿날인데 기르던 개가 죽었습니다. 이럴 땐 제사를 건너뛰어도 되겠지요?"

"그렇게 하게"

집안 하인이 황희의 말과 행동을 지켜보면서 질문했습니다.

"어르신, 두 사람이 같은 질문을 한 것인데, 먼저 온 사람은 제사를 지내라고 하시고, 나중에 온 사람은 제사를 건너뛰어도 된다고 말씀하셨습니다. 어떤 뜻에서 하신 것입니까?"

황희가 웃으면서 대답했습니다.

"첫 번째 사람은 누가 말려도 제사를 꼭 지내야 하는 사람이고, 두 번째 사람은 어떻게 해서든 제사를 건너뛰려고 하는 사람이네. 그들은 자기가 듣고 싶은 말을 들으려고 온 것이지. 내 말을 들으려고 온 것이 아니네. 그런 자들에게 옳은 소리를 한들 무슨 소용이 있겠나?"

이처럼 그가 자신보다는 남을 준중하게 된 결정적인 경험이 전해집니다.

황희黃喜가 한 번은 여러 사람과 함께 길을 가다가 길가에 서 있는 버드나무를 보고 크게 절을 했습니다.

"선생님, 안녕하십니까?"

일행은 크게 놀랐습니다. 버드나무에 절을 하는 사람도 처음 봤지만, 거기에 선생님이라는 말을 하는 사람은 더더구나 없는데, 거기에 절까지 하는 사람이 있다면 바보가 틀림없을 것인데, 바보는 고사하고 천하에 이름이 드높은 정승인 황희黃喜가 그런 것에 놀라고 또 놀랄 수밖에 없었습니다.

"대감님, 버드나무가 어떻게 해서 선생님입니까?"

"자네들은 잘 모를 것이네. 내가 어려서 공부를 하지 않고 밖에 나가 놀기만 좋아해서 글방 선생님이 저 버드나무 가지를 꺾어, 회초리를 만들어 내 종아리를 때렸었네. 그 때 내가 정신을 차려서 공부를 열심히 해서 오늘날 정승이 되었네. 그 때 종아리를 때리시던 훈장님은 돌아가셨으니, 나를 깨우쳐 준 저 버드나무에게 절을 하고 선생님이라고 한 것이네."

이 말을 들은 일행은 고개를 숙이며 말을 더 이상 잇지 못했습니다. 그러나 이렇게 훌륭한 정승에게도 한 가지 큰 걱정이 있었으니, 아들이 속을 썩이는 것이었습니다.

황희의 아들 이름은 '수신守身'이었는데, 벼슬은 하급이었습니다. 거기에다 술을 잘 먹고 기생방에 다니며, 돈을 헤프게 쓰고, 다른 사람에게 실수를 하는 등 정승의 아들답지 않았습니다. 그렇게 훌륭하고 뛰어난 정승인 황희라도 자식 교육은 마음대로 안 되었던 모양입니다. 어린 자식도 아니고 나이 든 자식이 부모 속을 썩이는 일만 하니 안타깝기 짝이 없었습니다.

하루는 너그럽기 짝이 없는 황희黃喜가 화가 나서 아들 '수신'을 불러서 단단히 나무랐습니다.

"앞으로 기생방에 다니며 술을 그렇게 먹으면 내 자식으로 여기지 않겠다. 그 때는 나하고 너하고는 부자지간이 아니다."

이 말을 들은 수신은 그 날부터 마음을 굳게 먹고 몸조심을 하였습니다. 그러나 며칠이 지나자 기생이 눈앞에 어리고 술이 마시고 싶어 참을 수가 없었습니다.

'에라 모르겠다. 오늘 한 번만 기생을 만나고 다시는 만나지 말아야겠다.'

그러면서 다시 기생방에 가서 술을 먹었습니다. 그야말로 작심삼일作心三日이었습니다. 황희도 이 일을 알고 화가 났지만 이제는 다른 방법을 쓰기로 했습니다. 황희는 입궐을 미루고 새벽 일찍 아들이 잠자고 나오는 술집 앞에서 기다렸습니다. 한참을 기다리니 아들이 하품을 하면서 나왔습니다. 황희는 기다리고 있다가 아들을 보고 크게 절을 했습니다.

"나리, 밤새 안녕히 주무셨습니까?"

아버지가 기다리는 줄은 꿈에도 몰랐던 아들은 기겁을 하며 놀랐습니다. 더군다나 절까지 하니 수신은 너무 놀란 나머지 그만 온 몸의 기운이 쭉 빠져버렸습니다.

"아버님, 어서 집으로 가시지요."

수신은 아버지를 모시고 부랴부랴 거기를 떠나려 했습니다.

"나리, 아닙니다. 제가 모시고 가야지요."

그러면서 아들을 부축했습니다. 집으로 돌아온 황희는 방에서 아들에게 큰 절을 했습니다.

"댁은 어느 집 귀공자이신지요? 재산이 많은 대감 집 아들이 아니면 그런 곳에 출입을 못 하실 것인데, 처음 보는 대감 자제 같습니다. 부친은 어느 대감이신지요?"

얼굴이 빨개진 수신은 아버지를 일으키면서, 말했습니다.

"아버님, 제가 죽을죄를 지었습니다. 용서하십시오."

"아니오. 내게 수신이라고 하는 아들이 있었는데 얼마 전에 잃었습니다. 뉘 집 자제인 줄 모르나, 할 일이 많은 이 나라, 건국한 지도 얼마 안 된 이 나라 대감의 자제라면 기생방 출입으로 세월을 보내서는 안 되겠기에, 남의 부모지만 안타까워서 이러는 것입니다."

수신은 몸 둘 바를 모르고, 어쩔 줄 몰라 했습니다. 나중에는 울고 말았습니다. 그제야 황희는 말없이 방문을 열고 나갔습니다. 그 후에 수신은 마음을 고쳐먹고 열심히 공부해서 훗날 아버지 못지않은 정승이 되었다고 합니다. 이는 오직 황희 정승이 절제를 모르는 아들을 잘 훈육시킨 덕분이었습니다. 지난 2014년 12월 5일 대한항공의 땅콩리턴 사건이 세간의 눈총을 받았습니다. 이는 대한항공 조양호 회장의 딸인 조현아 전 부사장이 미국 JFK 공항에서 승무원의 땅콩 기내 서비스를 문제 삼아 이륙 중이던 비행기를 회항시키고 사무장을 현지에 내려놓은 채 이륙한 사건입니다.

이 사건은 국내 뿐 아니라 미국을 비롯한 세계 여러 나라 언론에 대서특필돼 회사는 물론 나라 망신까지 톡톡히 시켰습니다. 뒤 늦게 귀국한 사무장은 "기내에서 폭언은 물론 폭행까지 있었다"고 주장하고 목격자도 같은 말을 하고 있어 향후 국토부와 검찰의 조사에 따라 사법처리도 되었습니다. 사건이 발생한 뒤 해당 승무원들을 회유하며 사실 은폐에 나섰던 회사는 사태가 걷잡을 수 없이 커지자 조현아 부사장과 그의 아버지인 조양호 회장이 할 수 없이 언론 앞에 섰습니다. 조양호 회장은 이 자리에서 "자식 교육을 잘못 시켰다."며 사과했습니다.

"자식 겉만 낳지 속을 낳느냐"고 반문할지 모르지만, 부모처럼 자식을 아는 사람이 없기에 자식의 허물은 곧 부모의 허물이 되는 것입니다. 황희는 방탕한 아들에게 절하며 아들을 교육 시켰습니다. 일찍이 노자老子는 『도덕경道德經』에서 "부귀하다고 교만하면 스스로 재앙을 남긴다富貴而驕 自遺其咎"고 했습니다. 그래서 예수도 "부자가 하늘나라 가기가 낙타가 바늘귀를 통과하기보다 어렵다"고 했습니다. 부富와 귀貴를 짝지어 '부귀'라고 부르지만 재산이 있다고 저절로 신분이 높아지는 것이 아닙니다. 귀한 사람이 되려면 아랫사람의 존경이 따라야 하기 때문입니다. 그래서 자본주의가 발달한 나라에서는 경영과 소유를 철저하게 분리해 자질이 없는 자녀에게 경영을 맡기지 않습니다. 기업인들은, 오늘날 그들의 부가 직원들의 피와 땀으로 쌓아졌다는 것을 잊지 말아야 하며 직원들을 가노家奴 취급하는 행태를 반성해야합니다.

지난 2011년 타계한 김근태 선생은 서울대 경제학과 시절 "노동자는 그 노동을 팔 뿐 자신을 파는 것은 아니다"라고 노트에 썼습니다. 말로는 "노동자를 가족처럼 생각한다."고 하지만 소유와 경영이 같이 세습되는 이 나라에서 이 말은 공허한 메아리일 뿐입니다. 어서 빨리 이 땅에서도 땅콩리턴 사건 같은 천민자본주의의 민낯이 사라지고 존경 받는 부자들이 탄생하기를 바랍니다. 이런 점에서 오늘날 우리 교육이 지나친 입시 준비에만 치중할 뿐, 자녀에게 올바른 삶을 살도록 모범을 보이고 교육하는 일에 너무나 무관심하지 않는가 하는 생각을 해봅니다. 황희와 같은 존경할 인물을 아이들에게 소개하고 삶의 모델로 삼게 하는 교육이야말로 오늘날 강조되는 인성교육진흥에 합당한 일일 것입니다. 또한 부패를 넘어 청렴한 대한민국을 만들기 위한 공직자 청렴교육사례로도 유익할 것입니다.

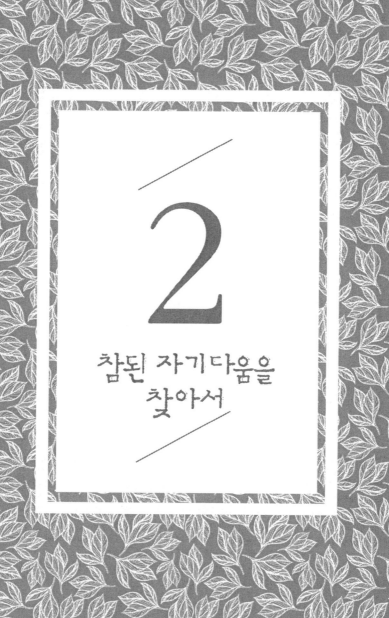

2

참된 자기다움을
찾아서

자랑질에서 벗어나는 삶

———————————————————— 오늘 우리가 사는 세상은 '1인 왕국'이요, '1인 우주'인듯합니다. 얼마든지 스마트폰과 인터넷을 이용한 각종 SNS를 통해 자신을 드러내거나 과시하거나 홍보할 수 있기 때문입니다. 그러다보니 자연히 왕은 충성된 신하를 거느리고 싶어 하듯 사람들도 자신의 독자이자, 팬, 또는 충성스런 팔로우를 거느리고 싶어 합니다.

부모들은 자녀 이야기를 통해 자신을 과시하다보니 자녀의 실패나 좌절, 힘든 상황은 알리지 않습니다. 가장 잘 나온 사진, 가장 근사한 장면, 가장 자랑스러운 이야기를 올려놓습니다. 연인들은 더 말할 필요도 없습니다. 제 주변에도 보면 대학 교수나 학교 선생이나 심지어 교회 목사들도 자기 자녀들의 자랑스러운 근황을 수시로 올려놓고 알립니다. 요즘 아이들 말대로 '자랑질'입니다. 자신의 실패나 가족의 어려움을 자랑하는 사람은 거의 없습니다. 만약 한다면 그것을 극복했거나 잘 해결되어서 좋은 상황이 되었을 때로, 자랑거리로 활용하는 경우일 뿐입니다.

사람들은 '미치도록' 자랑질에 점점 중독되어 가는 것 같습니다.

'자랑질'은 크게 두 가지로 나눌 수 있습니다. 하나는 자신이나 자기의 것을 자랑하고 싶어 하는 것입니다. 다른 사람의 상황이나 처지는 아랑곳 하지 않고 자신의 잘난 점, 성공한 것, 자기 가족의 편안함, 배부르게 먹음, 일류대 합격, 좋은 옷 등을 알립니다. 도대체 왜 우리는 세속적인 가치를, 썩어질 허망한 것을 자랑하고 싶어 안달일까요? 우리가 진정으로 자랑해야 하는 것이 이런 것일까요?

또 하나는 변질된 자랑질입니다. 마치 악마의 쇼처럼 느껴지는 것으로 며칠에 한 번씩 전해지는 뉴스를 보면 알 수 있습니다. 애완동물을 잔인하게 죽이는 장면, 주위 사람을 무섭도록 괴롭히는 장면, 돈 자랑하는 모습 등…. 그러니 사치스런 해외여행이나 밭을 갈아엎듯 성형수술을 한 뒤의 모습을 매일 올리는 것쯤은 이제 일도 아닙니다.

이에는 아이들도 다르지 않습니다. 여학생들의 교복치마는 왜 점점 위로 올라가는 것일까요? 그것도 사실 자랑질입니다. 다리가 길어 보이고, 좀 더 예뻐 보이게 하려는 몸부림입니다. 추운 겨울 애써 참아온 욕구를 발산하듯 햇살 눈부신 봄이 되면 남학생, 여학생 가릴 것 없이 몸매에 신경 쓰느라 밥을 굶는 것도, 그 여린 피부에 화장품을 쉼 없이 붓칠하는 것도 '나를', '나만' 봐달라는 자랑질입니다.

오늘 하루는 자랑질에 혈안이 된 우리 자신에서 한 걸음 떨어져 바라보면 어떨까 싶습니다. 자랑질에 감춰진 자신의 모습은 어떨까요? 풍요를 누리면서도 왠지 모를 허기는 어떨까요? 알게 모르게 불의와 타협하며 관행이라는 허울 속에 애써 자신을 맞춰오며 획득한 이익이 주는 내면 깊숙한 곳에서 들려오는 가책의 소리는 어떨까요? 가족이 있고, 친구가 있음에도 외로움을 느낌은 도대체 무엇일까요? 지금 누리고 있는 삶의 조건들이 훼손될까 전전긍긍하는 괴로움도 있고, 더 가지려고 더 높아지려고 기를 쓰는 욕심덩어리는 무엇일까요? 물음은 우리 삶의 진지한 고뇌로, 자기성찰로 이끕니다. 미숙한 자랑질에서 자유로운 정신으로 보다 어른스러워지면 좋겠습니다.

오늘 문득 접한 무명無名의 촌로村老가 보여준 삶이 가슴을 짓눌렀습니다. 그는 초라한 행색이었지만 주눅 들지 않았고 적은 돈이지만 큰 사랑을 실천했고, 무질서하게 움푹 팬 이마의 주름은 나이보다 더 늙어 보였지만 고매한 인격의 성자를 보는 듯한 경외감을 불러 일으켰습니다. 참된 가치를 발견하고 올곧은 정신으로 이타적인 삶으로 빛을 발하는 사람은 속된 가치를 소유함을 자랑하지 않습니다. 때로는 가난하고 불편하고 힘들어도 그것을 부끄러워하지도 않습니다. 그저 자신에게 주어진 길을, 해야 할 길을 걸어갈 뿐입니다. 이들은 정말로 자랑할 거리가 많음에도 입을 함부로 열지 않습니다. 우연히 알려져 유명해질 기회가 오면, 오히려 입을 다물고 숨어버리기도 합니다. 그러니 이들의 삶은 잘 알려져 있지 않습니다. 그러니 이런 사람은 성인聖人인 동시에 은인隱人입니다. 이런 사람이 자랑질에 열을 내는 속물근성으로 무장한 우리네 모습을 보면 뭐라고 할까요? 그저 지긋이 웃을 뿐, 아무런 말이 없을 것 같습니다. 어쩌면 설익은 사람됨과 미숙한 인생관을 측은하게 바라볼 지도 모릅니다.

오늘 만난 무명의 촌로는 제게 "나이에 비해 어려 보입니다."고 하는 덕담을 건넸습니다. 그의 눈에 제가 참 어리게 보였나봅니다. "나이에 비해 젊어 보인다."는 말은 원만한 인간관계를 위해 예의를 갖춘 표현입니다. 그러니 이 말을 들으면 기분이 참 좋습니다. 그런데 "젊어 보인다."
가 아닌 "어려 보인다." 는 말을 들으니 기분이 묘했습니다. 그렇다고
기분 나쁘게 들린 건 아닙니다. 문득 그 말이 갖는 깊은 의미가 있는
것만 같다는 생각이 들었습니다. 크게 한 방 얻어맞은 듯, 그 말의 여운
이 쉽게 가시질 않았습니다.

'어리다'는 말은 어른스럽지 못한 미숙함幼과 함께 어리석음愚의 의미
를 동시에 지니는 말입니다. 이게 바로 오늘 제 모습인가 싶습니다. 애써
감춰온 가면이 순식간에 벗겨져 정체가 탈로 난 것만 같은 당황스러움으
로 어지럽습니다. 무명의 촌로는 자신의 말에 아무런 해설이 없건만 저
혼자 얼굴이 화끈거리면서 이런 저런 의미를 붙여봅니다. 가만히 그의
눈을 슬쩍 보니 다 알겠다는 듯한 얼굴로 빙그레 웃어주는 것만 같습니
다. 문득 어리지 않은 사람됨으로 거듭나고 싶어졌습니다. 더 늦기 전
에요.

행복, 어렵지 않아요

소득과 삶의 만족도는 어떤 상관관계를 가질까요? 대중의 오랜 관심사 중 하나인 이 문제의 연구 결과가 우리나라에서 처음 나와 관심을 끌었습니다. 이 분야에 대한 연구는 자본주의가 일찍 발달한 서구에서는 이미 지난 1970년대부터 진행돼 왔습니다. 대표적인 것이 노벨경제학상을 받은 엥거스 디턴 교수가 프린스턴 대학교 동료인 대니얼 카너먼 교수와 함께 지난 2010년 발표한 논문입니다. 이 논문은 '미국 국민은 소득이 늘어나면 더 행복하다고 생각하지만 연봉 7만5,000달러(한화 약 9,065만원)를 넘으면 행복감이 더 이상 증가하지 않는다.'고 분석했습니다.

우리나라에서 처음 시도한 서남대 부동산학과 김은택 교수팀의 연구 결과도 이에서 크게 벗어나는 것은 아니었습니다. 모두 1만3,036명을 대상으로 설문조사해 분석한 결과는 8,800만원까지는 삶의 만족도가 증가했지만 그 이상 넘어가면 만족감이 더 이상 증가하지 않는 것으로 나타났습니다. 우리 속담에 '시장이 반찬이다'는 말이 있는데, 배가 고플 때는 밥맛이 그렇게 좋을 수 없지만 배가 어느 정도 차고나면 밥맛이 떨어지는 것과 같은 이치입니다. 이런 현상은 '배반낭자杯盤狼藉'입니다. 이 말은 『사기史記』의 ≪골계열전滑稽列傳≫〈순우곤전淳于髡傳〉에 나오는 말로 '주연酒宴이 고비에 오르면 주석이 난잡해 진다'는 뜻입니다.

하지만 우리나라에서 삶의 만족도를 느끼고 사는 사람은 과연 얼마나 될까하는 물음에는 대답하기 난처합니다. 흔히 말하는 1% 정도는 어떨지 모르나 99%의 국민은 연평균 소득이 겨우 1,811만원(1인 가구)에서 6,000만원(4인 가구 합계 금액)에 불과한 탓입니다. 이 액수로는 만족감을 느낄 수준과는 한참 멀기 때문입니다. 그래서 그런지 요즘 가장 성업 중인 가게가 '복권판매점'이라 합니다.

이 또한 삶의 만족도를 느끼고자 하는 심리적 욕구 탓일 것입니다. '내일 거지가 돼도 좋으니 돈이나 한 번 실컷 만져봤으면 소원이 없겠다'는 푸념도 그런 사회적 현실을 가장 적절히 반영하는 말이 아닌가 싶습니다. 그러나 '행복'이 반드시 경제적 풍요에서 비롯되는 것만은 아닙니다. 행복지수는 경제적인 면과 함께 GDP, 사회적 지지, 건강수명, 부패, 선택의 자유 등이 종합적으로 고려돼야 합니다.

UN산하 '지속 가능한 발전 해법 네트워크SDSN'가 지난 2015년 세계 158개국을 대상으로 조사한 국민행복도 분석도 이 같은 여러 가지 사항을 종합해 실시한 것인데, 스위스가 1위를 차지한 가운데 나머지 7위까지를 유럽 국가들이 차지했습니다. 미국이나 중국에 비해 GDP나 경제 성장률이 턱없이 낮은 국가들의 행복도가 오히려 높았던 것입니다.

또 몇 년 전에 발표된 조사에서 극빈국極貧國인 네팔인들의 행복지수가 높게 나온 것도 행복이 반드시 경제와 비례하지 않음을 보여주는 사례입니다. 우리나라의 행복지수는 2015년 34개 OECD 국가 중 25위였습니다. 경제규모 세계 11위의 우리나라의 행복감치고는 낙제점입니다.

문제는 '생각'에 있는 성 싶습니다. 긍정적인 생각은 희망과 열정을 불러 오지만 부정적인 생각은 불행을 초래하기 때문입니다. 우리는 지난 60년 동안 그런 진리를 몸으로 체험하면서 오늘의 한국을 일궈냈습니다. 지금처럼 살림이 어려운 때일수록 그 때의 긍정적인 생각을 되살려 내는 게 필요합니다. 생각을 바꾸면 결과도 바뀌게 돼 있습니다. 행복은 긍정적인 생각을 먹고 자라는 꽃입니다. 만족할 줄 아는 사람이 가장 큰 부자입니다.

저를 포함해서 대부분의 사람들은 세상보다 자신에게 더 관심을 둡니다. 물론 자신을 아끼고 사랑하는 것이 모든 것의 출발점이라는 것을 부정하지 않습니다. 또한 자신을 더 아끼고 만족시키는 것이 본능적이고 인간적입니다. 그런데 이 본능적이고 인간적인 것 때문에 많은 이들이 아파하고 힘들어 합니다. 영국의 NEF신경제재단, The New Economics Foundation 에서 2009년 HPI 2.0the Happy Planet Index 2.0을 발표했습니다. 기대수명과 삶의 만족도, 친환경성을 바탕으로 국가별 '행복지수'를 산정했다는 것입니다.

2009년 세계은행이 발표한 1인당 명목 GDP가 17,078달러로, 조사된 164개 국가 중 32위를 기록했던 우리나라의 행복지수 순위는 어떨까요? 조사대상 143개국 중에 68위였습니다. 행복은 성적순(경제순)이 아니라더니 정말인가 봅니다.

도대체 행복이 뭐기에 저 멀리 부탄에 살고 있는 사람보다 우리가 덜 행복하다는 것일까요? 버트런드 러셀의 『행복의 정복』이란 책은 불행의 원인과 행복의 조건에 대해 다룹니다. 사회제도 등 외부적 환경은 제외하고 개인적인 심리만을 다룬 이 책에서, 인간을 가장 불행하게 하는 본성은 질투라고 했습니다. 질투는 인간의 가장 저급하고 치졸한 감정입니다. 그렇다면 행복의 조건은 무엇일까요? 바로 다른 일들 때문에 생기는 긴장감을 풀어줄 수 있는 여러 분야에 대한 '폭넓은 관심'입니다. 어떤 것에 관심이 생기는 순간, 인생은 권태에서 벗어날 수 있습니다.

이제까지 저는 '앞길이 구만 리 같다'는 말이 아직 젊어서 어떤 일이라도 해낼 수 있을 만큼 세월이 충분하다는 뜻이 아니라 그만큼 살아가야 할 길이 저 멀리 막막하게 펼쳐졌다는 의미로 이해했습니다. 그렇게 권태로움에 빠져 세상에 대한 관심은커녕 주변 사람들에 대한 관심도 무뎌질 무렵, 서울서 살다가 지금의 작은 농촌 중학교에 학교목사 겸 교사로 오게 되었습니다. '세월이 쏜 살과 같다'더니 어느새 16년째로, 비교적 안정적인 이른바 정규직입니다. 그러니 다른 사람들에 비해서는 안정적인 틀에서 저만의 만족을 추구하고 가족의 안위를 누릴만한 여유가 있지만 제가 살아가면서 가장 고민하는 부분은 '폭넓은 관심'입니다.

지금도 제 앞가림하기에도 정신없긴 하지만, 저와는 크게 관련된 일들이 아니지만 청년실업문제, 농촌문제, 종교문제 같은 것들에 주의를 집중하곤 합니다. 그저 제 세상 속에서 제 속도에 맞춰 살며 만족감을 느끼던 제가 어쭙잖은 지식과 의견으로 여러 신문과 라디오 방송에서 글을 써대고 말을 하다 보니 잠 못 이루기도 합니다. 행복과 불행이 무엇이든 간에 저는 권태로움에서 벗어나고 있고, 진짜 '살아 있음'이 뭔지 알아가고 있습니다.

우리는 숨을 쉬면서 살아가니 스스로 살아있다고 생각합니다. 그러나 진정으로 '살아있음'을 느끼기 위해 또 '살아가는 이유'를 찾기 위해 자신의 울타리를 넘어 세상흐름에 관심을 가져보는 것은 어떨까요? 우리 사회에서 벌어지는 일들, 우리의 이웃들에 대한 관심만 있으면 우리의 생각과 느낌이 달라질 것입니다. 나아가 이웃의 아픔을 공유할 줄 알고, 다른 것에 대한 배려와 너그러운 자세로, 공감과 경청으로 공유하는 공동체의 기쁨을 함께 할 수 있다면 불행을 넘어 행복해질 수 있습니다. 그 아픔과 기쁨을 함께 하려는 마음 자체로 행복이요, 사랑이요, 관용입니다. 되도록 폭넓은 관심을 가지는 것, 그리고 관심을 끄는 사물이나 사람들에게 적대적인 반응이 아닌, 되도록 따뜻한 반응을 보이는 것이 행복의 비결이라는 러셀의 말을 믿어봅니다. 그리고 보니 행복, 그것 별거 아니라는 생각이 듭니다. 돈도 들지 않고 선택받은 특정한 사람들만이 누리는 것도 아니고 언제 어제서나 누구든지 가능한 것입니다. 행복을 품는 마음이면 충분합니다.

보이지 않아도
소중한 것

───────────────────── 학교에서 학생들 대상으로 실
용음악 동아리를 만들어 진행하던 때의 이야기입니다. 두 귀를 틀어막고
곧 울 것처럼 얼굴을 찌푸리던 아이가 있었습니다. 사촌 형을 따라 온
것이니 제가 맡아서 함께할 아이는 아니지만 딱히 돌보기가 어려운 여건
이라고 해서 사촌 형인 학생이 데리고 오곤 했기에 함께하곤 했습니다.
반주음악으로 틀어놓은 음악소리에 겁이 났던지 사촌 형 뒤에 찰싹 달라
붙었던 네 살 꼬마아이였습니다. 형을 따라 학교에 왔을 때 반응이었습
니다. 몇 주 동안 유난히 음악소리에 예민하게 반응했습니다. 한두 달이
지나자 음악을 할 때면 소리를 꽥꽥 질러댔습니다. 참다못해 목소리를
조금만 작게 해달라고 요청하면서 마음이 살짝 불편했습니다. 아이의
목소리가 적잖이 진행에 방해가 되었기 때문이었습니다.

 5살이 된 이후부터는 블록을 가지고 놀거나 소리를 지르던 아이가 곧
잘 노래를 따라 불렀습니다. 지금은 형들보다도 더 큰 목소리로 노래를
따라 부르곤 합니다. 이 모습이 하도 귀엽기에 칭찬해 주었더니 환한

표정으로 "선생님, 저 노래 잘 하지요."라며 질문을 던지곤 합니다. 칭찬한 마디에도 아이는 방긋 해맑게 웃습니다. 아직은 글씨를 읽지 못하지만 자꾸 노래를 듣다보니 가사를 외워서 목청껏 노래를 부르는 아이의 모습이 기특하고 사랑스러웠습니다.

사실 제가 어찌 보면 필요이상으로 이 아이를 반기고 칭찬하는 것은 '도둑이 제 발 저린다.'는 말처럼 속으론 많이 미안해서였습니다. 중학교 형들 동아리인데 친형도 아니고 사촌형을 따라와서는 동아리 주인인양 행세하면서 때론 소리를 꽥꽥질러대니 대놓고 화는 내지 않았지만 속으론 부글부글 끓는 불편한 마음이라 은근히 덜 친절하곤 했습니다. 그럼에도 이 아이와 사촌 형인 학생 모두 꾸준히 모임에 참여해주었으니 참으로 미안했습니다.

그간 보이는 대로 섣불리 판단했던 제 눈이, 아이의 순수한 마음을 미처 보지 못한 것 같아 미안함이 컸습니다. 미련하게도 이제야 아이가 소리를 질렀던 그 때도 노래를 함께 따라 부르고 있었음을 알게 되었습니다. 보면서도 보지 못하는 어리석은 눈이 아이 안에 담겨진 작은 행복의 씨앗들을 보지 못했던 것입니다. 보이는 것에 치우치는 정신적인 시각장애와 같은 선생인 제가, 티 없이 맑고 깨끗한 아이들과 순수한 학생들에게 미래를 꿈꾸게 하는 안내자의 역할을 잘 할 수 있을지 요즘은 자책해보곤 합니다.

마지막 시간을 췌장암과 사투를 벌이면서『내 눈에는 희망만 보였다』라는 책을 쓴 사람이 있었습니다. 중학교 재학 중 열네 살 때 축구를 하다가 공에 눈이 맞아 실명失明한 후 그는 불빛조차도 볼 수 없는 '완전 맹인全盲'이 되었습니다. 엎친 데 덮친 격으로 그의 어머니가 충격을 받고 뇌일혈로 세상을 달리하고 말았습니다. 고등학교에 다니는 누나는 동생을 돌본다고 봉재 공장을 다니다 과로로 2년 만에 세상을 떠났습니다. 결국 그의 남매들은 고아가 되어 뿔뿔이 흩어졌습니다. 그는 장애인 재활원으로, 여동생은 고아원으로, 남동생은 철물점으로 가야만했습니다. 그는 자살도 여러 차례 기도했습니다.

그러다 어느 목사와 상담을 하던 중 "갖지 못한 한 가지를 불평하기보다, 가진 열 가지에 감사하라."는 말에 힘을 얻고 좌절의 자리를 박차고 일어섰습니다. 그는 육체의 눈은 잃었지만, 영혼의 눈을 뜨게 된 것입니다. 그는 숱한 좌절과 고통을 딛고 연세대학을 졸업하고 아내와 함께 미국으로 건너가 교육학 박사학위를 취득했습니다. 우리나라 최초의 시각장애인 박사가 된 그는 미국 백악관 국가장애위원회 정책차관보를 지냈으며, 유엔 세계장애위원회 부의장 겸 루스벨트 재단 고문으로 7억 명에 가까운 세계 장애인의 복지 향상을 위해 헌신했습니다. 그가 바로 그 고故 강영우 박사입니다.

그는 이런 고백을 했습니다. "저에게 장애는 축복 그 자체였습니다. 장애는 불편함일 수는 있어도 불완전함은 아닙니다. 누구나 겪을 수 있는 질병과 같은 것입니다. 사람들은 칠흑 같은 어둠속을 살면 기분이 어떠하냐고 묻습니다. 그렇지만 그건 모르는 소리입니다. 난 어둠속에 있지 않습니다. 늘 빛으로 가득했고, 그 빛이 너무 눈부셔서 짙은 선글라스를 쓰고 있을 뿐입니다. 선글라스를 쓰니 빛 속에 계신 이가 더욱 선명합니다. 손에 잡힐 듯하고, 보고 있으니 언제나 가슴이 뜁니다. 제 실명은 장애가 아니라 하나님의 사명을 수행하는 도구입니다. 저는 아무것도 보이지 않아도 희망으로 가득 찬 삶을 살았습니다. 제 생애는 결코 고통의 시간들이 아니었으며, 하나님이 베풀어주신 축복의 시간이었습니다."

불후의 명저名著로 손꼽히는 생떽쥐베리가 쓴 『어린왕자』에는 아주 인상 깊은 말이 나옵니다. "여기에 보이는 건 껍데기에 지나지 않아. 가장 소중한 건 눈에 보이질 않아. 잘 보려면 마음으로 봐야지. 이 세상이 아름답게 보이는 것은 어딘가에 사랑이 있기 때문이지."

소중한 건 눈에 보이는 게 아닙니다. 잘 보려면 마음의 눈이 밝아져야 합니다. 어쩜 우리가 눈을 뜨기 위해서는 반대로 눈을 감아야 하는지도 모릅니다. 화려함에 눈이 멀어 소돔과 고모라를 선택했던 롯과 같은 어두운 두 눈을, 명예와 인기와 지식과 권력을 좇다가 예수를 십자가에 못 박았던 바리새인과 같은 탐욕의 두 눈을 말합니다. 보이는 것들로 판단하면 우리는 그 너머에서 찬란하게 드러나는 순수와 희망과 사랑과 나눔을 보지 못합니다. 우리가 알지 못해서 혹은 어리석어서 지나치는 그 순간에도 아름다운 가치들은 자라나고 있습니다. 편견과 이기심과 미움과 질투로 가득한 눈으로는 아이들 안에 감춰진 사랑의 빛을 볼 수 없고, 행복의 빛도 볼 수 없습니다. 안개와 같은 세속적인 욕망의 가치에 찌든 눈에 박힌 들보를 걷어내고, 더 소중한 영원한 참된 가치를 바라보면 좋겠다는 생각이 듭니다.

지금까지 보이는 것에 집착하며 웃고 울며 살아왔습니다. 껍데기에 지나지 않은 세속의 것들을 움켜쥐고 살아왔습니다. 마음의 눈이 밝아져 아이들 안에 숨겨진 보석들을 하나하나 발견하며 참된 가치를 찾는 길로 그들을 잘 안내하면 얼마나 좋을까 싶습니다. 보이지 않아도 소중한 것을 볼 수 있는 마음과 눈이 활짝 열리기를 소망해봅니다. 오늘보다 내일

이 더 기대되는 학생들의 미래를 기대하며, 오늘 하루 감사와 기쁨으로
한 걸음 나아갑니다.

긍정의 힘을
조심스럽게 바라봅니다

———————————————— 저는 요즘 유행하는 이른바
긍정의 힘을 강조하는 자기계발서를 잘 읽지 않습니다. 솔직하게 말하면
농촌 작은 학교에 재직하면서 도시학교에 비해 상대적으로 자존감이 낮
은 아이들에게는 필요하기에 긍정을 강조하는 자기계발서의 내용을 소
개하고 서적을 권하지만 저 자신은 잘 읽지를 않습니다. 『시크릿』이나
『마시멜로 이야기』와 같은 책들이 베스트셀러에 오르면 기분이 썩 좋지
않습니다. 제가 종교와 국어선생이기에 느끼는 피해의식이랄까, 편견일
지는 모르겠습니다만 제 생각은 조심스럽게 비판도 필요하다고 봅니다.
이런 책을 읽는 것보다는 시집 한 편, 소설 책 한 편, 수필 한 편, 종교적
인 고전을 곱씹어 보는 게 내면의 양식을 쌓는데 도움이 될 거라는 생각
이 듭니다.

무조건적인 비판으로 들릴 수도 있겠지만, 홍수처럼 마구 출판되는
자기계발서를 보면 너무 많은 것은 아닌가 하는 생각도 듭니다. 그에
반해 순수 문학이나 종교 고전들은 천덕꾸러기마냥 설 자리를 잃는 것만

같아 속이 상하기도 합니다.

수많은 자기계발서들을 보면, 어쩌면 그렇게 표지와 편집디자인이 탁월한지 예쁘게 차려놓은 밥상이나 옷맵시를 자랑하는 여배우들을 보는 것만 같습니다. 또한 목차를 펼쳐보면 국어선생인 제가 봐도 감탄이 절로 나옵니다. 어쩌면 그렇게도 말들을 잘도 지어내는가 싶습니다. 목차를 만들 때 전문 카피라이터가 함께하는 지도 모르겠습니다. 다 좋은 말들입니다. 부정할 수 없이 누구나 좋다고 생각할 만한 말들이 담겨있습니다.

자기계발서는 '맞아. 나도 그런 생각이야.'라는 공감을 느끼게 하고 일시적으로 우리의 마음을 편하게 만들어주는 것 같습니다. 왜냐하면 우리도 다 알고 있는 사실이기 때문입니다. 그러나 문득 이런 말들은 우리가 이미 알고 있는 것들을 재확인시켜주는 것에 지나지 않는 것은 아닌가하는 생각이 들기도 합니다. 이제 이대로 행동에 옮기기만 하면 된다고 느끼게 만드는 건 아닐까요?

사실 자기계발서를 좋아하지 않는 이유는 따로 있습니다. 바로 제목입니다. 자기계발서에서 주로 쓰는 제목은 '성공에 이르는 ~', '~의 차이', '~을 이기는 방법', '~에 미쳐라' 등이 있습니다. 뭔가 비장하고 전투적인 제목들입니다. 아는 분이 제 아이들에게 읽히면 좋겠다고 주신 선물로, 어린이용 자기계발서 중에 『이기는 습관』이라는 책이 있습니다. 펼쳐보지도 않고 비판하는 것이 타당하지는 않지만, 책 제목만 보고 즉각적으로 든 생각은 이랬습니다. '애들한테 벌써부터 이기는 법만 가르치겠다는 것인가?'

물론 누군가를 이긴다는 건 짜릿한 희열을 가져다줍니다. 우리 삶의 어쩔 수 없는 현실이 경쟁입니다. 이를 피할 수는 없습니다. 경쟁에서 성실하게 임해서 성공에 이르는 것은 멋진 일입니다. 성공에 이르고, 무언가에 미치는 건 멋진 일입니다. 긍정적으로 생각하는 것이 무조건 나쁜 것은 아닙니다. 우리가 사는 세상에는 차별이 존재하고, 인생에는 부침浮沈이 있습니다. 긍정적으로 생각하는 것은, 불행한 일을 당했을 때 불행을 극복하게 하는 힘이 되고, 불가능해 보이는 일을 가능하게 하는 원동력이 되기도 합니다. 상황과 처지가 너무 힘들 때는, 정말 긍정적으로 생각하는 일밖에는 할 수 없을 때조차 있습니다. 긍정적으로 생각하는 힘은 어쩌면 사람만이 할 수 있는 가장 위대한 일일지도 모릅니다.

그러나 지금 우리 사회를 휩쓸고 있는 자기계발서들이 담고 있는 긍정의 철학은 문제가 있어 보입니다. 약이 아니라 도리어 병에 가깝습니다. 경쟁에서 패하는 즉시 그것은 누구의 탓도 아닌 '내 탓'이 되어버립니다. 경쟁에서 승리한 사람들은, 패배한 사람들이 최소의 사회적 안전망을 요구할 때조차, 낙오한 사람의 '남 탓'으로 치부해 버립니다. 이런 사회 분위기 속에서는 끊임없이 승리해야 하고, 승리하기 위해 자신을 채찍질해야 하고, 미친 듯이 '할 수 있다'를 외쳐야만 합니다.

이 시대는 지나치게 긍정만을 강조하는 것 같습니다. 지나치면 모자람만 못합니다. 수많은 자기계발서들이 너나 할 것 없이 긍정의 철학을 외치고 있습니다. 성공을 위해서는 긍정적인 생각을 계발해야 하며, 그렇지 못하면 이 경쟁사회에서 낙오될 것이라고 위협적으로 외치고 있습니다. 마치 7·80년대 "실패는 성공의 어머니", "하면 된다" 정신의 재판을 보는 듯합니다. 이런 긍정의 철학이 횡행하는 이유는 신자유주의 경제체제가 야기한 삶의 불안정성에서 기인합니다. 한편으로는 이 세계가 변하지 않을 것이라는 전망의 결여에서 기인하는 것이기도 합니다. '어차피 세계는 변하지 않는다. 여기서 살아가려면 당신들의 생각을 바꿔야 한다. 옷을 몸에 맞출 수 없으니, 몸을 옷에 맞추라'는 것입니다.

그야말로 병을 치료하기 위해서 병을 주사하는 격입니다. 메기효과라는 게 있습니다. 미꾸라지가 담긴 수조에 천적인 메기 한 마리를 넣으면 미꾸라지들이 잡아먹히지 않으려고 도망 다니면서 더 건강해진다는 이야기입니다. 그럴 듯한 이야기지만 가만히 생각해 보면 끔찍한 이야기가 아닐 수 없습니다. 미꾸라지를 건강하게 하려면, 수조를 넓혀주고, 활동하기에 적절한 환경을 만들어 주는 것이 올바른 해결책입니다.

꼭 누군가를 이기고 누구보다 앞서나가려는 생각에만 사로잡히지 않았으면 좋겠습니다. 아무리 경쟁이 치열하고 살아가기 힘든 현실이라고 해도 지나치게 경쟁과 성공을 당연시하고 어려서부터 이를 정당화시키는 것은 문제가 있어 보입니다. 아직 인생관이나 가치관이 정립되기도 전에 친구를 경쟁자로 여기고 천천히 자신의 삶을 정립해 나가야할 나이에 성공이라는 가치만을 주입시키는 것은 아닌가 싶습니다. 아직 젊은 나이인데. 실패도 하고 돌아갈 수도 있는 것 아닐까 싶습니다. 아직은 낭만을 노래하고 예술적 감흥에 젖어보기도 하고 여행의 즐거움에 빠져도 보는 것도 나쁘지 않을 것 같습니다. 뭐가 그리도 불안해서 경쟁에서 이기는 비결을 강권하는 싶습니다. 자기 스스로 길을 찾다가 실패도 해보면서 의외의 길을 찾고, 발상의 전환으로 돌파구를 발견하는 소중한 경험을 해볼 수 있습니다. 완벽에 가까워지려는 생각이 부담이 되어 아무런 시도도 하지 못할 수 있습니다.

물론 시중에 나와 있는 모든 자기계발서를 비판할 생각은 없습니다.

사실 제가 자기계발서를 많이 읽어본 것도 아닙니다. 그러고선 비판을 쏟아내는 게 맞는가하는 비판에는 할 말이 없습니다. 서두에 말씀드린 것처럼 자존감을 높이고, 의기소침한 사람들에게는 힘이 되어 주는 강점이 있습니다. 저는 그저 다 좋은 것만은 아님을 생각해보자는 것입니다. 그만큼 자라나는 세대에게 제시하는 것은 조심스럽게 해야 하고 만일의 경우를 염두에 두는 게 낫다는 생각입니다.

분명 우리의 아이들에게 제시될 것들은 '아니면 말고'하는 무책임한 것으로는 절대 안 됩니다. 자신에게 적절한 자기계발서를 선택해서 한두 권 정도만 읽어도 충분하지 않을까 싶습니다. 사실 자기계발서들이 그게 그것인 경우도 많습니다. 이미 우리는 우리가 나아가야 할 길을 잘 알고 있는지도 모릅니다. '실천'을 안 할뿐이지. 자기계발서를 읽고 이번에는 꼭 이렇게 해야지, 다짐만하고 있는 지도 모릅니다. 실천하지 못하면 또 다시 다른 자기계발서를 찾아 읽고. 반복 또 반복. 그래서 자기 계발서가 끊임없이 나오는 건가 싶기도 합니다.

저는 자기계발서를 즐겨 읽지 않는 대신에 좋은 구절이나 실천할 만한 말들을 스마트폰 메모에 적거나 업무용 책상 포스트잇에 써놓는 편입니다. 그리고 가장 많이 볼 수 있는 책상 앞 벽면에 붙여 놓곤 합니다. 좀 긴 글들은 워드작업해서 성경이나 즐겨 읽는 책에 붙여 놓습니다. 많은 내용보다는 내게 맞는 몇 가지 내용으로 내게 맞는 나만의 자기계발서를 만드는 것입니다. 자기계발서를 읽으면서 내가 정말 실천할 수 있고 내게 정말 도움이 될 만한 정보를 거르는 과정도 필요한 것 같습니다.

우리가 신봉하는 긍정의 철학이, 오로지 승리한 사람이 되기 위한, 이기적인 목적에만 치우쳐 있는 것은 아닌지 반성해야 합니다. 속도가 문제가 아니라, 방향이 중요합니다. 지금 우리에게 절실한 것은, 경쟁에서 승리한 사람이 패배한 사람을 돌아보고, 그의 노력 또한 인정하며, 더불어 살고자하는 공존의 철학입니다. 살다보면 때로는 지치고 괴롭고 외로울 때 패배감에 빠졌을 때는 시를 한 편 읽거나 고운 수필, 종교 고전의 명언 한 편을 읽어보는 것이 좋습니다. 어려운 것 말고, 비교적 읽기 쉬운 책으로 말입니다. 마음에 드는 시를, 글을 메모에 옮겨 적는 것으로도, 이를 자기말로 바꿔보는 것으로도 좋은 자기계발서가 탄생할 지도 모르겠습니다.

나이 듦으로
성숙해지는 인생

제가 어렸을 때는 나이 듦이 소원이었습니다. 한 살 두 살 나이 들어감에 따라 키도 자라고 몸무게도 늘어나니 우쭐해지기는 것만 같았습니다. 체구가 저보다 작아도 저보다 외모가 좀 못나도 단지 나이가 한 살이라도 많다는 이유만으로 그에게 형, 누나라고 깍듯하게 예우해야만했습니다. 청소년 시기에는 주민등록증을 받는 나이, 투표할 수 있는 나이가 되기를 소망하기도 했습니다. 그런 나이가 되면 제 마음대로 제 뜻대로 뭐든지 할 수 있을 것만 같았습니다. 어른이 되면 어엿한 사회인으로 돈도 벌고 결혼도 하고 자식도 낳고 살 것만 같았습니다. 그런데 20대, 30대, 40대를 지나면서 어느 순간 나이 들어가는 게 싫어졌습니다. 한 해, 두 해 세월이 흘러가는 게 "쏜 살 같다"는 생각이 들었습니다. 왜 이렇게 세월이 빨리도 지나가는 건가 싶었습니다. 20대 때는 뭘 해도 피곤한 줄 몰랐는데, 30대 때는 의욕충만이었는데, 40대 들어서는 만성피로인 듯싶고 이런 저런 생각도 많아졌습니다. 위로는 부모님 공경, 가정에선 가장의 책임, 학교에서는 중견교사가 되니 매사가 조심스러워졌습니다. 20-30대가 열정으로 일해 나가는 걸 보면 부러움에 '나도 저 나이 때는 그랬는데……'하는 생각만 들었습니다. 이제 곧 50대에 접어들 걸 생각하니 어느새 이렇게 나이만 들어가는 건가 싶습니다.

나이 드는 것이 서글프기만 한 것인가 하는 생각을 하면서 문득 나이 든다는 것을 생각해보았습니다. 아주 옛날 진시황은 나이 들어 늙는 것을 막아보려고 불로초不老草를 찾으려고 백방으로 노력했지만 허사였습니다. 제가 고등학교 때 배운 고려말기 유학자 우탁禹倬의 시조 탄로가歎老歌는 나이 듦을 진솔하게 표현한 작품입니다. "한 손에 가시를 들고 또 한 손에 막대 들고"로 시작하는 이 작품은 자연적으로 찾아오는 늙음을 인위적으로 막아보려는 인간의 솔직한 감정을 처절하게 노래했고, "춘산에 눈 녹인 바람 건듯 불고 간데없다."로 시작하는 작품은 자연의 힘을 빌려 인간의 삶을 변화시켜보고자 하는 의지를 드러낸 것으로, 봄 바람이 눈 덮인 산을 녹이듯 자연의 위대한 힘을 빌려 인간에게 찾아오는 백발을 없애보고자 하는 간절한 소망을 담았습니다. "늙지 말려이고 다시 젊어 보려터니"로 시작하는 작품은 늙지 않고 젊어보려는 욕구에도 찾아드는 백발은 어쩌지 못하고 젊은 여인을 탐하는 자신의 인간적 욕구를 "이따금 꽃밭을 지날 제면 죄지은 듯 하여라."라고 솔직히 고백함으로써 죄책감을 진솔하게 드러내고 있습니다. 늙음을 가져오는 자연의 질서에 맞서보려는 안간힘과 죄책감이 인간미를 더해주고 있습니다.

예전엔 '나이 듦'은 '철듦'을 의미했습니다. 어려 보인다는 것은 미성숙하다고 여겨져 나이 값을 못한다고 무시당하기도 했습니다만 요즘은 '노화방지anti aging, 동안열풍'이 대세를 이뤄 외모관리의 정도가 시간적, 경제적 부를 입증해 주는 척도가 됐습니다. 불황 속에서도 노화방지를 위한 지출이 매년 늘어나고 있다고 하니, 평균 수명은 길어지고 있지만 여전히 사람들은 늙음과 나이 듦을 불안해하고 두려워하는 것 같습니다.

　노인인구의 급격한 증가로 우리 사회가 짊어질 경제적 부담과 준비 안 된 나이 듦에 대한 불안감이 자주 거론됩니다. 경제적인 풍요가 반드시 아름다운 노년을 만들어주지 않는다는 것을 알면서도 실제적인 문제인 돈부터, 돈으로 해결해 보려고 들 합니다. 유난히도 TV에 돈을 앞세운 실버보험 상품들이 많아졌습니다. 노년층을 겨냥한 보험 상품들의 카피는 두려움과 공포에 휩싸이게 하기도 합니다. 아주 교묘하게 불안 심리를 자극하고 파고드는 마케팅을 보면서 서글픔을 느낍니다. 노년기에 있어 돈의 중요함을 모르는 것은 아니지만 돈을 제대로 쓰는 생활습관이 되어 있지 않다면 돈에 휘둘려 중요한 것을 놓치고 맙니다. 돈만 준비되어 있으면 노후가 편할 거라 생각하는 사람이 많습니다만 사람의 궁극적인 관심, 사람됨의 기쁨과 존재감의 희열감을 저축하지 않으면 돈이 있어도 지치고 허망한 느낌으로 불행할 수 있음을 생각지 않는 것 같습니다.

　안타깝게도 나이가 들수록 더 욕심이 많아지고 자기중심적인 사람들이 많습니다. 이런 사람이 누구인지는 쉽게 짐작이 갈 것입니다. 이런 사람은 정치권은 물론 경제사회문화교육 심지어 종교계에도 많습니다. 하루가 멀다 하고 이들의 폐단으로 피해를 보는 사람들의 이야기와 이들의 추락이 보도되기도 합니다. 이런 사람은 우리 주변에서도 쉽게 찾아볼 수 있습니다. 이런 사람은 생물학적 연령이 높아질수록 정신적인 연령이 낮아지는 것 같습니다. 죽기 전에 더 누리고 더 가지려고 하는 것만 같습니다. 그런다고 죽으면서 권력과 명예와 부를 가져갈 수도 없는데 이를 생각지 않는 것 같습니다. 그런데 가만히 보면 이게 사람인가 싶습니다. 사실 저도 나이 들어가면서 좀 멋있어 지면 좋으련만 젊은 날의 꿈과 낭만과 순수를 잃어버리고 고정관념에 휩싸여 생각하곤 합니다. 자신도 모르게 왠지 뻔뻔스러워지고, 우연한 행운이나 바라고 누군가에게 기대려 하고, 선배나 어른으로 대접받으려합니다. 도움을 받으려는 생각, 남을 섬기기보다는 부리려고만 합니다. 나이가 들수록 그만큼 경륜이 쌓였기 때문에 남보다 더 많이 이해하고 배려하며 베풀고 살아야 하는데 말입니다. 좀 더 너그러워져야 하는데, 오히려 아집我執만 늘어나고 속 좁은 사람이 되어 갑니다.

존 러스킨은 "인생은 흘러가는 것이 아니라 채워지는 것"이라고 했습니다. 하루하루를 보내는 것이 아니라 내가 쌓은 마음가짐으로 하나씩 채워가는 것입니다. 그래서 나이 듦에 따라 마음씀을 통한 마음쌓기가 중요합니다. 자기 긍정으로 타인을 긍정하고 만족하고 감사하는 마음이면 자연스럽게 편안한 얼굴이 만들어집니다. 긍정이라고 해서 모든 걸 그대로 받아들이는 것이 아니라 일단 나에게 일어난 상황을 수용하고 해결책을 찾아나가고 순경順境과 역경逆境이 함께 있다는 것을 알고 자기 잘남을 뽐내지 않으면서 못남에 절망하지 않으면서 사는 것입니다. 세월이 흘러가는 물과 같듯이 좋은 일도, 잘난 일도 시간이 흐르면 다 지나갈 뿐입니다. 아무리 높고 화려한 직책과 권력도 화무십일홍花無十日紅이라는 말처럼 다 지나갑니다. 그러니 거기에 마음을 빼앗겨서는 안 됩니다. 또한 나쁜 일, 부족한 일도 다 지나갑니다. 그러니 당장의 힘듦에 좌절하지 말고 차분히 그 일을 헤쳐 나갈 지혜를 찾아보고 조금 더디더라도 조금 서툴더라도 인내하며 이겨나가면 됩니다. 나이 들면 일희일비—喜—悲하지 않는 여유와 성숙과 지혜가 생깁니다.

　자신의 의지대로 가치관에 따라 하고 싶은 것 다하면서 지혜롭게 나이 듦은 매우 힘든 자신과의 싸움입니다. 감사로 자족自足하면서 행복감을 느끼는 삶은 자신의 생각이나 행동으로 획득하는 것이지 다른 사람으로부터 주어지는 것이 아닙니다. 멋지게 나이 듦에 대해 사회교육기관 등에서 프로그램이 있기는 하지만 이를 제대로 가르쳐주거나 실습을 하도록 해주는 학교나 자격증 과정은 없습니다. 혹 있다고 해도 이를 제대로 받아들이고 자신의 삶으로 실현하는 것은 자신의 몫입니다.

　우아하게 늙는 사람은 자기 삶에서 성취감을 느끼고 감사하며 살아갑니다. 그런 사람은 나이가 들수록 넓고 큰마음을 갖습니다. 빅토르 위고는 "주름살과 함께 품위가 갖추어지면 존경과 사랑을 받습니다."는 말을 했습니다. 나이가 든 만큼, 살아온 날들이 더 많은 사람일수록 남들보다 더 오랜 경륜을 쌓아왔습니다. 그러므로 더 많이 이해하고, 더 많이 배려하며, 넉넉한 마음으로 이웃과 아랫사람들을 포용해야 합니다. 그러면 나이 듦이 얼마나 멋진지를 보여주며 살 수 있습니다. 주름살의 품위를 갖춘 사람은 항상 겸손하고 남을 받들며 용서하고 베푸는 사람입니다. 그리고 이 땅과 더불어 살아가는 모든 자연만물을 소중히 여기며 사랑하는 사람입니다. 그러나 이것이 생각처럼 쉽지 않습니다. 끊임없는 자기성찰을 아우르지 않으면 주름살의 품위는 갖출 수 없습니다. 조지 베일런트는 『품위 있게 나이 드는 법』에서 이타적인 삶, 사려 깊은 사색, 주체적인 삶, 즐기는 인생, 끊임없이 배우는 노력, 사랑의 씨앗을 강조했습니다.

세상의 온갖 권력과 부귀를 다 누려 본 진시황의 남은 한 가지 소원은 불로장생不老長生이었습니다. 늙지 않고 오래도록 살고 싶어 수많은 노력을 했지만 그도 결국 죽음을 피할 수는 없었습니다. 사람은 누구나 태어나서 때가 되면 노화를 거쳐 죽음을 맞습니다. 그런데 최근 노화를 늦추고 수명을 연장 시킬 수 있는 방법을 연구한 한 과학자가 이 일로 노벨의학상을 수상함으로 세상의 관심을 불러일으켰습니다. 인간의 노화와 수명을 좌우하는 물질로 밝혀진 '텔로미어telomere'는 사람의 몸에 쉼 없이 세포분열을 하는 염색체를 복제해서 인체 조직을 성장시키고 손상된 부위를 보강하는 과정에서 핵심적인 역할을 하는 것으로 밝혀졌습니다.

텔로미어란 세포 분열시 늙거나 손상된 세포가 다른 염색체와 결합하는 등의 문제를 일으키지 않기 위해서 DNA를 보호하는 기능을 합니다. 이런 역할로 인해서 텔로미어는 세포가 분열할 때마다 조금씩 짧아지기 시작하고 나중에는 매듭만 남게 되는데 텔로미어가 짧아지면 세포 분열은 감소하고 이때부터 노화가 시작되면서 죽음이 찾아오게 된다고 합니다.

사람은 성인의 경우 60조~100조개의 세포로 구성되어 있으며 세포분열을 통해 하루에 10억 개 정도의 세포가 죽고 새로 만들어지기를 반복한다고 합니다. 즉 사람은 일반적으로 2년에 한 번씩, 일생 50~60번 정도의 세포분열이 진행되면서 텔로미어가 점점 짧아지고 이에 따라 분열이 멈추어지면 죽음을 맞이하게 되는 것입니다. 이때 항노화와 수명을 연장할 수 있도록 하기 위해서는 적절한 섭생과 운동, 충분한 수면과 스트레스를 잘 관리할 때 텔로미어의 감축속도는 늦춰지고, 사람은 보다 건강하고 활력있는 삶을 살 수 있다고 합니다.

인체는 참으로 신비해서 사람이 순리에 맞추어 잘 관리하면 건강하고 젊게 살 수 있습니다. 인체의 신비를 일깨워주는 몸 안의 텔로미어는 우리에게 주어진 시간의 소중함을 일깨워 줍니다. 텔로미어처럼 시간은 우리에게 남은 날의 세포분열의 기회를 마냥 주지 않습니다. 우리에게 부여된 시간은 이 땅에서 우리에게 주어진 시간대 안에서 우리 삶의 모습을 담아낼 성적표를 제공하게 하는 데이터베이스와 같습니다. 이 시간은 우리에게 주어진 축복의 생명선生命線으로, 매일 매일의 시간을 의미 있게 사용해야합니다.

우리는 건강한 나이 듦을 위해서 체력유지와 지적능력과 정서함양을 지속적으로 실현해 나가야합니다. 생각을 늘 젊고, 진취적으로, 새로운 다짐으로 늘 도전해야합니다. 과거 자신의 경력이나 나이에 집착하지 말고 늘 현재형으로, 행동은 미래형으로 해야 합니다. 완숙한 사람됨을 위한 자기수양을 통해 행복 에너지를 높여야 합니다. 생각과 마음 상태에 따라 표정이 만들어지고 이것이 쌓여 얼굴에 나타납니다.

삶의 질은 돈, 지식, 권력의 축적과 비례하는 것만은 아닙니다. 때로는 이런 것이 풍족해도 마음이 허전해서 돌이킬 수 없는 결정을 하기도 합니다. 때로는 이런 것이 부족해도 마음에 자생적으로 불어오는 훈훈한 바람에 흥겹고 신이 나기도 합니다. 어떤 모습으로 살든지 삶의 가치와 의미를 깨닫고 사는 삶이 아름답습니다. 젊은이부터 장·노년층까지 '나는 어떻게 나이 들어 갈 것인가'를 생각하며 나이 듦을 배우고 익혀야 합니다. 진지한 자기성찰을 통해 나이 드는 것이 두렵지 않다는 것을 깨닫기 위해선 나를 넘어서는 이타적인 삶, 더불어 숲을 이루는 공동체적인 삶의 경험이 축적돼야 합니다. 나이 든다는 것은 잃는 것도 많지만 새로운 세상을 만날 수 있는 창조의 시간이기도 합니다. 노사연의 노래 '바램'의 가사가 한편의 시처럼 가슴에 와 닿습니다.

내 손에 잡은 것이 많아서, 손이 아픕니다.
등에 짊어진 삶의 무게가, 온몸을 아프게 하고.

매일 해결해야 하는 일 땜에, 내시간도 없이 살다가
평생 바쁘게 걸어 왔으니, 다리도 아픕니다.
내가 힘들고, 외로워 질 때, 내 얘길 조금만 들어 준다면
어느 날 갑자기 세월에 한복판에 덩그러니 혼자 있진 않겠죠.

큰 것도 아니고, 아주 작은 한마디, 지친 나를 안아 주면서
사 랑 한 다 정말 사랑 한다는, 그 말을 해 준다면.

나는 사막을 걷는다 해도, 꽃길이라 생각 할 겁니다.
우린 늙어가는 것이 아니라, 조금씩 익어가는 겁니다.
우린 늙어가는 것이 아니라, 조금씩 익어가는 겁니다.

저 높은 곳에 함께 가야 할 사람. 그대 뿐입니다.

노래 끝 부분의 "우린 늙어가는 것이 아니라 조금씩 익어가는 겁니다."는 가사가 가슴에 와 닿았습니다. 늙음이 천천히 익어가는 술처럼 그윽한 인생의 향을 품어낼 수 있도록, 무엇인가를 해낸 사람으로 평가를 받을 수 있는 삶을 산다면 성공한 나이 듦이 아닐까 싶습니다. 나이

늙은 선택의 영역이 아닙니다. 좋다고 많이, 싫다고 적게 할 수 있는 것도 아닙니다. 나이 드는 현실은 어쩔 수 없는 것이고 세월 앞에 장사 없습니다.

나이 듦을 수동적으로 받아들이느니 적극적으로 받아들이고 준비하며 살면 좋겠다 싶습니다. 이왕 나이 드는 것 좀 멋지고, 품위 있다면 좋겠다 싶습니다. 왠지 모를 근엄함과 너그러움이 느껴지는 주름살 앞에는 고개가 숙여집니다. "피할 수 없는 것은 즐기라."는 말처럼 이왕 나이 드는 것에 대해 두려워하지도, 부정하지도 않으면서 이를 순리대로 받아들이렵니다. 마치 나무들이 올곧게 자라면서 나이테가 하나둘씩 영글어가듯 성숙을 이루어가렵니다. 몸의 성장은 어렵지만 마음의 성숙은 가능합니다. 어제보다는 오늘 더 너그러워지고 더 성숙해지렵니다. 그러면서도 젊음의 패기와 도전정신을 잃지 않으렵니다. 계획성 있게 하나하나 준비해서 의미 있는 일을 이루어가렵니다. 도전하는 삶, 흥미를 잃지 않고 의미 있는 일에 열정을 잃지 않는 이상 젊음은 나이 듦으로 훼손되지 않고 더욱 단단해질 것이고 풍성해질 것입니다.

현대인의 질병과
부족의 기쁨

──────────────────── 독일의 신학자 요르그 징크 Joerg Zink는 다음과 같은 이야기로 현대인을 진단했습니다. "어느 날, 한 청년이 사하라 사막을 횡단했습니다. 그는 많은 장비를 준비했고 무엇보다 중요한 식수를 준비했습니다. 그러나 길을 떠난 지 하루 만에 식수가 바닥이 나버렸습니다. 그는 기진해서 쓰러졌고 마침내 실신하기에 이르렀습니다. 그러나 한참 후 그가 눈을 떠보니 눈앞에 야자수가 보였고 나뭇잎이 바람에 흩날렸습니다. '이제 죽을 때가 되어 환각이 보이는구나' 하고 애써 눈을 감았습니다. 그러자 귓가에 물소리와 새소리가 희미하게 들렸습니다. '아! 이제 정말 내가 죽게 되는구나' 하고 또다시 소리에 귀를 닫았습니다. 그 이튿날 아침, 사막의 베두인이 어린 아들과 함께 오아시스에 물을 길으러 나왔다가 물가에서 입술이 타들어가 죽은 청년을 발견하게 되었습니다. 그 모습에 너무도 이상했던 아들이 아버지에게 물었습니다. '아버지, 이 사람은 왜 물가에서 목말라 죽었을까요?' 그러자 아버지가 대답했습니다. '애야, 여기 죽어 있는 젊은이가 바로 현대인

이란다.'"

물을 두고 목말라 죽어가는 아이러니한 상황의 비유는 현대인을 가장 잘 표현한 이야기입니다. 부족할 것 없는 오늘을 사는 우리에게 대단히 큰 환경 하나가 있는데, 바로 풍족함입니다. 지구 저편 아프리카 아이들이나 북한의 아이들이 굶어 죽는다는 소식을 듣는 오늘도, 먹을 것이 많고, 입고, 보고, 들을 것들이 넘쳐 납니다. 즐기고 누릴 것들, 소유하고 싶은 것들이 넘쳐서 흘러내리는 현실입니다.

결국 오늘을 사는 현대인들은, 많은 것들을 곁에 두고서는 다 누리거나 써보지도 못하고 죽어갈지도 모릅니다. 거기다가 언제 다가올지 모르는 질병이나 죽음을 위해 보험을 들고, 저축을 하면서 그 언젠가 때문에 오늘 근심하고 불안하고 염려하고 있습니다.

청소년들도, 청년들도, 기성세대들도 미래를 걱정하며 불안해하고, 준비되지 않은 것 같으면 오늘을 힘겨워하며 스트레스를 받습니다. 지금 곁에 있는 충분한 것들을 부족해하며, 다가오지 않은 미래에 대한 불안과 염려로 고단한 하루를 사는 것이 우리 현대인들입니다.

플라톤은 행복의 조건을 다섯 가지로 말했습니다. 첫째, 모든 사람에게 칭찬받기는 조금 부족하다고 느끼는 외모입니다. 둘째, 힘겨루기에서 하나는 이기고 둘은 질 정도로만 갖추고 있는 체력입니다. 셋째, 먹고 입고 살기에는 약간 부족한 듯한 재산입니다. 넷째, 내가 생각하는 것보다 절반밖에 인정받지 못하는 명예입니다. 다섯째, 여러 사람 앞에서 연설을 한다면 반 밖에 박수를 받지 못하는 말솜씨입니다.

외모지상주의 세상에서 조금 부족하다고 느끼는 외모, 건강이 우선이어서 너도 나도 웰빙을 외치는 세상에서 나약한 체력, 물질만능 자본주의 사회에서 부족한 재산, 명예 하나면 안 되는 것이 없는 세상에서 인정받지 못하는 명예, 말만 잘하면 그래도 살아 갈 수 있다고 하는 세상에서 박수 받지 못하는 말솜씨를 가졌다면, 행복하긴 틀린 것 같은데 '행복의 조건'이라고 하는 이유가 무엇일까요? 플라톤이 말하는 행복의 조건에서 초점은 '조금 부족함'입니다.

사람은 누구나 사실 완벽하지 않습니다. 조금씩 부족합니다. 플라톤의 말은 사람의 속성을 명확하게 파악한 논리 같아 공감이 갑니다. 그런데 사람은 이를 깨닫지 못하는 것 같습니다.조금 부족하면 인내하며 견뎌보기도 하고, 뭔가 만족스럽게 채워지지 않아도 '조금' 이면 그래도 견뎌보려고 합니다만 정말 부족하다 싶어 감당하기가 어렵다고 여기면 의욕을 잃기도 하고 불평과 원망을 하다 포기하기도 합니다. 사실 잘 생각해보면 욕심 많은 우리의 눈으로 볼 때 많은 것이 부족하다고 느끼지만 실상은 조금 부족한 경우가 많습니다. 가만히 생각해보면 조금 부족한 것, 조금 불편한 것, 조금 아쉬운 것이 있습니다. 그러나 이것이 절대빈곤이 아니라 상대적인 것으로, 다른 사람과의 비교에서 오는 것이고, 욕심에 따른 경우가 많습니다. 부족하면 곧바로 투덜대고 불평을 해댑니다.

부족한 것은 부지런함으로 채워 가면 됩니다. 그 속에서 우리는 행복을 느끼면서 살아갈 수 있습니다. 이것이 우리네 삶의 기쁨이고, 여유이고, 지혜입니다. 쉽게 주어진 것보다는 노력해서 하나하나 얻어갈 때 느끼는 희열은 그 어떤 것과 비교할 수 없습니다. 가만히 눈을 감고 생각해봅니다. 내가 가지지 않은 것, 다른 사람과 비교해서 아쉬운 것, 채워지지 않는 욕심이 마음을 어지럽게 하고 불행으로 이끈 것만 같습니다.

오늘 제게 주어진 환경들과 함께하는 가족과 친구들과 동료들은 더할 나위없는 행복의 조건으로 감사와 감격입니다. 가지지 않은 것을 하나하나 세어보기 보다는 이미 가진 감사의 조건들을 세어보는 여유로 함박웃음 지어봅니다.

칭찬은 사람을 살리는 힘

평소 칭찬 받는 것을 싫어했던 사람으로 알려진 나폴레옹에게 어느 날 부하 한 사람이 이렇게 말했습니다. "각하, 저는 각하를 대단히 존경합니다. 칭찬을 싫어하는 각하의 성품이 마음에 들었기 때문입니다." 이 말을 들은 나폴레옹은 몹시 흐뭇해했다고 합니다. 나폴레옹 역시 칭찬에는 약한 인간이었음을 알 수 있습니다. 칭찬을 싫어하는 그 성품이 마음에 들었다는 말 자체가 바로 칭찬이기 때문입니다.

아이젠하워는 10년 이상 육군 소령인 채로 진급이 되지 않아 우울해했습니다. 이 때 그의 아내가 "여보, 저는 당신을 믿어요. 어쨌든 진급 생각은 말고 교육의 1인자가 되세요. 당신이 뭘 하건 하루 세 끼 굶겠어요?"라는 칭찬이 그를 교육의 1인자가 되게 하였고, 결국 대장, 원수, 대통령에까지 이르게 했다고 합니다.

어려서 말할 수 없는 개구쟁이로 말썽을 피우고 사고친 맥아더를 보고 사람들은 그의 장래를 염려했지만 그의 할머니만은 방그레 웃으며 이렇게 말했습니다. "너는 군인의 기질을 타고났어."라고 칭찬했고 그 말 한마디에 맥아더는 눈이 확 뜨여 군인의 길로 들어섰다고 합니다.

야구 선수로 은퇴할 때까지 714개의 홈런을 기록한 베이브루스는 1895년 미국 볼티모어 시의 빈민가에서 태어났습니다. 소년시절 아무도 감당을 못할 정도로 난폭한 소년이었습니다. 그의 부모도 포기하고는 그를 불량 청소년 교육기관인 세인트 메리 공예학교에 보냈습니다. 그 때 그의 인생을 변화시킨 사람은 메시어스 선생이었습니다. 그는 반항으로 일관하는 베이브를 향해 이렇게 말했습니다. "너는 참으로 어쩔 수 없는 아이구나. 단 한 가지 좋은 점을 제외하고는." 이 말에 "선생님, 거짓말하지 마세요. 제게 무슨 좋은 점이 있다는 거죠?"라고 반문했다고 합니다. 메시어스 선생은 "네가 없으면 학교 야구팀이 무척 곤란해지지 않겠니? 그러니 한 번 열심히 해봐."라고 칭찬했다고 합니다. 어디를 가든 환영을 못 받던 그에게 메시어스 선생의 이 한마디 칭찬이 그의 방황에 종지부를 찍고 위대한 야구선수가 되게 해준 계기가 되었다고 합니다. 칭찬 한 마디가 사람의 일생을 바꾸어놓습니다. 칭찬하며 칭찬 받는 삶이 세상을 행복하게 합니다.

켄 블랜차드는 『칭찬은 고래도 춤추게 한다』는 책에서 무게 3톤이 넘는 범고래가 관중들 앞에서 열정적인 멋진 쇼를 펼쳐 보일 수 있는 것은 고래에 대한 조련사의 칭찬이 있었기 때문이라고 했습니다. 칭찬은 강력한 힘이 있습니다. 칭찬은 자아존중감에 중요한 영향력을 미치는 힘이 있습니다. 초등학교 입학 후인 7~8세 경에 이르면 사회적 비교능력이 확대되어 '누가 더 공부를 더 잘하는가?' '더 예쁜가?' 등에 관심을 갖기 시작하며, 이 때 한번 형성된 자아존중감은 학교생활이 계속될 때까지 거의 항상적으로 유지된다고 합니다.

자아존중감이 낮은 사람은 높은 사람보다 불안이 강하며 대인관계가 좋지 않고 자신감이 결여되어 있어 리더가 될 수 없으며 실패를 두려워합니다. 자아존중감은 학습이나 대인관계 등 학교생활과 인생의 미래에 대하여 전반적인 영향을 미칩니다. 자아존중감을 높일 수 있는 두 가지 학습 과정은 강화와 모방입니다. 한 개인이 그가 처해 있는 상황의 장場에서 자기 자신 및 그의 주변 환경을 어떻게 느끼고 있는가를 말하는 자아개념을 고양하기 위해서는 무엇보다 칭찬이 중요합니다.

경쟁과 서열만이 중시되는 사회에서 홀로 뛰기에 길들여져 있는 현대인들은 남을 칭찬하기보다는 비난이나 헐뜯기에 익숙해져가고 있습니다. 그러나 칭찬하면 칭찬 받으면, 그 칭찬은 긍정적 가치관과 자아존중감을 형성할 수 있고, 성장의 원동력과 상처받은 마음을 치유하고 인간관계를 원만하게 하는 윤활유가 생겨나게 합니다.

사실 누구나 인간관계에서 긍정적인 관심과 칭찬 그리고 격려가 중요하다고 생각합니다. 그러나 실제로 가정과 학교생활에서 다른 사람에 대해 긍정적인 관심을 가지고 지속적으로 칭찬하고 격려하는 사람은 드뭅니다. 오히려 타인에 대한 무관심과 부정적 반응으로 둘러싸여 있습니다. 그러면 칭찬은 어떻게 하는 것이 좋을까요? 무턱대고 추켜세우면 되는 것인가요? 그렇지 않습니다. 칭찬도 많은 노력이 필요하며, 또 나름의 방법이 있습니다. 칭찬의 십계명입니다.

① 상대방에 대해 끊임없이 관심을 갖는다.
② 잘한 점을 구체적으로 칭찬하라.
③ 가능한 한 공개적으로 칭찬하라.

④ 결과보다는 과정을 칭찬하라.

⑤ 사랑하는 사람을 대하듯 칭찬하라.

⑥ 거짓 없이 진실한 마음으로 칭찬하라.

⑦ 긍정적으로 관점을 전환하면 칭찬할 일이 보인다.

⑧ 일의 진척사항이 여의치 않을 때 더욱 격려하라.

⑨ 잘못된 일이 생기면 관심을 다른 방향으로 유도하라.

⑩ 가끔씩 자기 자신을 스스로 칭찬하라.

칭찬의 힘은 위대합니다. 칭찬은 보약과도 같습니다. 사람은 자기를 칭찬해 주는 사람을 좋아합니다. 칭찬하면 매력이 붙습니다. 톨스토이의 말입니다. "우리는 다른 사람이 우리에게 잘 해준 만큼 그들을 좋아하는 것이 아니라, 우리가 그들에게 잘 해준 만큼 그들을 좋아하는 것입니다." 칭찬은 미움을 치료하는 약이며 사랑을 강화시키는 보약입니다. 행복의 보약은 칭찬하는 말 한마디 속에 있습니다. 칭찬은 결코 배신하지 않는다는 말이 있습니다. 칭찬이란 가슴으로 하는 경영 행위이기도 합니다. 그러니 가식적인 칭찬과 칭찬 후에 비난하는 식의 칭찬은 안 하느니만 못합니다. 서로 칭찬하고 격려하는 복된 말로 칭찬하는 문화를 조성해나가는 문화강국이 되기를 기대해봅니다. 우리는 말로 사람을 죽일 수도 있고, 살릴 수도 있습니다. 웃을 일이 있어야 웃는 게 아니라 웃으면 웃을 일이 생기듯이, 칭찬할 거리가 있어야 칭찬하는 것이 아니라 칭찬하면 칭찬할 거리가 생기고 보이는 법입니다. 우리 가정에서부터 우리 믿음의 공동체에서부터 서로 많이많이 칭찬합시다.

협력자 정신, 2등도 좋아요

많이 알려진 이솝우화에 나오는 이야기입니다. 어떤 사람이 말 한 마리와 당나귀 한 마리를 갖고 있었습니다. 그는 이 마을 저 마을을 돌아다니면서 장사를 하는 사람이었습니다. 그래서 항상 말과 당나귀의 등에 장사를 하기 위해 많은 물건을 싣고 다녔습니다.

그가 물건을 싣고 다른 마을로 이동하던 어느 날의 일입니다. 이 마을은 멀리 떨어진 곳에 있었을 뿐만 아니라 등에 진 짐도 평소보다 무거웠습니다. 그는 짐을 절반으로 나누어서 말과 당나귀에게 똑같은 양을 실었습니다. 말은 덩치도 크고 힘도 세었기 때문에 별로 힘들지 않았습니다. 하지만 당나귀는 몹시 지쳐 있었기 때문에 가만히 서 있는 것도 힘들 지경이었습니다. 당나귀가 말을 쳐다보면서 애원했습니다.

"나를 좀 생각해서 내 짐을 자네가 조금 더 지고 가는 게 어떨까? 난 지금 너무 지쳐서 걸어갈 수도 없을 정도야. 제발 부탁하네."

그러자 말은 벌컥 화를 내면서 말했습니다.

"무슨 소리야? 나도 몹시 힘들단 말이야."

말은 당나귀의 부탁을 냉정하게 거절했습니다. 당나귀는 얼마 걸어가지 못하고 그만 쓰러져서 죽고 말았습니다.

"이런! 당나귀가 죽어 버렸네. 내가 짐을 너무 많이 실었나? 아마 병이 걸렸었나 보군."

그는 당나귀가 지고 있던 짐을 모두 말에게 옮겨 실었습니다. 그리고 당나귀의 가죽을 벗겨서 말 등에다 얹었습니다.

결국 말은 처음보다 몇 배나 무거운 짐을 지고 걸어가게 되었습니다. 말은 짐을 모두 싣고는 힘든 걸음을 옮기면서 이렇게 중얼거렸습니다.

"이렇게 될 줄 알았다면 당나귀의 부탁을 들어 주는 게 좋았을 것을! 그런데 기회를 놓치고 말았구나. 이제 된통 당하게 되었군. 당나귀의 짐을 덜어 주기를 싫어하다가 이제 모든 짐을 나 혼자 떠맡게 생겼으니 말이야. 게다가 당나귀의 가죽까지 짊어지고 가다니……."

제가 학생들에게 즐겨 보여주는 동영상 자료 중에 "서로의 체온으로"라는 것이 있습니다. 이 이야기는 '썬다 싱'이라는 선교사의 체험담입니다. 그가 네팔지방의 한 산길을 걷고 있었을 때의 일입니다. 그날따라 눈보라 심하게 몰아치고 있었습니다. 멀리서 여행자 한 사람이 다가왔습니다. 방향이 같음을 확인한 그들은 동행자가 됐습니다. 살을 에는 추위와 거친 눈보라를 맞으며 인가를 찾기 위해 계속 발길을 움직였지만 인가는 보이지 않았습니다. 얼마쯤 걷다보니 웬 노인 한 사람이 눈 위에 쓰러져 있었습니다. 그는 동행자에게 "우리 이 사람을 같이 데리고 갑시다. 그냥 두면 죽고 말겁니다." 하고 제의했습니다. 그러자 동행자는 버럭 화를 냈습니다. "무슨 말입니까? 우리도 죽을지 모르는 판국에 저런 노인네까지 끌고 가다가는 우리 모두 다 죽게 될 것이요."

사실 그렇긴 했지만 그는 불쌍한 노인을 그냥 둘 수는 없다고 생각했습니다. 그는 노인을 업고 눈보라 속을 한걸음 한걸음씩 걷기 시작했습니다. 앞서서 가버린 동행자의 모습은 보이지 않았습니다. 노인을 등에 업은 그는 갈수록 힘이 들었습니다. 하지만 끝까지 참고 목적지를 향해 나아갔습니다. 그의 몸은 땀으로 젖었습니다. 정말 힘들어 죽을 지경이었습니다. 그런데 놀라운 일이 벌어졌습니다. 그의 몸에서 더운 기운이 확확 발산되어서인지 차츰 등에 업힌 노인이 의식을 회복하기 시작했습니다. 두 사람은 서로의 체온으로 조금도 춥지 않았습니다. 마침내 그들은 마을에 이르렀습니다. 그의 눈에는 마을 입구에 한 사내가 꽁꽁 언 채로 쓰러져 있는 것이 보였습니다. 시체를 살펴본 그는 놀라지 않을 수 없었습니다. 그는 바로 자기 혼자 살겠다고 앞서가던 그 동행자였기 때문입니다.

슈바이처의 말입니다. "파도는 출렁이는 바다 표면의 한 부분에 지나지 않을 뿐 파도혼자 독립적으로 존재할 수는 없습니다. 이처럼 저도 저 자신만을 위한 삶을 살 수 없고, 제 삶 또한 제 주변에 일어나는 모든 것들과의 경험을 통해 늘 존재할 뿐입니다. 다른 모든 생명도 제 생명과 같으며 신비한 가치를 지녔고 따라서 존중하는 의무를 지닙니다." 그렇습니다. 사람은 혼자서는 불안한 존재로서 서로 잇대어 살아가면서 저마다의 부족을 다른 존재의 도움으로 채워가고 다른 존재의 부족을 채워가면서 사는 존재입니다. 그러기에 우리는 더불어 숲을 이루며 살아야 합니다.

기러기들이 V자 대형으로 날아가는 것을 본 적이 있습니다. 기러기들이 V자 대형으로 줄을 지어 날아가면 뒤따르는 새들은 공기의 저항을 50%나 덜 받는다고 합니다. 그 결과 무리지어 비행을 하면 혼자 비행할 때보다 71%나 더 멀리 날아갈 수 있습니다. 이러한 원리는 사람들에게 도 마찬가지입니다. 함께 협력하면 어려운 일도 쉽게 처리할 수 있습니다. 사람은 혼자서는 살 수 없는 존재입니다. 자신의 미래 모습이 궁금하다면 인생에서 가장 많은 시간을 함께 보낸 사람들의 모습을 살펴보라는 말이 있습니다. 우리 자신과 꾸준히 협조관계를 유지하는 사람, 그가 우리의 멘토가 되기도 하고 위대한 아이디어와 동기, 자신감, 지식을 제공합니다. 우리가 진정 행복하길 원한다면 다른 사람을 먼저 행복하게 해줘야합니다. 먼저 손 내밀고 먼저 다가가야 합니다. 더불어 함께 걷는 길은 험한 길도 즐겁습니다. 혼자 걷는 열 걸음보다 함께 걷는 한 걸음이 의미 있고 가치가 있습니다. 왜냐하면 당장은 더딘 것 같지만 결국은 완성을 이루는 것이기 때문입니다.

미국의 서부 고지대에 있는 세코이아공원은 항상 강풍이 몰아칩니다. 그런데 이곳에서 자라는 세코이아나무는 아무리 바람이 거세게 불어도 끄떡하지 않습니다. 다른 나무들은 강풍을 견디지 못하고 넘어지거나 뿌리째 뽑히는 일이 허다했습니다. 식물학자들이 이 나무를 연구했습니다. 나무들은 의외로 땅에 얕게 뿌리를 내리고 있었습니다. 그러나 나무의 뿌리들끼리 흙속에서 뒤엉켜 서로를 지탱해주고 있었습니다. 또한 울창한 숲을 만들어 바람을 막아주고 있었습니다. 이것이 바로 세코이아나무가 고지대의 강풍을 이겨낸 비결입니다. 세상사도 마찬가지입니다. 서로 돕고 살면 어려움을 쉽게 극복할 수 있습니다. 세코이아나무처럼 단단하게 뭉치면 어떤 시련도 두렵지 않습니다. 자신을 내팽개치듯 홀로 위기 속에 내모는 것은 어리석은 일입니다. 독불장군은 미래가 없습니다.

어느 날 시각장애인과 다리가 불편한 사람이 아주 험한 길에서 만났습니다. 그때 시각장애인이 다리가 불편한 사람에게 자기를 좀 도와 달라고 부탁했습니다. 그러자 다리 불편한 사람이 말했습니다.

"제가 어떻게 당신을 도와 줄 수 있습니까? 제 다리도 끌고 가기 힘든 지경인데요."

그렇게 대답하고 나서 조금 지나고 보니 좋은 생각이 떠올랐습니다. 그래서 이런 제안을 했습니다.

"만일 당신이 저를 업고 간다면, 난 당신에게 장애물을 일러줄 수 있습니다. 그러면 제 눈이 당신의 눈이 되고, 당신의 발이 제 발이 되는 것입니다."

"그것 참 좋은 생각입니다. 서로 도와야겠구려."

그러면서 시각장애인은 다리 불편한 사람을 등에 업었습니다. 그래서 둘은 그 험한 길을 안전하고 편안하게 통과할 수 있었습니다. 나보다 남을 높게 여기고 자신의 부족을 인정하면 자신을 넘어서는 협력이 가능합니다. 조직의 힘은 하나가 될 때, 강력합니다. 힘의 세 가지 원리가 있습니다. 첫째, 하나 됨Unity, 둘째, 조화Harmony, 셋째, 협력Cooperation입니다. 자동차 한대를 만들기 위해 약 2만 개의 부품이 필요하다고 합니다. 그 2만 개가 모여서 하나의 자동차가 됩니다. 자동차 한 대가 제대로 되려면 그 부속품 하나하나가 전부 제구실을 해야 합니다. 어느 하나라도 말썽을 부리면 안 됩니다. 어느 것 하나도 빼 놓고 달릴 수 없습니다. 2만 개의 부속이 똑같이 힘을 협력해야 조화를 이루고 하나가 되는 것입니다. 그러므로 협력은 아무리 강조해도 지나치지 않습니다. 조직의 협력과 화목이 있다면 그 어떤 어려움도 극복해낼 활력과 저력이 샘솟듯 일어날 것입니다. 그러기에 조직의 지도자나 구성원들은 조직의 하나 됨을 간절히 바랍니다. 기업들마다 이런 모토들이 많음도 그런 이유입니다. "가족 같은 회사" "가족처럼 사원을 소중히 여기는 회사"

그러나 가만히 보면 어느 조직이나 서로 화해하며 화목한 모습이 아닐 때가 많습니다. 분명 머리로는 그래야하는 것을 아는데 실상은 이게 쉽지 않습니다. 도대체 왜 그럴까요? 서로 양보하고 배려하고 이해하며 살면 이보다 더 좋을 수는 없을 텐데 말입니다. 그 이유는 여러 가지가 있겠지만 제 생각에는 저마다 자신이 최고라는 생각에서 벗어나지 못한 결과일 것이라 생각합니다. 그냥 마음을 조금 너그럽게 갖고서 다른 사람의 입장과 의견을 존중하고 인정하면 되는데 그게 쉽지 않습니다. 마치 목구멍에 걸린 가시처럼 다른 사람을 인정하기가 어렵습니다. 자신이 다른 사람보다 높아야만 하고 자신이 더 잘나야한다는 생각과 욕심이 있는 한, 협동이나 인화는 어렵습니다. 이런 자기중심적인 생각은 나이가 들어도 학식이 많아져도 지위가 높아져도 채워지지 않습니다. 심지어 종교지도자들도 그렇습니다.

이솝우화에 나오는 이야기입니다. 얼룩 소, 검은 소, 붉은 소 세 마리는 언제나 함께 다녔습니다. 사자는 그 소들을 잡아먹고 싶어서 매일같이 기회를 엿보고 있었습니다. 그러나 세 마리의 소는 언제나 같이 다니면서 사자가 덤벼들면 셋이 한꺼번에 대항했기 때문에 잡아먹을 수가 없었습니다. 어떤 때는 서로 떨어져서 풀을 뜯고 있어서 한 마리에게 달려들면 다른 두 마리의 소가 달려와서 제 동무 소를 위해 덤비기 때문에, 사자는 싸우다가 지쳐서 돌아가곤 했습니다. 사자는 이런 저런 궁리

끝에 묘안을 찾아냈습니다. 하루는 풀밭에 얼룩소가 따로 떨어져 있기에 사자는 가까이 다가가서 은근한 목소리로 "세 마리의 소 중에서 가장 힘센 것은 자기라고 붉은 소가 뽐내더라"고 말했습니다. 이 말을 들은 얼룩소는 기분이 좋지 않았습니다. 여태까지 셋이 똑같이 힘을 합해 적과 대항해 싸워왔고 무슨 일이든지 함께 도와 왔는데 붉은 소가 모두 제 힘으로 그렇게 된 것처럼 말을 했다하니 건방진 소리가 아닌가 싶었습니다. 사자는 얼룩소에게 거짓말을 해 놓고는 붉은 소와 검은 소 있는 데로 가서는 또 그런 얘기를 했습니다. "세 마리 가운데서 얼룩소가 제일 기운이 세고 다른 짐승에게 지지 않는 것도 얼룩소 때문이라고 하니 그게 정말이니?"

두 마리 소는 얼룩소의 말이 건방진 소리라고 생각이 되었습니다. 그 중에서도 붉은 소는 화가 머리끝까지 나서 얼룩소에게 덤벼들었습니다. 얼룩소도 붉은 소가 자기가 제일이라고 했다는 말을 들었던 터라 있는 힘을 다해 덤볐습니다. 검은 소가 말렸지만 두 마리의 소는 뿔이 빠지도록 싸웠습니다. 그러나 두 마리 중 어느 편이 정말 센지 알 수가 없었습니다. 이 날부터 세 마리의 소는 같이 놀지를 않았습니다. 이 광경을 본 사자는 좋아라 하며 소들을 차례로 잡아먹었습니다.

소 세 마리가 죽임을 당한 것은 사자가 강하기에 그런 것이 아닙니다. 외부적인 환경에 따른 것이 아니라 이들 내부의 분열과 시기심과 소통의 부재가 빚어낸 비극이었습니다. 사자는 있는 힘을 다해 소들을 공격했지만 단 한 마리도 얻을 수 없었습니다. 더욱 힘을 내고 속도를 내봤지만 허사였습니다. 그럴수록 소들은 더욱 단단하게 단결해서 사자와 맞섰습니다. 이에 사자가 생각해낸 것이 바로 소들이 갖고 있는 자기중심적인 생각을 부추기는 것입니다.

만일 사자가 다가와 "네가 최고인데 다른 애가 자기가 최고라고 하는데……"하고 말할 때 "그래 맞아, 나 말고 그 친구가 최고야"이렇게 말해 줬다면 그런 마음이었다면 소들은 죽임을 당하지 않았을 것입니다. 나보다 남을 높게 여기는 마음, 나를 넘어서는 마음이야말로 인화의 핵심이요, 고매한 인격입니다. 이것은 쉬운 게 아닙니다. 마음 깊은 곳에서 우러나오는 오랜 세월의 마음 수양에서 비롯합니다. 나만이 아닌 우리를 귀하게 여기고, 나를 낮추고 다른 사람을 높이는 사람됨을 되새겨봅니다. 내가 잘 됨보다 다른 사람이 잘 됨을 보고 진심으로 축하해주고 박수 쳐주는 마음이면 좋겠습니다. 이런 사람들이야말로 진정한 협력자 정신을 갖춘 사람입니다.

역사를 돌이켜보면 협력자 정신으로 세상을 아름답게 한 이들이 많습니다. 요즘에는 주연급보다 조연급 연기자들이 더 대우받고 존경받기도 합니다. 누구나 주연일 수는 없습니다. 훌륭한 조연이 없으면 훌륭한 드라마를 만들 수 없다고 합니다. 우리는 사실 일등만을 기억하고 일등만을 추구하는 사회에서 성장해 왔기 때문에 "모가 아니면 도"식으로 생각이 굳어진 경향이 있습니다. 그러나 이제는 드라마에서도, 직장에서도, 학교에서도 2인자의 자리가 아름답습니다. 1등이 아닌 자리에서 1등을 높이는 자세로, 1등을 시기하거나 그 자리를 넘보지 않는 겸손과 우직함으로 살아가는 사람들은 2인자 정신으로, 협력자 정신으로 말없이 자신의 길을 걸어갑니다. 이들은 이름 없이 빛도 없이 살아가지만 이들이야말로 진정한 영웅입니다. 우리 자신이, 우리 자식이 꼭 1등을 해야만 하는 걸까요? 2등, 아니 3등 아니 꼴찌를 하더라도 마음이 건강하고 마음이 넓고 풍요롭다면 이보다 더 좋을 수는 없지 않을까요? 이런 정신이야말로 자신을 살리고 다른 사람을 살리고 공동체를 살리는 생명의 길입니다.

참된 나를 찾는
공동체 감각의 마음 챙김

우리가 사는 지구는 거대한 수용소라고 말할 수 있습니다. 제 삶은 소멸될 운명을 안고 살아가는 생명체들이 살기 위해 더덕더덕 붙어사는 땅 덩어리, 그 속에 한국이라는 틀, 학교라는 벽, 교실이라는 방 한 칸에서 제 인생은 진행되고 있습니다.

좌충우돌 변화무쌍한 중학교 아이들과 씨름하면서 보람과 고충의 교차 속에서 고뇌하는 저는 인간 달팽이입니다. 어느 때는 젊은 시절의 품었던 이상과 열정과 같은 등껍질을 잃고 맨 살로 살고 있는 것만 같습니다. 가끔은 잃어버린 등껍질을 재생시켜주는 책이나 강좌나 사람 사귐을 통한 자기성찰로 다시 일어서기도 합니다. 무엇이 옳은 것이지, 어떻게 살아야하는 것인지, 나는 누구인가 하는 질문을 되새기면서 떠올려보는 윤동주의 자화상自畵像이라는 시입니다.

산모퉁이를 돌아 논가 외딴 우물을 홀로 찾아가선 가만히 들여다봅니다.

우물 속에는 달이 밝고 구름이 흐르고 하늘이 펼치고 파아란 바람이 불고 가을이 있습니다.

그리고 한 사나이가 있습니다.
어쩐지 그 사나이가 미워져 돌아갑니다.

돌아가다 생각하니 그 사나이가 가엾어집니다. 도로 가 들여다 보니 사나이는 그대로 있습니다.

다시 그 사나이가 미워져 돌아갑니다. 돌아가다 생각하니 그 사나이가 그리워집니다.

우물 속에는 달이 밝고 구름이 흐르고 하늘이 펼치고 파아란 바람이 불고 가을이 있고 추억追憶처럼 사나이가 있습니다.

사실 잘났다고 우쭐대기고 하고 세상을 다 가진 듯 폼을 잡기도 하지만 결국 우리는 찰나만을 살다 가는 존재일 뿐입니다. 바람 소리, 소나기처럼. 그저 하루를 살다 가는 존재입니다. 그 하루가 영원처럼 계속되리라 믿고 싶어 하며 소유하고 분노하고 집착하는 어리석은 존재입니다.
명색이 목사요, 교육자인 저는 자기 입도 이기지 못하면서 누군가를 가르치고 충고하며 목숨 걸듯 살아갑니다. 아니 살아낸다는 표현이 더 적절할 것 같습니다. 인생 별 거 아니고, 그저 스쳐지나가는 작은 바람에 불과한 게 인생이라고 의식하지만 어리석은 마음은 이리저리 흔들리며 순간순간마다 잊고 삽니다. 사람의 삶은 자기 잘난 멋에 인정받기 위해 사랑받기 위해 몸부림치는 시간의 연속인지도 모릅니다. 그 인정받고 싶고 사랑받고 싶은 갈망이 우리네 삶을 규정짓는 지도 모릅니다.

아들러는 사람에게 트라우마란 본래 없으며 마음으로 지어내는 것이니 속지 말라고 충고합니다. 행복도 선택이고 불행도 스스로 선택하는 것이라고 말합니다. 그러니 징징대지 말고 잘못을 인정하는 것은 패배자가 아니라고. 인간관계의 카드는 내가 쥐고 있으니 휘둘리지 말라고 권합니다.

그렇습니다. 아들러의 말처럼 자랑하는 사람은 열등감에 사로잡힌 사람이며 건전한 열등감이란 타인과 비교해서 생기는 것이 아니라 '이상적인 나'와 비교해서 생기는 것입니다. 외모지상주의에 매몰된 사람들도 따지고 보면 비합리적인 생각을 하고 있습니다. 사실 잘못된 자신의 얼굴을 주의 깊게 보는 사람은 결국 자신뿐입니다. 그러니 남에게 어떻게 보이냐에 집착하는 삶이야말로 자신이외에는 관심이 없는 자기중심적인 생활방식입니다.

인정 욕구를 부정하며 칭찬이나 야단도 치지 말아야합니다. 이는 지극히 당연합니다. 그게 사람입니다. 그냥 이런 모습을 인정하면 편해집니다. 사람의 최대 불행은 자신을 좋아하지 않는 것입니다. 사람은 자신을 인정하지 않고 남과 비교하고 가진 것보다는 가지지 못한 것에 마음을 빼앗겨 불평하고 불만을 쏟아내고 불안해합니다. 그러니 스스로 분노를 지어내며 삽니다. 인생은 타인과의 경쟁이 아닙니다. 인간관계의 중심에 '경쟁'이 있으면 인간은 영영 인간관계에 대한 고민에서 벗어나지 못하고 불행할 뿐입니다. 인생은 결국 '나를 찾아가는 여행'입니다. 다른 사람과의 싸움이 아니라 나 자신과의 싸움이며 다른 사람과의 경주가 아니라 나 자신과의 경주입니다. 과거와 현재와 미래의 나를 붙들어 매기도 하고 풀기도 하는 것도 결국은 나 자신입니다.

자기 긍정과 본래적인 자기를 찾고 자기로 살기 위해서는 인간관계의 목표를 '공동체 감각'을 지향하는 것이어야 합니다. 최근 우리 사회에 인륜을 저버린 범죄마저 기승을 부리는 현실과 이기적인 욕망으로 반사회적인 비인간적인 모습들을 보면서 공동체 감각을 되새겨야함을 실감합니다. 이를 위해 공동체가 무엇인지를 살펴봅니다.

공동체는 일반적으로 공통의 생활공간에서 상호작용하며, 유대감을 공유하는 집단을 의미합니다. 학술적 개념의 공동체는 퇴니에스Ferdinand Töennis의 게마인샤프트Gemeinschaft 즉 공동사회에서 그 논의가 본격화되었습니다. 퇴니스는 공동사회를 혈통, 장소, 정신적 차원 등을 속성으로 하는 총체적인 공동체로 봤습니다. 많은 사회과학자들은 공간, 상호작용, 연대를 공동체의 핵심 요소로 보는데, 현대사회에서는 공간의 중요성이 약화되었습니다. 오늘날에도 상호작용과 연대를 중심으로 다양한 형태의 공동체적 집단들이 존재합니다.

가장 기본적인 공동체는 혈연공동체로 개인의 생존과 집단 재생산을 위한 중요한 조직 단위입니다. 지역을 근거로 한 지연공동체는 협동과 공감의 집단으로 전통사회에서는 혈연공동체와 지연공동체가 상당 부분 중첩되어 있었습니다. 혈연과 지연공동체는 오랫동안 우리나라 사람들의 사회, 경제, 문화적 삶에 있어서 핵심적인 위치에 있었습니다. 그러나 20세기 들어 일본에 의한 식민통치, 한국전쟁, 산업화 등을 경험하며 전통적인 공동체들은 그 중요성이 감소했습니다. 대신 새로운 사회 환경 속에서 공동체적 가치를 실현하는 유연한 공동체들이 만들어지고 있습니다.

공동체는 구성원들이 생존을 유지하기 위해 함께 노력해야 했던 가족이나 촌락에서부터 시작되었습니다. 가장 기초적인 형태의 공동체는 가족, 씨족, 지역에 바탕을 둔 공동체라고 할 수 있습니다. 전통사회에서는 농업 생산을 위한 협동을 강화하고, 구성원들 간의 화합을 증진하기 위한 공동체적 규범이 발달했습니다. 초기 공동체는 규모가 작고 지리적 경계가 뚜렷했습니다. 전통적인 공동체의 특성으로는 폐쇄성, 안정성, 대면적 관계, 전통 및 도덕적 규범 체계 등을 들 수 있습니다. 인구가 증가하면서 공동체의 범주와 규모가 확장되기 시작했으며, 공동체의 내용도 다양해졌습니다.

우리나라의 전통적인 공동체로는 혈연과 유교적 가치에 바탕을 둔 문중, 지역을 기반으로 하는 촌락, 협동적 노동 양식인 두레, 상부상조의 규범인 계契 등을 꼽을 수 있습니다. 이러한 공동체 및 공동체적 제도들은 서로 중첩되어 전통사회의 질서를 유지했습니다.

문중은 우리나라의 독특한 공동체로 17세기 중반 이후에 공고화된 것으로 보입니다. 문중은 공동의 선조를 가짐으로써 본관과 성을 공유하는 남계 혈통 전체를 가리키는 것으로 제사, 유교적 위계질서, 상부상조, 교육 등을 담당하는 확대된 가족공동체입니다. 대개 문중은 동성촌同姓村을 이루었습니다.

촌락은 농사를 짓는 수십 가구가 집단적으로 정주한 공동체입니다. 자연부락 혹은 마을이라고도 불리는 촌락은 대개 논을 중심으로 농가들이 모여 있는 집촌集村의 형태를 띱니다. 촌락공동체는 가족에 원형을 둔 지역집단이며, 생산을 위한 공동조직이고, 포괄적인 상호부조적인 집단이었습니다. 촌락공동체는 지리적 경계가 분명했으며, 강한 집단의식을 가지고 있었습니다. 또한 신분적 위계질서나 관습적 질서를 강요하는 엄격한 유교적 규범이 존재했습니다. 촌락공동체는 협동을 강조하는 다양한 제도와 문화를 발전시켰습니다.

두레는 노동을 같이 하는 작업공동체로, 조선 후기 이앙법移秧法 보급이 활발해지면서 발달했습니다. 이러한 노동방식은 모내기 등 노동력 수요가 정점에 달할 때, 농민들이 함께 일하는 합리적인 노동 활용법으로 공동체적 농민문화의 물적 토대가 되었습니다. 두레는 농사일은 물론 마을의 공통 사안에 대해 협력하는 포괄적 공동체로 발전했는데, 이 과정에서 농악, 농요, 지신밟기 등의 놀이문화와 결합되어 주민들 간의 공동체적 유대를 강화했습니다. 두레는 노동능력 제고, 구성원 간의 상부상조, 협동 훈련, 노동의 오락화, 공동체 규범 강화, 촌락의 통합 강화, 지역 농민 문화의 창조와 계승 등의 복합적 역할을 수행했습니다. 그러나 농촌 공동체 유지의 핵심적 제도였던 두레는 일제 강점기의 지주소작제 강화와 수탈구조 속에서 사라졌습니다.

계는 동洞이나 리里 중심의 생활공동체로 볼 수 있습니다. 촌계村契는 상민마을 구성원들의 자생적인 필요에 의해 등장했습니다. 수해나 가뭄 등의 천재지변으로 마을에 피해가 있을 때면 계의 규약에 의거하여 공동 작업을 했습니다. 이를 통해 공동체적 연대와 공동체 성원의 소속감을 가지게 되었습니다. 촌계는 상호부조·상호규범을 강조했으며, 임진왜란 후 전후복구를 위해 보편화되었습니다.

일제 강점기는 공동체 붕괴의 기간으로 농촌공동체의 근간이었던 농민들이 식민지 수탈 체제 하에서 철저하게 핍박당했습니다. 소작농의 증가, 농민의 궁핍화, 일본식 제도 및 문화의 이식, 농민들의 이동 때문에 전통적인 농촌공동체 제도들이 급격히 쇠퇴했습니다. 해방 이후 농촌의 공동체는 한국전쟁, 산업화, 도시화 등을 경험하면서 대부분 해체되었고, 특히 1960년대 이후 진행된 대규모 이농에 따른 농촌 인구 과소화는 농촌공동체의 인구학적 기반을 무너뜨렸습니다. 다른 한편 서울을 비롯한 대도시로 유입된 많은 인구는 새로운 환경 속에서 이익사회 및 2차적 관계 중심의 도시 생활을 영위했는데, 경쟁적인 도시 공간 속에서 공동체 문화가 만들어지기는 어려웠습니다.

공동체 개념을 체계화한 독일의 사회학자 퇴니에스는 공동사회를 이익사회Gesellschaft와 구분했습니다. 공동사회는 구성원들 간 관계가 긴밀하고 결속력이 강합니다. 퇴니에스는 가족, 친족, 농촌 부락 등이 공유된 장소와 신념 같은 공동사회의 특성을 온전하게 보여준다고 봤습니다.

힐러리George Hillery는 공동체의 세 가지 요소로 지리적 공간, 사회적 상호작용, 공동의 연대 등을 꼽았습니다. 전통적인 공동체는 이 요소들이 중첩되어 있었는데 비해, 최근의 공동체들은 세 요소들이 상이한 조합을 이루고 있습니다.

공동체를 구성하는 지역, 상호작용, 연대의 세 차원과 관련된 여러 연구가 진행되었는데, 인간생태학과 도시생태학자들은 도시 공간 속에서 공동체적 특성인 유기적 연대가 어떻게 유지되는지에 대한 연구를 진행했습니다. 그리고 이웃 혹은 근린에 대한 연구를 통해 도시에서도 공동체가 여전히 중요한 역할을 한다는 연구 결과가 나오기도 했습니다.

일반적으로 도시에서 지역은 전통사회에서 수행했던 절대적인 역할을 하지 못합니다. 같은 동네나 아파트에 살면서도 서로 잘 알지 못하고, 무관심해지는 것입니다. 그러나 도시인들에게도 상호작용이나 연대에 기반을 둔 공동체는 여전히 중요합니다. 대도시에 거주하는 사람들은 공유하는 가치, 신념, 목표 등을 기반으로 집합적 감정과 공동의 연대를 형성합니다.

현대사회에서는 퇴니에스나 힐러리가 언급한 조건들을 갖춘 완전한 이념형적 공동체는 존재하지 않습니다. 특히 정보화와 인터넷의 발달에 따라 시공간이 재구성되면서, 공동체에서 지역의 의미가 변화하고 있습니다. 현대인들은 물리적인 공간과 상관없이 온라인을 통해 상호작용하고, 공동체적 경험을 갖습니다.

신용하는 공동체를 인격적 친밀성, 정서적 깊이, 도덕적 헌신, 사회적 응집력, 시간의 연속성 등을 특징으로 하는 모든 형태의 사회관계를 포괄하는 개념으로 보았는데, 보다 넓은 의미로 공동체를 유연하게 바라봐야 할 필요가 있다는 것입니다.

퍼트남Robert Putnam은 공동체의 중요한 요소로 사회적 자본을 강조했습니다. 사회적 자본이란 공유된 가치로서 상호성의 규범이 강조되는 것을 말합니다. 그는 사회적 자본의 두 가지 유형으로 결속과 연대를 구분했습니다. 전자는 유사성을 바탕으로 구성원들을 강하게 결합시키는 성향을 뜻하며, 후자는 외부 집단과의 연결망을 더 많이 확장하는 경향을 가리킵니다. 그리고 공동체는 이러한 결속과 연대를 기반으로 만들어진다고 봤습니다.

우리사회에서 좁은 의미의 이념형적 공동체는 계속 감소해왔고, 산업화와 정보화가 급속히 진행되면서 전통적인 공동체는 자취를 감추고 있습니다. 촌락, 문중, 두레, 계 등은 해체되어 일부 농촌지역을 제외하고 는 그 모습을 찾아보기 어렵습니다. 그러나 사회적 존재로서의 사람은 공동체적인 경험에 대한 욕구를 가지고 있으며, 그 관계망 없이는 살 수 없는 존재입니다. 따라서 전통적인 공동체와는 다른 방식의 공동체를 만들어내고 있습니다. 새로운 공동체에서 강조되는 것은 상호작용에 기 반을 둔 신뢰, 규범, 연대와 같은 가치들입니다. 공동사회와 이익사회의 이분법을 넘어서, 공동체적 특성이 실제 얼마나 어떻게 실현되고 있는지 에 주목하는 유연한 접근이 필요합니다. 공동체를 경직된 집단 개념으로 보지 않고, 사회적 자본의 증대를 위한 공동체적 지향으로 정의하면 다 양한 움직임들을 찾아볼 수 있습니다.

공동체의 요소 가운데 가장 쟁점이 되는 것은 공간 지역입니다. 사이 버공동체 혹은 온라인공동체는 공간 지역을 무력화시킵니다. 거리의 소 멸에 의해 지리적 요소를 넘어서서 새로운 공동체를 만들어냅니다. 수많 은 사이버공동체들이 블로그, 카페, 메일링리스트 등의 상호작용을 통해 친밀성을 교환하고, 공동체적 유대감을 형성하며, 공동체적 참여를 합니 다. 사이버공동체 가운데 상당수는 오프라인 공동체와 상호작용함으로 써, 흥미로운 사회현상을 낳기도 합니다.

지역 공간을 넘어서는 사이버공동체와는 달리 오히려 지역을 재발견 하는 공동체운동의 부상도 주목할 만합니다. 2000년대 중반 이후 진안 에서 활발하게 진행되고 있는 마을 만들기가 대표적인 예입니다. 생태공 동체운동 역시 물리적 공간과 지역성을 강조합니다. 생태공동체운동은 작은 단위의 지역을 기반으로 한 유기적 네트워크 공동체를 지향하고 있습니다.

공동체는 사회적 존재로서 사람에게 꼭 필요한 관계 집단입니다. 전통사회에서 폐쇄적이고 경직되었던 혈연 및 지연공동체는 근대화의 흐름 속에서 쇠퇴했습니다. 경쟁과 이익 추구의 자본주의 사회 속에서 전통적인 공동체는 지속되기 어렵습니다. 그렇다면 오늘날에는 공동체가 존재하지 않는 것일까요? 경쟁적인 삶이 더 치열할수록 공동체에 대한 욕구는 커진다고 할 수 있습니다. 그러므로 신뢰, 호혜성, 친밀성 등 공동체적 가치를 추구하는 새로운 형태의 공동체들이 생겨나고 있습니다.

최근 공동체는 개념으로서나 실제 모습에서 유연하고 다양해지고 있습니다. 공동체의 구성원들은 지리적 제한을 넘어서 다양한 상호작용을 하며, 공동의 연대를 모색합니다. 다른 한편으로는 소규모 지역의 면대면 관계의 중요성을 강조하며, 강한 공동체를 추구하는 경향도 있습니다. 현실 공동체의 분화는 앞으로 더욱 가속화될 것으로 보입니다. 따라서 학술적인 차원에서도 공동체와 비공동체의 이분법을 넘어서는 유연한 분류체계가 필요합니다. 공동체 감각을 통해 우리는 열린 마음으로 너그러워질 수 있습니다. 이에 대한 아인슈타인의 말입니다.

"사람은 우리가 '우주'라 부르는 전체의 일부로 시간과 공간의 제약을 받습니다. 사람은 자신의 생각과 감정을 다른 사람과 분리시켜 경험합니다. 자신의 의식에 대한 일종의 착시 현상입니다. 이런 환상은 일종의 감옥으로, 자신을 개인적인 욕망에 한정시키고 자신에게 가까운 몇몇 사람에 대한 애정에 한정시킵니다. 우리가 해야 할 일은 연민憐愍의 원을 넓혀서 모든 생명체와 자연을 포용함으로써 자신을 이 교도소에서 해방시키는 것입니다."

이제 우리는 혼자 사는 것이 아니라 잇대어 살아야함을 의식해야합니다. 우리는 공동체를 통해 혼자가 아님을 깨닫습니다. 그로 인해 외롭지도 힘들지도 괴롭지도 않습니다. 또한 혼자가 아니기에 자기자랑이나 교만에 빠지지 않을 수 있습니다.

이제 더 이상 왜곡된 나, 타인의 평가로 형성된 '나'에게 속지 말아야 합니다. 모든 것은 마음에서 비롯됩니다. 경쟁과 이기심에 매몰된 '나'의 굴레를 벗고 지금 이 순간, 바로 여기에서 수평적 관계를 형성하고 우주적 마음으로 자신을 바꾸는 마음 챙김이 필요합니다. 행복해지려면 타인의 평가와 세속적인 지위나 소유에서 자유로워야합니다.

때로는 세속의 가치에서 스스로를 소외시키고, 때로는 미움 받을 용기도 있어야 합니다. 이런 용기가 생겼을 때 우리 마음은 참된 평안을 누리고 쉼과 여유를 만끽할 수 있으며, 인간관계도 한층 너그럽고 자유로울 수 있습니다. 마음의 평안과 고운 인간관계의 카드는 결국 내가 쥐고 있음을 깨닫는 것만으로도 우리 인생은 새로운 전환을 통한 희열을 만끽할 수 있을 것입니다. 이것이야말로 우리의 자화상을 바르게 정립해 나갈 수 유일한 길일 것입니다. 물질적인 면에서 우리는 엄청날 정도의 풍요를 누리고 있으나, 물질의 발전이 정신적인 풍요로 이어지지 못하고 있는 것이 오늘 우리의 현실입니다. 물신주의와 이기주의의 병폐로 우리 사회가 황폐화하게 된 데는 잘못된 근·현대사가 자리하고 있음을 우리는 직시해야 합니다. 물질의 발전이 정신의 발전으로 이어지지 못하고 물신화의 늪에서 타락의 길로 걸어가고 있는 현재 우리의 모습은 분명 우리가 숨 가쁘게 걸어온 최근의 발자취에서 찾아볼 수 있습니다.

우리 사회는 정신적인 불행이 일상화된 지 오래입니다. 우리 사회가 역사상 그 어느 시기보다도 큰 외적성장을 누리고 있음에도 우리 국민이 행복을 느끼지 못하는 것은 '공동체의 붕괴'로 인해 우리의 정신까지 파괴되었기 때문입니다. 이를 해결해나가기 위해서는 새로운 공동체의 가치를 지향해야합니다. 이것이 바로 '공공선善'입니다. '낯선 사람이라도 도움이 필요하다고 판단되면 본능적으로 도와주고자하는 마음과 자세'가 더불어 함께 사는 공동체의 가치를 지키는 선善입니다. 한마디로 사회적 배려가 있는 '균형 잡힌 사회'를 만들어야 합니다.

공동체의 붕괴는 양극화에서 기인합니다. 산업화와 공업화의 결과로 급속하게 성장을 해왔던 일자리가 1989년을 정점으로 이후 자동화를 통해 급격하게 줄어들고 있습니다. 여기다 1997년 외환위기는 평생직장마저 사라지게 하면서 비정규직을 대폭 증강시켰고, 수명연장으로 인한 고령화 등의 다양한 요인이 맞물리면서 소득 격차가 커지는 양극화가 심화되었습니다.

사회 양극화는 단순히 소득을 비롯한 경제적 자산 분포의 변화만을 의미하지 않으며, 생활양식의 분화, 내부구성원들이 느끼는 상대적 박탈감의 심화 등을 포함하는 보다 포괄적인 현상으로 나타났습니다. 경제적 양극화가 심화되면 중간층이 줄어들고, 빈곤층으로 전락할 수 있는 취약계층이 늘어나게 됩니다.

경제적 양극화는 사회적 양극화로 이어지면서 대기업과 중소기업, 첨단산업과 전통산업, 고소득층과 저소득층, 정규직 노동자와 비정규직 노동자 등 기업, 산업, 소득, 고용 등의 경제 및 사회전반에서 사회집단 간의 양극화가 가속화됩니다.

이와 함께 갈등을 증폭시키는 정치적 양극화가 수반됩니다. 중산층의 감소는 사회적 위기를 불러옵니다. 중산층은 사회적 타협의 기능을 높이는 갈등의 완충지대 역할을 하기 때문입니다. 양극화를 극복하고 균형 있는 사회로 나아가는 것은 중산층을 두텁게 하는 경제·사회정책과 깊은 관련을 맺고 있습니다. "청소노동자들은 작업도중 잡담도 하지 말고 콧노래도 부르면 안 되며 소파에서 휴식도 금지 한다"는 용역계약서가 사회적으로 큰문제가 되었던 적이 있었습니다. 어느 대학교가 용역계약을 맺은 청소 노동자들에게 부당하게 강요한 인권 침해적 계약내용입니다. 많은 사람들이 분노했고, 우리 사회의 사회적 약자들이 얼마나 열악한 처지에 있는가를 새삼스럽게 알게 되었습니다. 젊은 사람들이 수없이 대자보를 붙였고 청소 아줌마들의 손을 맞잡고 위로했습니다.

또한 세월호 사태를 보면서 가슴 아파하는 많은 시민들의 촛불 시위 그리고 추모집회들을 보면서 공동체를 만들려는 많은 이들의 눈물겨운 노력을 보았습니다. 그것은 분명 내가 아닌 우리라는 모습을 보였고, 많은 사람들이 그들에게 많은 박수를 보냈습니다. 한 방송사에서 〈젠틀맨〉이란 프로그램을 방영한 적이 있었습니다. 여러 가지 어려운 상황을 가정해서 작위적으로 만들어진 느낌도 없지는 않았지만 어려운 이들을 보고 도움을 주는데 주저하지 않고 자신의 아픔처럼 다가서는 많은 시민들은 정말 젠틀맨이었습니다. 이렇듯 우리사회 곳곳에서 내가 아닌 우리라는 공동체를 위해 노력하는 많은 사람들을 보면, 그래도 우리사회가 아직은 희망이 있다는 생각에 흐뭇합니다. 저도 이들과 함께하는 다정다감한 세상 만들기에 함께하렵니다.

지금 우리사회는 다민족·다문화·다종교가 함께 어울리는 평화문명의 정신적 가치를 실현해야하는 시대에 직면해 있습니다. 인류사회의 구조적 문제는 상호 대립하며 '크게 하나됨大同'을 이루지 못하는 데에서 비롯

됩니다. 역사적으로 자민족중심주의를 내세워 국가집단의 이익을 창출하기 위한 국가 간 또는 민족 간의 경쟁체제가 심화되었습니다. 여러 나가들이 국가적 정체성을 분명히 하면서도 이웃 국가와 선린 관계를 유지하는 평화공동체를 어떻게 실현할 것인가 하는 과제가 주어져 있습니다. 이를 위한 노력으로 인권과 평화교육을 기반으로 평화운동을 전개함으로써 이질적 이념과 문화의 충돌을 극복할 수 있는 길을 모색해야 할 것입니다.

동아시아의 대동大同사상에 나타난 공공성의 정신은 평화공동체를 실현하는 중요한 가치를 제시하고 있습니다. 동서양을 아우를 수 있는 세계 보편적 가치와 사상을 드러내고 교육시키는 작업은 인류가 안고 있는 문제를 푸는 열쇠와 같습니다. 학교는 단순히 직업을 얻게 하는 직업소개소나 직업준비기관이 아닙니다. 물질문명의 시대에 평화의 정신문명을 이루는 바른 인성과 평화감수성을 지닌 세계시민을 양성하는 것이야말로 교육이 수행할 중요한 과제일 것입니다.

비도덕적인 사회에서 위선자는 누구일까요?

이른바 시장경제학과 자본주의의 아버지로 불리며 정치경제학자로 잘 알려진 『국부론』의 저자 애덤 스미스가 펼친 보이지 않는 손에 따른 자유시장경제론을 잘 알려져 있습니다. 그러나 그는 그에 못지않은 도덕철학자이기도 합니다. 그는 잘 알려져 있지 않지만 경제학 못지않게 도덕철학을 강조한 사람입니다. 그러므로 그의 경제학을 제대로 이해하려면 그의 도덕철학의 시각도 같이 살펴봐야만 합니다. 그는 『도덕감정론』을 "묘비에도 새겨 달라" 할 정도로 평생에 걸쳐 공을 들인 작품입니다.

이 책에서 그는 "사람이 아무리 이기적인 존재라 할지라도, 기본 바탕에는 선한 본성이 있기 때문에 다른 사람의 행복을 바랍니다."고 하면서도 "수많은 사람들의 사망 사건보다는 자신의 작은 불운에 더 고통스러워합니다."고 말했습니다. 그의 말대로 하루가 멀다 하고 보도되는 엄청난 사망 사건들보다 자신의 새끼손가락 통증에 더 신경을 쓰는 나약한 사람 모습이 200년 전이나 지금이나 그 모순적이고 이중적인 것에 있어서 전혀 나아진 것이 없어 보입니다.

그렇다면 사람은 왜 이렇게 이기적인 것일까? 이렇게 모순적인 사람이 누군가 자신에게 불이익을 주거나 존중하지 않을 때는 물론 타인의 행복을 해치려고 하면 왜 그토록 염치없는 격정으로 큰 소리를 치는 것일까요? 여기에 대해 그는 "이타적인 연약한 힘으로는 자기애가 일으키는 강력한 충동을 이겨낼 수 없습니다. 창조주가 심어놓은 자애심慈愛心의 미약한 불꽃도 자기애自己愛를 태워 없애버릴 수는 없습니다."고 말했습니다. 그러면서 그는 '공정한 관찰자'라는 것을 등장시켜 그의 눈으로 잘못 발현된 자기애를 바로잡을 수 있다고 말했습니다. 공정한 관찰자는 양심과는 달리, '어깨너머로 자신을 쳐다보는 사람'으로 자신을 사람 대 사람으로 심판하는 존재라고 설명했습니다. 상상의 존재를 등장시켜 자신의 행동에 제약을 가하는 것입니다.

그런데 그의 말대로 사람이 '영혼의 불꽃' 혹은 '창조주의 흔적'이라고 하는 양심에 의지하지 않고도 매 순간 공정한 관찰자를 의식하며 생각하고 말하고 행동할 수 있을까요? 혹여 타인의 눈을 의식해서 되레 타인에게 사랑받기 위해, 혹은 사랑받을만한 사람이 되기 위해, 누군가의 눈에 띄기 위해 아니면 인정받기 위해 위법적인 노력도 마다하지는 않을까요? 아니면 정말 정직하고 투명하게 도덕적인 존재가 될 수 있을까요? 양심은 자기 안에 존재하는 '창조주의 눈'이지만, 공정한 관찰자는 자기 밖에 존재하는 '세상의 눈'은 아닐까요? 물론 세상의 눈도 지나친 이기심을 경계하는 것이고, 타인에 대한 배려심을 훌륭하고 고상하게 일깨워주는 것이라고 말할 수 있습니다. 아무튼 결국 사람은 사회적 존재로서 자기애의 거울로 '타인에 대한 사랑'을 말하고, 더불어 행복하기 위한 길로서 도덕적 감정을 이야기합니다.

우리나라만큼 많이 배운 사람이 많고 종교생활을 하는 사람들이 많고, 종교인들이 많은 나라에서 도대체 왜 이렇게 비도덕적인 아니 반인륜적인 사건과 사고가 끊이질 않는 것일까요? 우리는 상상조차 할 수 없는 패륜의 극치를 보여주는 사건들을 접하면서 '이게 정말 사람이 할 짓인가' '어떻게 부모가 자식을 죽이고, 친부모가 성폭력을 행사 하는가'는 생각에 마음이 불편합니다. 그러면서 거친 의견들을 쏟아냅니다. 가해자를 사형을 시켜야한다느니, 관계당국은 뭘 한 것인지 책임자를 문책해야한다느니 입에 거품을 물고 분개하기도 합니다.

이런 자세는 자기 삶을 넘어 사회문제에 관심을 갖고 사회적 공공성을 의식하는 바람직한 것일 수 있습니다. 그러나 이런 반응들을 가만히 들여다보면 정작 이들 사건에서 아무런 책임도 없는 평가자의 위치를 점하는 것은 어딘가 문제가 있어 보입니다. 정말 이들 사건과 사고에 우리는 아무런 책임도 없고, 그 위에서 평가할 수 있을까요? 이런 방식은 자신은 쏙 빠지고 그저 타인을 탓하는 것으로 아주 쉽고 편리한 방식입니다. 그럴 경우 이 세상에 돌팔매질을 합니다. 우리 사회 잘못된 점을 지적하여야 하는 것은 당연한 일입니다. 그러나 남을 비난하기 전에 우리는 무엇을 할 것인가에 대한 생각을 해야 합니다. 중요한 것은 어떤 사회를 만들어 가야 하는가에 대한 생각입니다. 이와 함께 무엇을 해야 할 것인가에 대한 생각을 해야 합니다.

무관심의 세계화가 만연해 있는 오늘 우리의 현실에서 우리 주변에 누가 있는지, 어려운 이웃이 어떤 곤경에 처해 있는지조차 모르고 살아가고 있는 우리 자신은 과연 이런 사건과 사고와 아무런 관련이 없다고 자신 있게 말할 수 있을까요? 우리 사회의 방향에 대한 생각 없이, 남을 비난하는 데 자신의 열정을 소비하는 우매한 행동을 하고 있지 않은지 스스로에게 물어봐야 합니다. 남을 탓하는 것이 가장 쉽고, 플래카드를 거는 일도 가장 싸고 쉽게 할 수 있는 행동입니다. 우물 안 개구리들의 합창이 아닌, 평원을 호령하는 맹수의 꿈과 기개로 슬픔을 승화시켜야 할 것입니다.

우리의 내면 깊은 곳에서 울려 퍼지는 외침은 "이 위선자야, 문제는 바로 너야!"라고 하지는 않는 것인지요? 사회문제를 접하면서 우리 자신을 제외한 시선이 아니라 우리 자신을 대입해서 생각하고 느끼고 말하는 삶이야말로 진정한 도덕감정일 것입니다. 그래야만이 우리 사회의 도덕은 회복되고 바로 세워질 것입니다. 바라기는 사회지도층과 정신문화에 영향을 미치는 이들은 공언空言이 아닌 자기반성에서 나오는 몹시 뉘우침痛悔과 개선을 위한 실천적 윤리적 다짐을 제시해주면 좋겠습니다.

참된 자기다움을 찾아서

———————————————————— 사람들은 누구나 참되고 멋지게 잘 살고 싶지만, 누구나 그렇게 사는 것은 아닙니다. 무엇이, 어떤 사람은 잘 살게 하고, 어떤 사람은 그렇지 못하게 하는 걸까요? 사실, 잘 살려면 요행僥倖을 바라는 마음부터 내려놓아야 합니다. 많은 사람들이 '다른 사람은 몰라도 나는 노력 안 해도 복 받고 내가 원하는 대로 이루어지지 않을까'하는 막연한 기대로 세상이 자신의 뜻에 맞춰주기를 바랍니다. 이런 마음으로 자신이 노력해서 하기보다는 어떤 행운과 다른 사람의 도움을 바랍니다. 일이 안 되면 신을 원망하거나 다른 사람이나 상황을 탓하며 자기변명이나 자기 합리화에 급급합니다.

잘 살기 위해, 잘 사는 방법을 알기 위해서는 끊임없는 노력이 필요합니다. 세상에 공짜는 없습니다. 하늘에서 뚝 떨어지는 행운도 좋지만 이것은 열심히 살아가는데 보너스로 주어지는 선물이지 그것이 일상이나 일반이어서는 안 됩니다. 오히려 행운이 많다면 그것에 마음을 빼앗겨 노력하지 않게 될 수도 있습니다. 그러면 행운은 성실과 열정을 갉아먹는 것밖에 되지 않습니다.

다른 사람의 도움도 마찬가지입니다. 도움의 손길과 배려와 협력은 감동과 감격의 눈물이 나도록 감사하고 기쁩니다. 잘 살아온 것에 대한 뿌듯함도 있습니다. 그러나 이것이 지나치면 자기주도적이고 적극적인 삶이 아니라 수동적이고 의존적인 사람이 되게 할 수도 있습니다. 지혜로운 성숙으로 성장하려 이래서는 안 됩니다.

정말 잘 사는 삶이란 권력과 부와 명예를 얼마나 많이 쟁취해 하는가가 아닙니다. 이런 것들은 움켜쥐려고 하면 할수록 멀어지고, 결국은 사라지고 마는 신기루와 같습니다. 이런 것들에 마음을 빼앗기지 말고, 그저 오늘 하루가 주어짐에 감사하면서 만나는 사람들과 하는 일에 성실해야합니다. 잘 사는 삶은 거창한 것도 어려운 것도 아닙니다.

정말 잘 살기 위해서는 삶의 소소한 이야기들이 얼마나 소중한 것인지를 아는 것에서 출발해야합니다. 작은 것 같지만 하찮은 것 같지만 사소한 것 같지만 이것이 조개 속에 감춰진 진주와 같이 아름다운 것임을 깨닫는 지혜의 안목이 있어야합니다. 욕심이나 집착 등에 끌리거나 기울어지지 않는 올곧은 신념이 있어야합니다. 이런 안목과 신념은 게으름과 나쁜 습관을 극복하게 합니다. 불신과 탐욕을 부정하면서 근심과 걱정을 떨쳐내게 합니다. 그러면 마음 깊숙한 곳에서 시나브로 독선과 아집과 집착이 줄어들고, 고요함과 평화가 자리하게 됩니다. 자기중심적인 판단에서 벗어나 전체와 부분, 개인과 공동체, 오늘과 내일, 전통과 변화를 보게 됩니다. 열린 마음과 바른 판단력으로 너그럽게 됩니다. 몸과 마음을 사용함에 있어서도 할 일은 하고 하지 말아야 할 일은 하지 않으며 여유로 온화한 미소를 머금을 수 있습니다.

오늘 하루를 살면서 문득 스치는 생각들과 느낌들을 소중히 여기며 가만히 떠올려보면 그 안에서 고운 빛깔의 교훈과 감동을 찾아낼 수 있습니다. 황금보다 소중하고 소금보다 소중한 금이 바로 지금입니다. 바로 지금 떠오르는 것을 적어보면 그것이 시가 되고, 수필이 되고, 역사가됩니다. 그 안에서 살아 숨 쉬는 사람들의 이야기와 경험은 아름다운 노래가 되어 온누리에 퍼져나갈 것입니다. 이것은 어디서 얻어야하거나 누가 해주는 것이 아닙니다. 바로 지금 숙고熟考하는 삶을 다짐하는 우리자신이 주인공입니다.

마음먹기의 중요성

 탈무드 서문에 나오는 이야기입니다. 어떤 사람이 탈무드를 배우겠다고 랍비를 찾아왔습니다. 랍비는 시험 삼아 질문을 했습니다.

"두 사람이 굴뚝 청소를 했는데 한 사람은 얼굴에 검댕이가 많이 묻고 한 사람은 전혀 안 묻었다. 누가 씻겠는가?"

"그야 검댕이가 많이 묻은 사람이지요."

랍비는 틀렸다고 했습니다.

"검댕이가 묻은 사람은 안 묻은 사람을 보고 자기도 안 묻었다고 생각하고 씻지 않습니다. 오히려 안 묻은 사람이 묻은 사람을 보고 자기도 묻었다고 생각하고 씻는 것이다."

이 이야기에서 알 수 있듯이 사람은 사실에 따라 행동하는 게 아니라 믿음에 따라 행동합니다. 실제로 얼굴에 검댕이가 묻은 사람이 씻는 게 아니라 검댕이가 묻었다고 믿는 사람이 씻었습니다. 이처럼 우리는 실제 모습이 아니라 내가 그런 사람이라고 믿는 모습에 따라 행동합니다. 스스로 못났다고 생각하는 사람은 평범한 말도 자기를 무시하는 말이라고 생각하면서 상처를 받습니다. 그래서 인간관계가 나빠집니다. 그리고 일을 맡아도 자신이 없어서 능력을 발휘하지 못합니다. 그래서 성공적인 삶을 살기 어렵습니다. 반면에 스스로 훌륭하다고 생각하는 사람은 남들이 뭐라고 해도 대수롭지 않게 생각하며 상처를 받지 않습니다. 일을 할 때는 자신감 있게 자기 능력을 잘 발휘하여 일을 잘합니다. 그래서 성공적인 삶을 살게 됩니다.

그러고 보면 흔히 말하는 대로 사실이 중요한 게 아니라 그 마음에서 믿는 것이 중요합니다. 이를 마음먹기 나름이라고 말합니다. 일체유심조一切唯心造라는 말은 '모든 것은 오로지 마음이 지어내는 것임을 뜻'하는 불교 용어이지만 불교신자가 아니라도 누구나 그 뜻을 잘 이해하고 있을 것입니다. 일체유심조라하면 신라의 고승 원효대사를 떠올리게 됩니다. 원효대사라 하면 의상대사와 함께 당나라로 공부하러 가던 중 동굴에서 마신 '해골물'에 얽힌 일화로 유명합니다.

당나라로 유학 가던 중 날이 저물어 무덤가에서(동굴이라고도 함) 잠을 자다가 잠결에 너무 목이 말라 물을 마시고 갈증을 해소하였는데, 아침에 눈 뜨고 보니 잠결에 마신 물이 해골 속에 고여 있던 물이었음을 알고 나서는 비위가 상해 토해 내다가 '모든 것은 마음에 달렸다'는 것을 크게 깨달았다고 합니다. 불교적으로 사물 자체에는 정淨도 부정不淨도 없고 모든 것은 오로지 마음에 달렸다고 해석할 수 있습니다.

우리는 마음이 여유로울 때는 다른 사람이 실수를 하거나 잘못을 저질러도 너그럽게 봐줍니다. 그럴 수도 있다고 이해합니다. 이럴 땐 우리가 한없이 선한 천사와 같습니다. 부득이 훈계나 조언을 하게 된다고 해도 부드럽게 지혜롭게 합니다. 그러나 마음에 여유가 없고 불편할 때는 누군가가 실수를 하거나 잘못을 하면 순간적인 화를 이기지 못하고는 언성言聲을 높이며 화를 내면서 대응하는 경우가 많습니다. 그러니 결국 모든 일은 일의 상황이나 환경이나 사건이 중요한 게 아니라 그것을 바라보고 맞이하는 마음에 따라 결정적인 결과를 초래합니다. 때론 이해가 되기도 하고 이해하지 못하게 되기도 합니다.

내가 너무나도 싫어하는 사람이 있습니다. 나보다 잘생기고 능력도 있고, 그런데다가 돈도 많습니다. 요즘 유행하는 말로 금수저를 물고 태어나서 물려받은 유산도 많습니다. 누구나 이런 사람을 보면 부럽기도 하지만 얄밉기도 합니다. 그래서 그 사람과는 밥도 같이 먹기가 불편합니다. 그러면 누구의 마음이 불편할까요? 잘생기고 능력 있고 부자인 상대방일까요, 아니면 내가 불편할까요?

친구와 서로 오해가 생겨 뜻하지 않게 싸움을 하고 서로 만나지 않기로 했습니다. 그래서 그 친구만 생각하면 화가 나고 짜증스럽습니다. 그러면 누가 화가 나고 짜증스러울까요? 친구일까요, 아니면 나일까요?

그렇습니다. 모든 것은 내 마음에서 비롯되는 것이라고 말할 수 있습니다. 예쁜 것을 느끼면 내 마음도 예뻐지고 기분도 좋아지지만 싫어하는 마음을 가지면 짜증스럽고, 누군가를 미워하게 되면 미워하는 내 마음이 더 괴롭습니다. 내 마음에서 나와서 결국은 나에게로 돌아옵니다. 마음으로부터 행복과 불행이 시작됩니다.

또한 생각해볼 것은 마음은 그 관심사와 가치관에 따라 방향지어진다는 사실입니다. 한 아름다운 여자가 길을 가고 있었습니다. 그녀는 한쪽에는 명품 핸드백을 메며 아이스크림을 들고 있었고, 다른 한쪽에는 예쁘게 생긴 애완견을 데리고 있었습니다. 그리고 명품 옷과 명품 구두를 신으며, 자신의 미모를 뽐내고 있었습니다. 이러한 여자를 주변의 많은 행인들이 쳐다보았는데, 흥미로운 것은 그녀를 쳐다보는 행인들의 시선이 모두 달랐습니다. 우선 한 젊은 남자는 그 여자의 미모를 보고 있었고, 한 젊은 여자는 그 여자가 신은 명품 구두를 보고 있었고, 뚱뚱한 남자는 그 여자가 먹는 아이스크림에 주목했습니다. 어떤 차에 타고 있던 수컷 개는 그 여자가 데리고 있던 암컷 개에 홀딱 반했습니다.

이 이야기는 수년전에 나온 한 광고의 내용입니다. 한 여자에 대한 다양한 시선을 통해서 '모두가 같은 것을 보는 것 같지만 사실은 관심사에 따라서 실제로 주목하는 대상이 다르다'는 사실을 알려주었습니다.

실제로 이러한 모습은 우리의 삶에서 늘 일어나고 있습니다. 대형마트만 보더라도, 많은 사람들이 동일한 코너를 보지만 각자의 관심사에 따라서 저마다 다른 물건을 보고 다른 물건을 선택합니다. 뿐만 아니라 같은 컴퓨터를 사더라도 게임에 관심을 갖고 있는 사람은 게임에 맞는 컴퓨터를 사고, 휴대용에 관심이 있는 사람은 가벼운 컴퓨터를 원하는 등, 같은 쇼핑몰을 보더라도 각자의 관심사에 따라서 서로 다른 것을 봅니다. 똑같은 사진을 보더라도, 풍경에 관심이 있는 사람과 사람의 모습에 관심이 있는 사람이 보는 시선은 전혀 다릅니다. 심지어 관심이 없는 것은 분명히 눈으로 본 것인데도 못 보고 지나치기도 합니다.

오늘 우리 자신이 어디에 관심과 가치관을 두고 있는지 다시 말해서 어디에 마음을 가 있는지를 잘 살펴볼 필요가 있습니다. 내 관심사와 가치관이 맞지 않으면, 중요한 것을 바른 가치를 놓칠 수도 있습니다. 만약 내 아이들의 활달한 성장이 소중하다고 생각하면, 내 아이들 때문에 층간소음의 피해를 보는 아랫집의 사정이 보이지 않습니다. 만약 자기 차에 관심이 집중되다보면, 자신의 잘못으로 인해서 교통사고가 났더라도 모든 것이 상대방의 잘못으로 보입니다. 결과적으로 나 중심의 관심사와 시선 때문에, 중요한 것을 놓치고 맙니다.

그러므로 우리는 잘 먹고 잘 사는 법을 익히기 전에 먼저 세상을 바라보는 내 관심사와 가치관을 먼저 살펴봐야 합니다. 세상이 수많은 색깔로 이루어져 있지만, 빨간 안경을 끼면 모든 세상이 빨간색으로 보이고, 파란 안경을 끼면 모든 세상이 파란색으로 보이게 됩니다. 그러면 곳곳에 담겨 있는 형형색색의 아름다운 색깔을 놓치고 맙니다.

오늘 우리의 마음은 어떤 안경을 쓰고 있는지요? 세상이, 사람이 이렇다 저렇다 말하기 이전에 내가 쓰고 있는 마음의 안경을 먼저 점검해보는 것은 어떨까요? 그리고 다양한 색깔로 세상을 바라보는 다양한 사람들의 안경이 있을 수 있음을 생각해보면 어떨까요? 내가 보는 것, 내가 느끼는 것, 내가 주요하게 여기는 것이 다가 아닙니다. 내가 보지만 보지 못하는 것이 있음을 의식해야합니다. 내가 본 것이 틀릴 수도 있음을 알아야합니다. 그러다 보면 우리의 마음이 더욱 넓어지고, 여유롭게 되어 자신과 사람들과 세상을 너그럽게 아름답게 보게 될 것입니다.

사람은 대단히 똑똑한 것 같지만 알고 보면 참 어리석고 모자랍니다. 고운 마음, 너그러운 마음을 가져야함을 알지만 그게 마음먹은 대로 쉽게 되지를 않습니다. 그러니 자신을 자책하며 한탄하기도 합니다. 그러나 그게 사람입니다. 그래도 노력이라도 하는 것도 아름답습니다. 작심삼일作心三日이라도 자꾸 마음으로 생각하게 되면 미루던 것도 실천할 수 있지 않을까요? 너무 많은 욕심보다 작은 것 하나에 마음과 정성을 쏟아

부으면 이루지 못할 것이 없습니다. 밝고 깨끗한 마음으로 조금씩 마음을 닦고 정돈해나가면 고운 마음빛깔을 갖게 될 것입니다.

지금 이 순간의 희소성

언젠가 늦잠을 자기 위해 아침밥을 굶으려 한 적이 있습니다. 당시 제게는 그다지 이상할 것도 없는 일인지라 주린 배를 무시하고 다시 눈을 감았습니다. 그러다 문득 '지금 못 먹은 밥은 영영 다시 먹을 수 없겠구나' 하는 생각을 했습니다. 어쩌면 이번이 아닌 다음에도 비슷한 시간대에 똑같은 반찬이 나오는 날이 있을지도 모릅니다. 하지만 그때 그 반찬은 아닐 것입니다. 오늘, 이 시간대, 이 기분, 이 반찬, '지금'을 이루는 모든 요소는 이번이 처음이자 마지막 경험이 될 것이었습니다. 아까웠습니다. 그날의 반찬이 특별할 것도 없었지만, 그것을 먹을 수 있는 것은 '지금뿐'이라는 데까지 생각이 미치자 결국 이불을 박차고 나올 수밖에 없었습니다.

물론 이것은 단순한 심경의 변화일지도 모릅니다. 그리고 그 당시 그대로 잠을 자는 것 또한 '지금'밖에 할 수 없는 일이라고 누군가 말한다면, 그다지 반박할 말이 생각나지 않습니다. 그만큼 순간에 떠오른 생각이었고 변덕이었습니다. 그래도 규칙적인 생활 패턴을 가지라고, 그 사람에게 훈수 한마디는 하겠지만 말입니다.

지금이라는 순간을 곰곰이 생각해 보면, 이 순간이 다시없을 마지막 순간이라는 것을 깨닫게 됩니다. 가장 소중한 것은 황금도 소금도 아닌 지금입니다. 지금하지 않는 일들은 영영 하지 못할 것들은 아닙니다. 분명 언젠가 재도전의 기회가 있을 것이고 그것이 빠른 시일 내에 가능할지도 모릅니다. 하지만 지금 이 순간에 하는 것과는 분명 차이가 있습니다. 어차피 같은 일인데 그 차이가 뭐 그리 크냐고 말할 수 있지만, 다른 건 다른 것입니다. 그리고 우리는 그때 그 순간에만 일어났을 일련의 시간을, 영영 잃어버리게 됩니다.

매 순간이 아깝다는 듯 바쁘게 살던 사람들이 떠올랐습니다. 훗날에는 돌이킬 수도 없고 돌아오지도 않는 것들이었습니다. 그들에게는 작든 크든 분명 가치 있는 시간이었을 순간들. 다시없을, 지금 이 순간을 아까워한다는 것은 최선을 다해 삶을 살고 있다는 나름의 증거가 아닐까 싶었습니다. 눈을 감고 가만히 생각해보면 소중한 줄 모르고 그냥 그렇게 당연하게 보내버렸던 그 시간들이 실은 정말 보물 같은 시간들이었단 생각을 하게 됩니다. 그립기도 하고, 쓸쓸하기도 한 맘을 달래려 시집을 꺼냈다가 잔잔한 감동이 일렁이는 시가 마음으로 다가왔습니다. 중학교 국어 교과서에도 실린 정현종의 '모든 순간이 꽃봉오리인 것을'이라는 시입니다.

나는 가끔 후회한다

그때 그 일이

노다지였을지도 모르는데...

그때 그 사람이

그때 그 물건이

노다지였을지도 모르는데...
더 열심히 파고들고
더 열심히 말을 걸고
더 열심히 귀기울이고
더 열심히 사랑할걸...

반벙어리처럼
귀머거리처럼
보내지는 않았는가
우두커니처럼...
더 열심히 그 순간을
사랑할 것을...

모든 순간이 다아
꽃봉오리인 것을,
내 열심에 따라 피어날
꽃봉오리인 것을!

　왜 우리는 찬란한 순간을 살고 있을 때는 그 순간이 찬란하다는 것을
알지 못하는 걸까요? 너무나 소중한 순간이었다는 것도… 너무나 벅찬
기회였다는 것도… 포기하기엔 너무 아까웠다는 것도… 한 번만 더 힘
을 내면 바라는 것에 닿을 수 있었다는 것도… 왜 모두 지나야만 알게
되는 걸까요? 조금 일찍 알았다면 좋았을 것들이 너무 많은데…뒤늦게
깨닫고 가슴 먹먹해 흘리는 눈물이 너무나 아픈 것이란 걸 생각해봅니다.

지금 이 순간에 최선을

———————————— 어른들은 자라나는 학생들에게 꿈을 가지라고, 미래를 향해 목표를 세우라고 말합니다. 목표가 분명해야 성공할 수 있다고 합니다. 학생들에게 "왜 성적이 원하는 만큼 나오지 않냐?"고 물으면 많은 학생들이 다음과 같이 대답합니다. "공부에 집중하지 못했던 것 같습니다." "제가 목표가 없어서 방황하는 것 같습니다."

학생들이 이렇게 생각하는 것은 어른들이 목표를 세우라고, 꿈을 가지라고 강요만 하고는 정작 꿈이 무엇인지 "목표가 뭐야? 아직 못 정했어?"하고 묻기만 할 뿐, 목표를 세우는 방법과 꿈을 갖는 길을 말해주지 않고, 기다려 주지 않는 것 같습니다. 그러다보니 학생들은 꿈과 목표라는 단어에 조급함만을 갖고 있습니다. 정작 그 길을 찾아 나서려고는 하지 않습니다. 꿈과 목표를 진지하게 성급하게 결정짓지 말고 고민해보면서 하나하나 자신의 길을 만들어 가면 좋을 것입니다. 중요한 것은 보이지 않는 미래와 꿈에 집착하는 것보다 오늘의 삶을 살피고 충실한 것입니다. 오늘 하루가 지금 이 순간을 잘 살아감이 꿈이요, 목표의 결정 체입니다.

사실 꿈과 목표는 미래에 있는 것이 아니라 지금 이 자리에서 세심히 찾아 나서고, 만들어 가는 것입니다. 학생들이 하는 방황은 사실 그것을 찾는 과정입니다. 그러나 그것을 아무 것도 하지 못한 허무한 시간으로 끝내버릴 것인지, 꿈과 목표를 찾는 과정으로 만들어 갈 지는 그동안의 오늘을 어떻게 지냈는가에 달려 있습니다. 이는 해외여행에서 가이드의 깃발을 따라가는 것이 진정한 여행이 아닌 것과 같습니다. 여행은 내 발걸음 하나하나, 내가 눈 마주친 하나하나의 모습과 경험이고, 그것이 즐거움이고 성장이고 힘입니다.

꿈과 목표는 사막의 아지랑이 속에서 잘 보이지 않을 수 있습니다. 지금 보이는 저 언덕을 넘으면 보일 지도 모릅니다. 지금 보이지 않는다 고 주저앉아 찾지 않으면 절대 우리 앞에 오지 않습니다. 꿈과 목표를 지금 여기서 세우지 못했다고 앉아 있지 말고, 움직여 찾아 나서야 합니 다. 그것은 오늘을 열심히 사는 것입니다. 미래보다 오늘이 더 중요합니 다. 과거가 쌓여 오늘이 되고, 오늘이 쌓여 미래가 됩니다. 과거의 시간 을 걸어 오늘에 이르렀고, 오늘을 매일매일 걸어 우리는 미래로 갑니다. 그래서 오늘 이 시간이 정말 중요합니다. 그 속에서 많이 경험하고, 많이 생각하면 힘이 자라날 것입니다.

목표를 세우지 못했다고 자책하거나 허둥대지지 말고, 작은 오늘을 딛고 나아가야 합니다. 뚜벅뚜벅 앞을 향해 가야 합니다. 오늘 이 순간, 지금 하는 일에 충실하고 만나는 사람에게 마음을 다하고 사는 것입니 다. 히말라야 최고봉에 미리 깃발을 꽂고 올라가는 탐험가는 없습니다.

최고봉까지 가쁜 숨을 쉬며 걷고 또 걸어 올라가서 깃발을 꽂는 것입니다. 다른 사람이 꽂아놓은 깃발을 뽑는 것이 아니라, 내가 가져간 내 깃발을 꽂는 것입니다.

빙산의 길

──────────────── 1912년 4월, 절대 파선되지
않는 배라고 뽐내던 타이타닉호가 빙산에 부딪혀 침몰했습니다. 이 사건
은 빙산이 얼마나 대단한 위력을 가지고 있는지 잘 보여줍니다. 빙산
중에 큰 것은 수면 위 높이가 80m, 수면 아래 깊이는 800m나 되는 것도
있습니다. 넓이는 사방 100km가 넘기도 합니다. 정말 대단합니다.

그런데 빙산에는 묘한 특성이 있습니다. 그것은 빙산이 일단 방향을
잡으면 아무리 바람이 세차게 불고 물결이 부딪쳐도 끄떡없이 자기 방향
으로 간다는 것입니다. 심지어 조류를 만나도 거기에 휩쓸리지 않고 자
기 방향으로 갑니다. 이상하지 않습니까?

그래서 학자들이 연구를 했습니다. '왜 빙산은 바람이 불고 물결이
몰아쳐도 방향이 바뀌지 않고 계속 자기 방향으로 갈까?' 학자들이 발견
한 이유는 바다 속 깊은 곳에 또 다른 조류가 있기 때문이라는 것이었습
니다. 빙산은 해면 위로 떠 있는 부분이 약 10%이고 나머지 90%는 바다
속에 잠겨 있습니다. 큰 빙산은 아주 깊이 잠겨 있습니다. 그런데 바다
속 깊은 곳에는 해면의 조류와는 다른 또 하나의 조류가 흐르고 있습니

다. 빙산의 무게중심은 심해深海에 흐르는 조류潮流의 영향을 받습니다. 그래서 빙산은 바람이 불든, 물결이 치든 끄떡없이 자기 방향으로 가는 것입니다.

정말 신기하지 않은지요? 사람들이 빙산처럼 환경의 변화에는 조금도 흔들리지 않고 오직 내면 깊숙한 곳에서 도도히 흐르는 인격과 신념을 따라 꿋꿋하게 자기 길을 가면 얼마나 좋을까요? 그러나 그렇지 않은 모습을 쉽게 찾아 볼 수 있습니다. 얼마나 많은 사람이 바다 위에 떠도는 나무토막같이 바람이 불면 바람 따라 움직이고 물결이 치면 물결 따라 흔들리는지 모릅니다. 돈이 생긴다는 말을 들으면 수많은 사람이 인격도 가치관도 없이 마구 따라갑니다.

성공한다는 말을 들으면 도덕도 없이 무조건 따라다닙니다. 인생이 돈의 바람에 흔들리고 권력의 물결에 휩쓸리는 것입니다. 정말 슬픈 일입니다. 내 인생의 무게중심이 세속적인 욕망에 사로 잡혀 있으면 세속적인 이익을 따를 수밖에 없습니다. 인생의 무게중심이 올곧은 신념으로 확고하면 좌로나 우로나 치우치지 않고 자기 길을 갈 것입니다. 마음 깊숙한 곳에 참된 가치를 지향하는 삶의 푯대를 분명히 하는 삶이야말로 아름다운 삶일 것입니다.

가난을 비참으로 느끼는
사회풍조에 당당히 맞서기

──────────────── 이 시대 '대세남'으로 등극한
프란치스코 교황의 일거수일투족이 초미의 관심사가 되고 있습니다. 한
패션 전문가는 교황의 패션을 연구한 결과 키워드로 '미니멀리즘
Minimalism'을 꼽았습니다. 패션과 관련해서 소박하고 단순하게 최소한의
것을 추구한다는 것입니다. 우리나라를 방문했을 때 찼던 시계는 플라스
틱으로 만든 스위스제 서민 브랜드인 50달러짜리 '스와치'였고 구두는
부에노스아이레스 한 작은 구둣방에서 만든 구두였습니다. 교황을 상징
하는 반지나 목걸이 역시 은으로 제작한 소박한 것이었습니다. 수도회
출신 프란치스코 교황의 몸에 밴 청빈생활이 물질만능주의에 물든 이
시대를 정화시키고 있으니 참으로 반가운 일입니다. 이 시대 특히 우리
나라처럼 압축적 경제성장을 이룬 분위기 속에서 청빈의 덕을 어떻게
실천해나갈 수 있을까요? 극단적인 물질만능주의와 편리주의가 만연된
환경 안에서 청빈이 주는 의미는 무엇인가 깊은 숙고가 필요합니다. 특
히 종교지도자들은 경제지상주의 세상 안에서 어떻게 청빈을 구체화해

나갈 것인지 더 고민해야겠습니다.

예수는 가난했지만 가난을 비참하게 여기지 않았습니다. 예수의 가난은 스스로 선택한 자발적 가난이었습니다. 예수에게 가난이 찾아온 것이 아니라 예수 스스로 가난을 찾아갔습니다. 가난은 예수에게 자랑거리요 찬양의 대상이었습니다. 가난하다 보니 자유로웠습니다. 사실 진정한 의미의 가난은 그것을 비참함으로 느끼지 않는 것입니다. 오늘날 우리에게 주어진 큰 과제 하나가 있습니다. 가난이 결코 나쁜 것이 아님을 알리는 것입니다. 돈 없이도 행복하게 살 수 있음을 보여주는 것입니다. 가난을 비참함으로 느끼는 사회풍조에 당당히 맞서는 일입니다.

'돈이면 다'라는 극단적 물질만능주의와 그에 따른 부의 편중으로 인해 나라 전체가 함몰 직전입니다. 벼랑 끝으로 내몰린 청년실업과 노년층의 미래가 불안합니다. 돈 없는 신자들은 교회 안에서도 찬밥 신세입니다. 가난한 사람들이 교회를 떠나고 있는 현실 앞에 분노하는 목소리도 들려오지 않습니다. 빈부격차 해소를 위한 교회의 노력이 절실합니다. 부자와 가난한 사람들 사이에 아름다운 다리 하나를 놓아야합니다. 종교지도자들의 청빈한 삶도 중요하지만 청빈하게 산 결실을 가난한 이웃들과 관대하게 나눠야합니다.

기독교 역사상 그 유례를 찾을 수 없을 정도로 양적으로 급성장하던 한국 교회가 위기를 맞고 있습니다. 신자수의 정체를 넘어 감소세가 두드러지고 있습니다. 이러다가 유럽 교회의 전철을 밟게 될 수도 있다는 우려가 쏟아져 나오기도 합니다.

한때 한국 교회는 십자가만 세워 놓으면 교회가 부흥된다는 말을 할 정도로 성장하면서 자만과 교만에 도취해 있었습니다. 그러나 이제 잘

순항하던 한국 교회가 풍랑을 만났습니다. 그리고 풍랑을 만난 배는 비워야 합니다. 버릴 것은 버려야 합니다. 몸도 살찌면 고혈압, 당뇨, 심혈관 질환 등 성인병에 걸리듯 교회도 불필요한 군살, 지방을 제거해야 건강해질 수 있습니다. 체중을 줄여 건강한 교회로 다시 일어서야 할 때입니다.

오늘날 교회는 세상을 정화시키는 좋은 모델이 되기보다는 부익부 빈익빈의 이치가 적용되는 물량적 교회, 성장과 교세 확장에 초점을 맞춘 프로그램의 효과를 경건과 복음의 능력으로 착각하고 있습니다. 세속적 가치와 논리를 쉽게 교회에 적용하고, 경영학 등 세상 학문을 기초로 분석하고 판단하며 그것이 마치 하나님의 방법이요 뜻이라고 생각하는 풍조가 만연해 있습니다. 또한 스스로 그 처한 현실조차 깨닫지 못하는 상황에 이르고 있습니다.

교회의 수는 엄청 많지만 그 영향력은 매우 적습니다. 이런 현상 이면에는 세속에 대한 부정적인 선입견과 교회와 세상을 대립적 관계로 이해하는 이원론적 신앙관이 자리 잡고 있습니다. 그 동안 세속적 가치로 교회를 이끌어 잘못된 권세와 신앙 성장을 방해해온 모든 것들을 과감하게 버리고 내려놓을 때 다시금 하나님의 음성이 들릴 것이고, 잃어버린 영적 권위도 회복될 것입니다. 그러한 영적 권위로 교회를 새롭게, 세상을 새롭게 만들어야 합니다. 그래야 선한 영향력이 생기며, 다시금 교회의 역할을 회복하게 될 것입니다.

프란치스코 교황은 지금 제2의 영성 운동을 시작했다고 해도 지나친 말이 아닙니다. 우리나라를 방문했을 때 보여준 '파격'의 행보가 아직도 눈에 선합니다. 청빈하고 겸손한 삶이 무엇인지 온몸으로 보여주었습니다. 가난한 사람들을 대하는 일거수일투족이 너무나 친근하고 자연스러 웠습니다. 교황의 등장으로 인해 우리나라의 천주교는 물론 개신교는 소중한 영적 쇄신의 계기가 마련되기도 했습니다. 우리 교회들이 크고자 하는 마음을 비우고 가볍게 되어 아름다운 모습으로 날아올랐으면 좋겠 습니다. 지금 우리는 작고 청빈한 교회, 겸손하고 가난한 목사, 고통 받는 이웃들에게 먼저 다가서는 교회의 모습을 회복할 순간을 맞이했습니다.

교황의 목소리가 귓전에 울립니다. "성직자 중심의 관료제도와 출세 제일주의자들을 교회에서 몰아내야 합니다. 교회는 가난한 사람들과 노 인들, 청년들의 공동체가 되어야 합니다." 가슴에 손을 대고 깊이 반성해 봐야합니다. 가난한 사람들은 정녕 우리 교회의 중심이고 선물입니까? 가난한 사람들이 그 어떤 소외감이나 차별대우도 느끼지 않고 우리 공동 체에 편입되고 있습니까?

문득 자발적 가난이라는 말이 떠오릅니다. 물질의 욕망에 현혹되어 노예가 되어 모두 부자가 될 수 있다는 망상 속에 사는 것보다는 자발적 가난이라는 이상이 더욱 현실적일 것입니다. 부자가 되어 나누는 삶은 아름답지만, 부자가 되지 않기 위해 노력하는 삶은 더욱 아름답습니다. 부자가 되지 않기 위해 노력한다는 것이 현실과는 너무 동떨어진 것 같 아 개운치 않게 느껴질 지도 모르겠습니다. 하지만 모든 것을 나눌 때 이것은 가능한 일입니다.

최근 화제의 인물이 되고 있는 우루과이의 무희카 대통령의 이야기입 니다. 그는 교황과 같은 종교지도자가 아닙니다. 그럼에도 그의 삶은 큰 경종을 울리는 삶을 보여주고 있습니다. 과거 게릴라 요원으로 총을 들고 독재에 대항하여 투쟁을 하다 투옥과 탈옥 그리고 총상으로 죽음의 사선을 수없이 넘었던 사람인데 민주화 이후 정치에 참여하여 결국은 대통령이 되었고, 그가 재임하는 동안 우루과이는 사회 정의와 경제 부문에서 상당한 진전을 이루었습니다. 그는 대통령 시절 봉급의 90%를 가난한 자에게 기부하였고, 자신의 집무실을 노숙자의 숙소로 제공하고 자신은 이전의 집에서 출퇴근을 함으로 세계에서 가장 가난한 대통령으로 살았고, 지금도 은퇴하여 단순한 농사꾼으로 살아가고 있습니다. 이처럼 권력의 자리에 있으면서도 그 권력을 통해 사회적 공의와 생명적 가치를 추구하고 부자들이라 하더라도 자신들의 전 재산을 사회에 기부하는 경우는 세상의 성공을 통해 세상을 이기는 신념이라고 말할 수 있습니다.

탐심은 밑 없는 수령 같아서 절제하지 못하고 사치와 넘치는 풍요의 욕망을 채우려 하는 것입니다. 오늘날의 삶은 환경의 지배조건 아래서 전쟁과 같은 힘겨운 고난의 삶입니다. 일용할 양식을 위해 땀 흘리기에 바쁜 각박한 세상이 되어 믿음으로 지족자知足者 삶을 살아가기에 현실적으로 어려워져가는 세상입니다. 우리 마음속에 탐욕을 버리지 않고는 성숙으로 진일보할 수 없습니다. 우리가 지족자로 살아간다면 이 세상은 정녕 천국이 될 것입니다. 왜 우리는 낮에 해처럼 밤에 달처럼 어둔 세상 비춰가며 욕심 없이 지족의 삶을 누리지 못할까요?

공자는 나이 칠십이 되어서야 마음속으로 하고 싶은 대로 해도 법도에서 벗어나지 않았다고 했습니다. 현대인들은 나이가 들수록 '노탐 노욕'이 살아나 백세를 못 사는 인생이 천년의 계교를 짓는 자들이 있습니다. 탐욕으로 부를 축적하여 사회에 물의를 일으키며 법정싸움을 하고 있는 덕스럽지 못한 종교지도자들의 인생 말년을 보면 너무도 안타깝습니다.

우리 마음속에 깊이 박혀 있는 탐욕의 뿌리를 반드시 뽑아내야 합니다. 하박국 선지자는 "무화과나무가 무성하지 못하며 포도나무에 열매가 없으며 감람나무에 소출이 없으며 밭에 먹을 것이 없으며 우리에 양이 없으며 외양간에 소가 없을지라도 나는 여호와로 말미암아 즐거워하며 나의 구원의 하나님으로 말미암아 기뻐하리로다"라고 기도했습니다. 이러한 믿음으로 살아가는 삶이 진정한 지족가락知足可樂의 삶이 아닐까요?

순자荀子의 글에 "군자는 작爵: 벼슬이 없어도 귀하고 녹祿: 녹봉이 없어도 부하고 말하지 않아도 믿음직스럽고 화내지 않아도 위엄이 있고 궁한 곳에서도 번영하고 홀로 있어도 즐거워한다"고 했습니다.

내가 주인삼은 모든 것을 내려놓아야 합니다. 정녕 참된 가치 안에서 안분지족安分知足을 누려야합니다. 옛글에도 '지족자는 빈천역락貧賤亦樂'이라 했으니 족함을 알면 빈천한 처지에 있어도 늘 마음이 평안하고 즐겁습니다.

나옹은 "청산은 나를 보고 말없이 살라하고 창공은 나를 보고 티 없이 살라하네, 탐욕도 벗어놓고 성냄도 벗어놓고 물 같이 바람같이 살다가 가라하네"라고 노래했습니다. 탐욕을 비우고 자연에 순응하며 천심으로 살아간다면 우리 인생이 얼마나 아름다울까요. 우리는 머물다 가는 과객 인생! 비우고 버리면 하나님이 영원한 것으로 반드시 우리에게 채워주실 것입니다. 신앙의 사람은 정녕 이 믿음으로 살아가야 합니다. 우리 모두 각자에게 주어진 삶의 환경을 긍정적으로 받아들이고 감사하면서 우리를 향하신 하나님의 기대치를 높여가는 성숙의 삶으로 나아가야 할 것입니다.

　나누기 위해 부자가 되려고 애쓰지 말고 가난해지려 애써야 합니다. 그래서 가난하게 사는 것이야말로 나눔 이전의 나눔이며, 가장 큰 나눔의 실천입니다. 자발적 가난은 '무소유의 적극적 실천' 바로 이것입니다.

　역설적이게도 모두가 가난해지려 노력할 때 이 세계의 모든 가난은 끝나게 될 것입니다. 기독교 신앙도 역설적입니다. 죽음으로써 참 생명을 얻을 수 있으니 말입니다. 늘 채우지 못해 안달인 제가 언제나 "여전히 가진 것이 많다"고 고백할 날이 올지요.

참으로 이해한다는 것

이해한다는 말은 영어로 'understand밑에 선다'라고 합니다. 이 말은 본래의 뜻을 더 깊이 생각하게 합니다. 다른 사람의 가죽신을 보름동안 신어보지 않고서는 다른 사람에 대해 말하지 말라고 한 아메리카 인디언들의 속담이 있습니다. 자기 발에 맞지 않는 가죽신을 신고 광야를 보름동안 다니면 그 발은 온통 물집으로 뒤덮이고 매우 쓰라리고 아픕니다. 그러기에 이해한다는 말을 우리 전통에서는 '역지사지易地思之' 즉 입장을 바꿔 생각해 본다고 합니다. 이 말의 더 큰 의미는 그저 생각해보는 것을 넘어서 입장에 서 보는 보다 적극적인 의미입니다. 성숙의 가장 중요한 표식은 역지사지의 능력이라 할 수 있습니다. 반대자의 입장에 서서 생각해 볼 수 있는 정신적 여유와 상상력, 다른 사람과 같이 느껴보는 감정이입의 능력이고, 나아가서는 사적인 감정과 이해관계를 초월하여 객관적이고 보편적인 입장에 서서 자신을 돌이켜볼 수 있는 능력입니다.

사람은 누구나 자기가 살아온 경험과 자기가 알고 있는 지식, 혹은 자기가 받은 상처와 아픔에 따라 다른 사람의 말과 행동을 평가합니다.

무슨 현묘한 철학적 신학적 논쟁을 하는 것도 아닙니다. 매우 평범한 일상 언어로 주고받았음에도 말하는 사람의 의도와 상관없는 혹은 정반 대된 의미로 이해되는 경우를 우리는 너무나 자주 경험합니다. 저는 제 아내 혹은 저희 집 아이들과 별일도 아닌 일에 화를 내기도 하고 서운해 하기도 합니다. 같은 나라 말을 쓰고 같은 지역에서 같은 집에서 오랫동 안 살아오는 데도 그렇습니다. 지금도 "아니 내가 말한 의미는 그게 아니 야." "아니 그런 뜻으로 말했잖아." 라는 논쟁을 합니다.

우리는 부부 관계나 가족들의 만남에 비하면 그 빈도나 밀도는 더욱 작습니다. 그러니까 살을 맞대고 살아가는 부부와 부모, 자식 사이에서 도 말의 오해가 다반사로 일어난다면 상식적으로 말해 사람들끼리 서로 를 안다고 하는 것은 불가능한 일입니다.

흔히 대화에 있어 말이 차지하는 비율은 30%이고 사실은 눈빛과 몸짓 으로 더 많이 전달된다고 합니다만, 수십 명 혹은 수백 명이 모이는 공동 체에서 회의의 방식을 통해 서로의 뜻을 전달하고 이를 바탕으로 이해한 다고 하는 것이 얼마나 제한적인 것일까요?

그러니 그저 들리는 말 몇 마디로 상대방을 평가하는 일을 조심하고 더욱이 다른 사람의 입을 통해 어떤 말을 들었을 때는 더욱 조심해야 합니다. 어떤 사람이 열 마디를 하면 듣는 사람은 누구나 열 마디를 다 기억하지 않고, 그중 자기 귀에 들리는 몇 단어를 기억하고 그리고 그 서너 개의 단어들을 자기가 이해하는 틀에 맞춰 이리저리 조합을 해서 변형된 형태로 기억합니다. 따라서 들은 얘기를 제 3자에게 전할 때, 본인은 아무리 들은 그대로 전한다고 노력하더라도 애당초 그게 본래 말한 사람의 의도와 50%라도 일치한다면 그건 거의 기적에 가까운 일입니다.

그러므로 말을 조심해서 해야 하고, 또 말을 들을 때는 더욱 조심해서 들어야 하고, 또 말을 전하는 일은 가능하면 하지 않는 것이 좋고 꼭 해야 한다면 더욱 더욱 조심해야 합니다. "내가 그 사람의 말을 절반도 제대로 이해했다고 생각하지 않지만, 내가 이해한 것은……."라고 시작한다면, 이 사람은 진실로 지성인일 것입니다. 흔히 비판적 지성인이란 말을 자주 쓰는데, 여기서 비판은 남을 향한 비판이 아니라, 자신을 향한 성찰적 비판을 말합니다. 지성이란 자기비판이 전제되어야합니다. 부부 사이도, 부모와 자식 사이에도 말 한마디로 상처받고 말 한마디로 위로 받고 격려 받고 용기를 얻습니다. 사람은 말 한마디에 울고 웃는 존재입니다. 일본의 야마오 산세이 『애니미즘이라는 희망』에 말에 대한 근본을 성찰하는 좋은 글이 있습니다.

말

당신은 어떤 말을 좋아합니까?

사랑이라는 말을 좋아합니까?

아니면 바다라는 말, 산이라는 말을 좋아합니까?

아니면 상품이라는 말이나 문명이라는 말이나 국가라는 말을 좋아합니까?

아니면 원자력 발전이라는 말이나 핵무기라는 말을 좋아합니까?

나는 지금 '영혼의 고향'이라는 말과 절실하다는 말이 너무나 좋습니다.

'영혼의 고향'이라는 말에는 나의 빛이 있습니다.

절실하다는 말에는 나의 눈물이 있습니다.

당신은 당신대로 나는 나대로 우리 다 같이

정말 마음으로 좋아하는 말을 찾아

그 말을 소중히 하고

그 말을 따라 살아가는 것이 인간이고

인간사회라고 나는 생각합니다.

당신은 어떤 말을 좋아합니까?

우리가 정말 자신이 좋아하는 말을 찾아내고 이를 깊이 사색하고 그 말을 자주 사용함으로써 내 말로 만들어간다면 우리는 앎을 사랑하는 사람이 즉 필로조퍼Philosopher: 철학하는 사람가 될 것입니다. 철학이란 어려운 말을 하는 사람이 아니라, 자기가 좋아하는 말을 찾아내고 이를 인간의 삶과 사회에 적용시킴으로 보다 나은 사회를 만들어가는 사람입니다.

2,500여 년 전 그리스의 탈레스라는 사람은 물을 좋아했습니다. 빗방울을 바라보며 하늘의 음성을 들었고, 흐르는 물소리를 통해 땅의 호흡을 들었습니다. 그는 대기 안에 잠겨 있는 수분과 자신의 몸 안에 있는 수분이 동일한 것임을 깨달았습니다. 그리고 모든 우주의 근본은 물이라고 했습니다. 예수는 사랑이 우주의 근본이라고 말했습니다. 그래서 "네 이웃을 네 몸같이 사랑하라"고 했고, "원수까지도 사랑하라."고 했습니다. 심지어 "핍박하는 사람을 위해 기도하라"고 했습니다. 사랑은 자기 포기와 자기 헌신을 한 단어로 줄인 말입니다.

이를 심리학적 연구에서는 이렇게 제시합니다. 미움의 근본을 들여다보면 사실은 남이 아니라, 상대방 안에 투영된 못난 자기 모습입니다. 그래서 예수도 "네 이웃을 네 몸같이" 곧 이웃 사랑의 시작을 자기 사랑으로부터 시작하라고 말한 것입니다. 자기를 사랑한다는 말은 자기의 약점, 자기의 실수, 남에게 보여주기 싫은 약한 부분을 자신의 일부로 용납하고 받아들인다는 말입니다. 그래서 사랑은 자신의 약한 부분을 드러내는 용기의 다른 말이기도 합니다. "그건 내 탓입니다. 그건 내 잘못입니다."고 말할 수 없다면 그건 아직도 자기 자신을 사랑하지 못하고 있다는 증거입니다. 자기 자신을 사랑하지 못하면 이웃 사랑은 아직 물 건너 이야기입니다. 스스로에게 물어봅시다. 내가 진정 내 자신을 사랑하고 있는가? 내 약점, 내 실수, 내 결점을 진정 나의 것으로 받아들이고 있는가?

삶이란 무엇일까요? 삶에 대한 정의는 삶의 목적과는 다른 말입니다. 삶의 정의는 같을 수 있지만, 삶의 목적은 다 다르기 때문입니다. 제가 이해하는바 삶이란 자신의 가진 능력과 역량을 최대한 발휘하는 과정입니다. 이는 식물이든 동물이든 생명을 가진 모든 것의 기본입니다. 모든 꽃이 나름의 아름다움이 있듯이 여기에 삶의 실패나 성공이란 잣대는 아무런 의미가 없습니다. 이름 있는 장미나 국화만 아름다운 것이 아닙니다. 돌 틈바구니 사이에 핀 이름 모를 야생화도 깊이 들여다보면 다른 꽃들이 갖지 못한 고유의 아름다움을 발견할 수가 있습니다.

모든 생명은 그 자체가 아름다운 것이고 이들이 함께 어울릴 때 아름다움의 극치가 일어납니다. 제가 집에서 제 아이들을 보면서, 학교에서 아이들을 보면서 한 사람, 한 사람이 가진 능력과 역량이 아름답게 발휘되고 상생의 과정을 통해 극대화될 때, 진정한 아름다움이 일어나는 것이고 그래서 각기 다른 활동을 통해 우리 사회가 정의와 평화가 이루어질 때 제 삶의 의義가 완성될 것입니다.

의義라는 한자어를 보면 동물 양羊자 아래에 나를 뜻하는 아我로 이루어져 있습니다. 양은 순함과 어리석은 동물로 인간을 대신하는 상징적 동물로 여겨져서 고대 종교에서 인간의 죄를 대신하는 희생 제물로 씌어졌습니다. 의라는 단어가 희생을 뜻하는 '양' 자 아래에 나 '아'자가 있다는 말은 곧 의는 자신을 희생함으로 얻어지는 것임을 말합니다. 아프리카 말에 '우분투Ubuntu'라는 말이 있는데, 이는 '내가 있는 것은 우리가 있기 때문이요, 우리가 있는 것은 내가 있기 때문이다.' 곧 전체가 하나요, 하나가 전체라는 생명적 관계를 말합니다. 불교에서 전해지는 이야기입니다. 스승이 말합니다.

"저 보리수나무에서 열매 하나를 따 와 보거라."
"여기 따 왔습니다."
"그것을 쪼개라."
"예 쪼겠습니다."
"그 안에 무엇이 보이느냐?"
"씨들이 있습니다."
"그 가운데 하나를 쪼개 보아라."
"쪼겠습니다."
"그 안에 무엇이 보이느냐?"
"아무것도 보이지 않습니다."
"네가 볼 수 없는 이 미세한 것, 그 미세함을 기본으로 저 큰 나무가 서 있는 것이다. 보이지 않는 것이지만 그것이 있음을 믿어라. 그 아주 미세한 존재, 그것을 세상 모든 것들은 근본으로 삼고 있다. 그 존재가 곧 진리다."

손에 잡힐 때, 그건 이미 진리가 아닙니다. 그렇다고 확신이 들 때, 그건 이미 진실이 아닙니다. 하나님을 믿는다는 것은 하나님의 미지의 세계 속에서 새로운 가능성을 바라보고 건너뛰는 것을 말합니다. 존재의 틀을 깨고 하늘이 지시하는 새로움의 세상으로 나아가는 일에는 찢어짐의 고통이 수반할 수밖에 없습니다. 애벌레가 껍질의 작은 구멍을 통해 비집고 나아가는 아픔을 통해 날아갈 수 있는 힘을 길러냅니다. 큰 구멍을 통해 쉽게 나오는 애벌레는 하늘을 날지 못하고 땅만 기어 다니다 일생을 마칩니다. 양≠처럼 존재의 틀을 바꿈으로 하늘을 나는 새로운 존재가 되기를 소망해봅니다.

나쁜 습관을 버리고 시간을 소중히

옛날에 강나루에서 사람들을 건네주며 살아가던 뱃사공 한 사람이 있었습니다. 어느 날 저녁 뱃사공은 손님을 건네준 후 속이 출출해서 주막에 들어가 술을 마셨습니다. 밤늦게까지 술을 마시고 거나하게 취한 뱃사공은 한밤이 되어서야 되돌아오려고 배에 올라 노를 젓기 시작했습니다. 한참이나 노를 젓던 뱃사공은 새벽이슬에 온몸이 젖어 한기를 느끼며 술에서 깨어났습니다. 정신을 차리고 보니 자기가 노를 젓고 있었습니다. 그런데 이상하게도 밤새도록 노를 저었으나 강을 건너지 못했습니다. 왜 그런지 살펴보니 배를 나루턱에 묶어놓은 채 노를 젓고 있었던 것입니다.

뱃사공이 아무리 열심히 노를 저어도 나루턱에 묶어둔 줄을 풀지 않으면 강을 건널 수 없습니다. 인생도 마찬가지입니다. 사람은 누구나 성공하고 싶어 합니다. 그래서 나름대로 목표를 세우고 열심히 노력합니다. 그러나 모든 사람이 성공하는 것은 아닙니다. 도대체 왜 어떤 사람은 성공하고, 어떤 사람은 실패하는 것일까요?

사람이 실패하는 중요한 원인 중의 하나는 과거의 나쁜 관습을 버리지 않고 그것을 반복하기 때문입니다. 나쁜 습관을 버리지 않고 노력하는 것은 마치 나루턱에 묶인 줄을 풀지 않고 노를 젓는 것과 같습니다. 나쁜 습관을 버리지 않으면 아무리 노력해도 좋은 결과를 얻을 수 없습니다. 나쁜 습관은 과감히 버리고 새로운 다짐으로 새롭게 결단하고 출발해야만 열매를 맺을 수 있습니다.

나쁜 습관만 버려도 목표를 이룰 수 있습니다. 그러나 나쁜 습관을 버리는 것은 결코 쉬운 일이 아닙니다. 나쁜 습관을 버리려면 쾌락과 편리함을 포기해야 하기 때문입니다. TV를 보거나 놀러 다니는 나쁜 습관을 버리려면 그런 것들이 주는 쾌락을 포기해야 합니다. 큰돈을 모아 좋은 일을 하려면 돈을 낭비하는 나쁜 습관을 버려야 합니다. 그런데 돈을 낭비하는 습관을 버리려면 돈이 주는 쾌락과 편리함을 포기해야 합니다.

나쁜 습관을 버려야 바른 생활을 할 수 있고, 간절히 원하는 목표를 이룰 수 있습니다. 세상에 공짜는 없습니다. 지금 당장의 쾌락에 빠져 시간을 낭비하지 말아야합니다. 오늘 하루는 그냥 하루가 아니라 일생을 좌우할 결정적인 시간입니다. 우리를 유혹하는 속된 것들에 현혹되지 말고 분명한 목표로, 미래를 상상하면서, 그 미래를 반드시 이루겠다는 굳건한 의지로 살아가야합니다. 위대한 목표를 이루려면 쾌락과 편리함을 포기하고, 나쁜 습관을 버려야 합니다. '시간은 금이다.' '세월이 약이다.' 이런 말들은 시간의 중요성을 일깨워 주는 것입니다.

하루 24시간은 누구에게나 공평하게 주어져 있습니다. 시간은 우리의 의지와 관계없이 강물처럼 흘러갑니다. 절약해서 돈처럼 저축할 수도 없습니다. 어둠이라고 멈춘 것도 아닙니다. 내일이면 또 하루가 무상으로 주어진다는 것을 우리는 잘 알고 있습니다. 과거 산업사회에서 시간은 돈이요 금이었습니다. 1936년의 영화 〈모던 타임즈〉에서 찰리 채플린은 이런 사회적 부조리를 신랄하게 풍자했습니다. 생산성을 극대화하기 위해 사람은 분업화된 로봇이었습니다. 오히려 기계를 지원하기 위한 보조원 신세였습니다. 공장주는 노동자의 식사시간이 아까워 자동으로 밥 먹여주는 기계까지 도입하려 했을 정도였습니다. 하지만 인간에게는 영혼이 있습니다. 대량생산을 위한 표준화, 분업화는 획일화를 싫어하는 사람의 창의성과 도전성에 치명적입니다.

Time is not money, but event. 이제 시간이란 '사건'으로 정의하는 시대입니다. 우리가 하는 일은 크게 4가지 영역으로 나누어집니다. '가로는 긴급한 것이냐? 긴급하지 않은 것인가?' 이며, 세로는 '중요한가? 그렇지 않은가?'로 구분됩니다. 그래서 1사분면은 긴급하면서도 중요한 사건들이고, 2사분면은 긴급하지는 않지만 중요한 일들, 3사분면은 긴급하나 중요하지 않은 일들, 그리고 4사분면은 긴급하지도 중요하지 않은 사건들이 들어갑니다. 『효과적인 삶을 사는 사람들의 7가지 습관』의 스티븐 코비는 '소중한 일을 먼저 하라'고 권장합니다. 학생들이 벼락치기로 하는 시험 준비나 마감 날이 되어서야 부랴부랴 작성하는 과제처럼 많은 사람들이 미리미리가 아닌 긴급성의 삶입니다. 이는 스릴과 짜릿함을 느낄 수 있겠지만 건강한 생활패턴에 해로운 나쁜 습관입니다. 제가 아이들에게 가끔 일깨워주는 글귀입니다.

일 년의 소중함을 알고 싶으면, 대학 입학시험에서 떨어진 학생들에게 물어 보십시오. 그러면 일 년의 시간이 얼마나 짧은 시간 인지 알게 될 것입니다. 한 달의 소중함을 알고 싶으면, 조산아를 낳은 산모에게 물어보십시오. 그러면 한 달의 시간이 얼마나 힘든 시간인지 알게 될 것입니다. 한 주의 소중함을 알고 싶으면, 주간잡지 편집장에게 물어보십시오. 그러면 한 주의 시간이 쉴 새 없이 돌아간다는 것을 알 수 있을 것입니다. 하루의 소중함을 알고 싶으면, 아이가 다섯이나 딸린 날품팔이 노동자에게 물어보십시오. 그러면 하루 24시간이 정말로 소중한 시간이라는 것을 알 수 있을 것입니다. 한 시간의 소중함을 알고 싶으면, 약속장소에서 애인을 기다리고 있는 사람에게 물어보십시오. 그러면 아마 한 시간이라는 시간이 정말로 길다는 것을 느끼실 것입니다. 일 분의 소중함을 알고 싶으면, 기차를 놓친 사람에게 물어 보십시오. 그러면 아마 일 분의 시간이 소중하다는 걸 알게 되실 것입니다. 일 초의 소중함을 알고 싶으면, 간신히 교통사고를 모면한 사람에게 물어 보십시오. 그러면 일 초의 시간이 사람의 운명을 판가름 할 수 있는 시간이라는 걸 알게 되실 것입니다. 천 분의 일 초의 소중함을 알고 싶으면, 100M 올림픽에서 은메달을 딴사람에게 물어보십시오. 그러면 자신이 천 분의 일 초라는 시간 속에서 여러 가지 생각을 할 수 있다는 것을 알게 되실 것입니다.

반퇴 시대,
안전벨트 단단히 매야 합니다

일본 은퇴자 55~75세 남녀 1000명들에게 물었습니다. 은퇴하고 나니 뭐가 가장 후회스럽냐고, '현역시절에 준비하지 못해 아쉬웠던 것'이 뭐냐고. 일본의 한 경제주간지는 은퇴자들의 후회를 건강, 돈, 일과 생활, 인간관계 4가지로 나눠 랭킹을 매겼습니다.

먼저 건강에서 은퇴자들이 가장 후회하는 것은 '치아관리'였습니다. 약간 의외였지만 이유를 들어보니 고개가 끄덕여집니다. 이가 부실하면 먹는 즐거움은 반감하고 그만큼 삶의 질이 떨어질 수밖에 없다는 것, 의치義齒 등은 보험이 적용되지 않아 가계에도 직격탄이라는 것입니다. 전문가들은 "치아는 웬만큼 아프지 않으면 방치하기 쉬운데 그 대가는 매우 크다"고 경고합니다.

다음으로 '운동으로 체력을 길러둘 걸' '평소에 많이 걸을 걸' '폭식하지 말고 부족한 듯 먹을 걸' 등 주로 운동 부족과 식습관에 관한 후회가 많았습니다. 남자는 금연과 탈모관리, 여자는 몸매와 피부 관리에 대해 아쉬움을 드러냈다는 사실이 눈길을 끌었습니다.

금전 분야에서는 예상대로 '조금 더 많이 저축해둘 걸'이라는 후회가 압도적이었습니다. 응답자들은 "공적연금만으로는 노후생활을 견디기 힘들다"고 입을 모읍니다. 개인연금에 가입하지 않은 것에 대한 후회가 많았습니다.

주택대출금에 대한 후회도 절절했습니다. 연금 생활자에게 대출 잔금 부담은 치명적이라는 것입니다. '돈이 되는 자격증을 따둘 걸'이라는 후회는 노후에도 정기적 수입이 얼마나 절실한 지를 말해줍니다. 한편 저축 때문에 건강할 때 제대로 돈을 쓰지 못했던 것에 대한 후회도 적지 않았습니다. '저축이나 자녀교육에만 얽매지 말고 인생을 조금 더 즐길 걸'이라고 말입니다.

'평생 즐길 수 있는 취미를 가질 걸', '여행을 많이 할 걸' 일과 생활 부문에서는 취미생활이나 여행 등 충분한 여가를 가지지 못한 것에 대한 아쉬움이 진하게 묻어났습니다. '일은 적당히 하고 인생을 즐길 걸'이라는 응답이 많았습니다. '여러 가지 분야에 도전해볼 걸', '다양한 공부를 해볼 걸' 등 다양한 삶에 대한 동경을 느낄 수 있었습니다.

마지막으로 인간관계였습니다. 은퇴자들은 부모, 자녀와의 진솔한 대화가 부족했던 것을 가장 많이 후회했습니다. 은퇴 후 만날 친구가 없고, 회사 이외에 갈 곳이 없다는 데에 충격을 받는 은퇴자들도 많았는데, 그래서인지 '지역 주민들과 미리 사귀어둘 걸' 하는 아쉬움이 남는다고 했습니다.

또 여성 응답자 중에는 '결혼에 신중할 걸, 이혼할 걸' 등 결혼에 대한 후회가 많았는데, 가정에 대한 남녀 간 온도차가 느껴지는 대목입니다.

행복한 노후를 위해서는 '5개의 저축통장'이 필요하다고 일본 은퇴 전문
가들은 입을 모았습니다. 생활을 즐길 수 있도록 '취미를 저축'하고, 삶의
보람을 느낄 수 있도록 '교양(지식)을 저축'하고, '건강의 저축'은 필수적
이며, 노후가 외롭지 않도록 '친구를 저축'하고, 품위를 잃지 않도록 '돈
을 저축'하라는 것입니다. 이웃 나라 '은퇴 선배'들의 후회를 교훈으로
삼으면서 저와 같은 이들이 생각해볼 반퇴半退 시대를 준비함을 생각해
봅니다.

예전에는 환갑에 큰 잔치를 치렀습니다. 하지만 이제는 인생 후반전
의 출발점에 불과합니다. 수명이 길어지면서 환갑에도 마음은 청춘이고
신체는 왕성해서입니다. 그래서 퇴직해도 활발하게 활동하는 시대가 왔
습니다. 은퇴 후에도 여건만 되면 언제든지 구직에 나서고 일을 한다는
뜻에서 '반퇴 시대'가 왔다고들 이야기 합니다. 반퇴 시대는 '양날의 칼'
또는 '두 얼굴의 축복'이라고 할 수 있습니다. 많이 벌어놓고 건강하면
축복이지만 벌어놓은 게 없고 건강하지 않으면 재앙이 될 수 있기 때문
입니다.

반퇴 시대는 퇴직을 앞둔 1차 베이비부머(1955~63년 출생자 710만
명)만의 얘기가 아닙니다. 취업이 늦고 저성장 · 저금리가 일상화되면서
2 · 3차 베이비부머(30~40대) 역시 이런 환경에서 벗어날 수 없습니다.
능동적으로 대처하지 못하면 노인 빈곤에 빠질 수밖에 없습니다. 65세
이상 인구의 노인빈곤율은 49%에 이릅니다. 젊어서 모아둔 게 없어 퇴
직 후 바로 노인빈곤으로 이어진 결과입니다. 이런 상황에서 반퇴 세대
는 앞 세대와 전혀 다른 사회 · 경제 환경에 직면하고 있습니다.

반퇴 세대는 우선 앞 세대에 비해 노후가 20~30년 길어졌습니다. 기

대수명이 1970년 61.9세에서 2014년 82.4세로 반세기도 안 된 사이에 20년 넘게 늘어나면서입니다. 사고 없고 건강하면 100세 생존이 가능하다는 얘기입니다.

반퇴 세대의 노후는 고단할 수 있습니다. 저성장·저금리로 인해 취업이 어렵고 취업해도 자산을 축적하기 녹록치 않습니다. 또 돈을 모아도 굴리기 어렵습니다. 일본과 유럽처럼 마이너스 금리가 도입돼 퇴직자의 이자생활이 불가능해질 가능성도 커지고 있습니다. 재산을 불리는 지렛대였던 부동산 신화는 막을 내렸습니다. 이같이 험난한 환경을 극복하고 100세 시대를 살아가려면 어떤 준비가 필요할까요?

먼저 재테크 전략의 전면적인 수정입니다. 재산 현황부터 점검할 필요가 있습니다. 자산과 부채를 확인해 노후 30년간 버틸 수 있는지 확인하기 위해서입니다. 과거에는 목돈을 모아서 적당히 쓰다가 생을 마감하면 됐습니다. 그러나 이제는 모든 자산의 연금화가 필요합니다. 퇴직을 하더라도 매달 나오는 월급처럼 연금을 받아야 30년 노후를 보낼 수 있습니다. 준비는 빠를수록 좋습니다. 30대부터 시작하라는 얘기입니다.

연금은 3층으로 쌓아야 합니다. 공적연금 위에 개인연금을 쌓고, 그 위에 주택연금을 쌓아야합니다. 지금까지 주택은 주거 용도로만 쓰였지만 노후가 길어지면 주택을 맡기고 매달 연금을 타는 게 좋습니다. 수억 이상 고가주택이라면 집을 팔아 월세를 받을 수 있는 소형 아파트나 도시생활형 주택을 매입하고 거주 주택은 작은 곳으로 옮기는 것도 고려할 만합니다. 이렇게 3층 연금을 쌓고 현금흐름을 개선하면 노후는 축복이 될 수 있습니다. 상속·증여도 고민해야 합니다. 어느 정도 자산이 있다면 배우자나 자녀에게 미리 증여하는 게 절세 효과를 높이기 때문입니다.

이모작은 필수가 됐습니다. 노후 30년간 등산이나 다니면서 소일할 순 없습니다. 평소 관심 분야를 개발해 적절한 일거리를 만들어야합니다. 경제적으로 안정돼 있다면 여행이나 취미활동, 자원봉사를 해도 인생은 풍요로워집니다. 하지만 경제적으로 자유로운 은퇴자는 많지 않습니다. 그렇다면 자신이 현업시절 쌓은 전문성과 능력에 걸맞게 이모작을 모색해야 합니다.

은퇴크레바스에 대한 대비도 필요합니다. 크레바스는 빙하지대에 발생한 거대한 균열입니다. 퇴직 직후 소득이 줄어들거나 일을 그만두게 되면 상실감과 우울증에 빠질 수도 있습니다. 노후자금을 충분히 만들고 적당한 소일거리를 찾아야 하는 이유입니다. 노후 안정의 기반은 현업에서 열심히 일하는 평정심의 자세에서 출발합니다. 다만 항상 퇴직 후 무엇을 할지 평소 조금씩 고민해둬야 합니다. 그러다 보면 자신의 관심이나 전문성을 발견하게 되면서 자연스럽게 인생이모작으로 연결하는 길을 찾을 수 있습니다. 인생을 어떻게 보낼지 끊임없는 성찰하는 자세도 필요합니다.

100세 시대, 행복한 인생이 되려면

─────────────────────── 오늘 우리는 이른바 100세 시대를 살고 있습니다. 그만큼 풍요로운 시대이고 의학이 발달한 시대입니다. 그러나 이것은 100세가 가능한 시대라는 것이지 모든 사람이 100세를 살 수 있다는 말은 아닙니다. 사고사나 자살도 있고, 의학이 발달했지만 불치병이나 난치병도 있습니다. 인명은 재천이라고 정해진 수명은 어쩔 수 없지만 조심하면서 지혜롭게 건강을 유지하는 것은 사람의 몫입니다. 건강하게 노후를 맞이할 수 있어서 노후에도 자아를 실현하고 사회에 기여할 수 있으려면 성실한 자기관리에 달려 있습니다.

사람이 얼마나 오래 그리고 건강하게 사느냐는 70% 이상 본인의 책임에 달려 있다는 말이 있습니다. 보건학자들의 연구에 따르면, 수명의 30%만이 유전과 관련 있고, 50%는 개인의 생활방식, 나머지 20%는 개인의 경제적·사회적 능력에 좌우된다고 합니다. 그러므로 올바른 생활방식을 갖는 것이 중요합니다. 현대인들은 불규칙한 식사, 수면습관, 불균형한 영양섭취 등 편의 위주의 생활에 젖어 있습니다. 잘못된 생활습관이 오랫동안 쌓이다 보면 결국 고혈압, 고지혈증, 당뇨병, 비만 등과 같은 성인병을 얻게 됩니다. 이런 병들은 잘못된 생활습관에 따른 것으로 '생활습관병'입니다. 생활습관병이 심각해지면 암과 뇌졸중, 심근경색증 등 생명을 위협하는 치명적 질병으로 발전합니다. 생활습관병은 '만병의 근원'입니다.

30~40대의 젊은 나이에 자신의 인생 목표를 성취하기 위해 바쁘게 살다 보면 건강관리에 크게 신경을 쓰지 못합니다. 또 젊었을 때는 건강에 어느 정도 자신이 있기 때문에 몸을 혹사하기도 합니다. 그러다보면 50~60대에 그 후유증으로 심장마비, 뇌졸중 등으로 갑자기 쓰러지는 돌연사가 발생합니다. 어제까지 건강하던 사람이 갑자기 쓰러지면 본인도 불행하지만, 남은 가족들에게도 엄청난 고통일 수밖에 없습니다.

생활습관병의 특징은 만성질환이라는 사실입니다. 한번 걸리면 좀처럼 낫기 힘듭니다. 치료에 들어가는 돈도 엄청납니다. 특히 노인들에게는 당뇨와 고혈압, 치매와 심장병 등 2~3가지 증상이 한꺼번에 나타나 노년의 삶이 매우 피폐해집니다.

100세 장수시대에서 중요한 것은, '얼마나 오래 사는 것'이 아니라, '얼마나 품위 있게 사느냐'입니다. 건강하게 오래살고 싶은 사람이라면, 지금부터라도 올바른 생활습관을 갖도록 노력해야 합니다. 건강관리는 사회제도나 다른 사람이 대신해줄 수 없습니다. 건강을 지키는 좋은 생활습관으로 중요한 것 3가지를 꼽는다면, 올바른 식습관, 운동습관, 금연과 금주입니다.

하루 세 끼 식사는 꼬박꼬박 하는 것이 좋습니다. 저도 출근시간이 빠듯하고 맞벌이로 아이들 학교와 어린이집을 보내다보니 아침식사를 생략하고 출근을 하는 경우가 많습니다. 저처럼 이런 경우 뇌 속의 식욕중추가 흥분해 생리적으로 불안정한 상태가 되고, 집중력과 사고력이 떨어지고 맙니다. 또한 부족한 에너지를 보충하려고 점심과 저녁에 폭식하게 되고, 불규칙한 식사는 위장병을 부릅니다. 과식過食은 금물이고, 음식물을 오래도록 씹는 습관을 가지는 것이 좋습니다. 배가 고프다고 갑자기 많이 먹으면 혈당치가 급증하면서 인슐린이 쏟아져 나와 지방을 만들고 체내에 저장합니다. 식사를 할 때는 약간 부족한 듯한 소식小食을 하는 것이 좋습니다.

나이를 먹을수록 규칙적인 운동의 중요성은 더욱 커집니다. 무엇보다 우리 몸을 건강하게 만들기 때문입니다. 실제로 운동은 우리 신체에 놀랄만한 변화를 가져옵니다. 혈관에 쌓인 노폐물이 걷히면서 혈관 관련 질환이 사라집니다. 고혈압과 뇌졸중의 위험이 줄어드는 것은 물론, 성性 기능까지 개선됩니다. 또한 운동은 사람의 근골격계를 강화시켜 골다공증을 예방할 수 있으며, 우울증 대신 행복감과 자신감을 선사합니다.

세계보건기구WHO 보고서에서도 지적하고 있지만, 우리나라 사람들이 유달리 많이 가지고 있는 나쁜 생활습관으로 흡연을 들 수 있습니다. 우리나라 성인 남성의 흡연율은 43.7%에 달합니다. 세계 최고 수준입니다. 백해무익한 흡연은 혈관을 망치는 주범으로 꼽힙니다. 담배를 오래 피우면 혈관이 딱딱해지는데, 이는 동맥경화증으로 발전될 가능성을 높이고 심장병이나 뇌졸중을 유발합니다.

특히 흡연은 현대의학의 난치병인 폐암과 방광암 등 여러 가지 암을 일으키는 주원인입니다. 실제로 전체 암 발생의 30%가 흡연에 기인한다는 연구 보고서도 있습니다. 일반적으로 금연을 하고 5년이 지나면 심장병에 걸릴 확률이, 10년이 지나면 폐암에 걸릴 위험이 각각 50% 이상 감소합니다. 이처럼 흡연자가 금연을 해 몸을 정상 상태로 회복하는 데에 10년 정도 걸리기 때문에 45세 이전에는 반드시 금연을 해야 한다고 의료전문가들은 말합니다.

흡연이 안타까운 것은 중고생시절부터 아니 빠른 경우는 초등학생 때부터 흡연을 하다 보니 그것이 중독에 이릅니다. 최근 담뱃값을 인상했음에도 흡연율을 낮아지지 않았습니다. 교육당국은 학교마다 흡연예방 교육기금을 지원하고 흡연예방 교육을 실시하는데도 청소년 흡연율이 분명하게 낮아지지 않는 실정입니다. 성인기 흡연율을 줄이려면 반드시 자라나는 세대의 흡연율을 줄여야합니다. 그러기 위해서는 보다 근본적이고 체계적인 흡연예방교육이 진행되어야합니다. 이 일은 그저 보건교사만의 일이 아닙니다. 전문 기관과 연계해 나가야하고 흡연의 원인을 파악해서 접근하는 학생상담과 가정과의 연계가 중요합니다.

매년 5월 31일은 세계보건기구가 정한 '세계금연의 날'입니다. 이 날은 흡연과 건강문제를 생각하는 날로서 흡연이 개인과 공공의 건강에 미치는 부정적 영향에 대한 세계적인 관심을 촉구하기 위해 제정되었습니다. 1988년에 시작되었으며, 담배와 관련된 각종 질병을 퇴치하고 담배 없는 세상을 만들기 위한 세계적 협력을 강조합니다. 우리나라에서도 매년 이날을 전후해 다양한 행사와 함께 대대적인 계몽활동, 범국민 금연운동 등이 펼쳐집니다. 세계적으로 담배 광고나 선전을 금지하거나 벌칙을 강화하는 등 금연에 대해 적극적인 자세를 보이는 나라들이 늘어가고 있고, 공공장소나 호텔·병원 등을 중심으로 금연구역이 확대되는 등 사회적인 금연 분위기가 조성되고 있지만, 젊은 층의 흡연율과 전체적인 담배판매량은 계속 증가하고 있습니다. 이 날을 즈음해서 '흡연예방 및 금연 집중 교육 주간'을 운영해서 담뱃불과 맑은 물에 양파나 콩나물 기르기 등 담배의 해로움을 실험으로 비교할 수 있도록 흡연실험존Zone을 운영하고, 담배 없는 건강한 학교 선포식, 금연권유 편지쓰기, 퀴즈대회 등 다양한 프로그램을 실시하는 것도 유익할 것 같습니다. 또 흡연학생을 위한 상담기법 및 집단 상담 프로그램, 반성문을 통한 건강 찾기, 금연 성공사례 등을 널리 알리는 것도 방법일 것입니다.

레일로Rail Road, 내일로來日路
떠나는 기차여행의 흥겨움

―――――――――――――――――― "떠나라. 낯선 곳으로, 그대
하루하루의 반복으로부터……." 제가 사는 전북 지역을 대표하는 아니
우리나라를 대표하는 자랑스러운 시인으로 노벨문학상후보에 거론되는
고은 선생님의 '낯선 곳'이라는 시 한 구절이 여행을 떠나던 당시 제 마음
을 말해줍니다.

  나름대로 청소년기를 거쳐 청년기를 흔들리기는 했지만 열심히 살아
온 결과 그래도 화려하지는 않지만 오늘의 위치에서 비교적 안정적인
교사의 길을 걷고 있습니다. 저는 이렇다 할 정도로 지나치게 사회적인
물의를 일으키는 일을 저지르지만 않는다면 만 62세까지 정년퇴직이 보
장되고 이른바 오후 4시 30분이면 칼같이 퇴근이 가능하고 남들이 부러
워하는 방학이 있습니다.

  이런 저를 부러워하는 이들이 많습니다. 지금도 교직을 꿈꾸며 구슬
땀을 흘리면서 밤낮으로 교사 임용고사를 준비하는 대학생들도 많고,
시험이 어렵다보니 재수는 기본이고 삼수·사수 아니 그 이상을 감내하

는 아픈 청춘들도 많습니다. 그렇지만 교사들이 알게 모르게 말 못할 고민들이 많습니다. 일단 잘 알려진 것만 해도 요즘 학생들은 이전 세대에 비해 교사의 말을 잘 듣지 않습니다. 요즘 청소년들을 지칭하는 용어로 '걸어 다니는 폭탄'이라느니, '어디로 튈지 모르는 농구공'이라느니 하는 말들이 회자膾炙될 정도입니다. 심지어 중학교 2학년들이 무서워서 북한이 전쟁도발을 하지 않는다는 우스갯소리마저 있을 정도이니 이 학생들과 지지고 볶는 한복판에 내던져진 교사들은 남들이 부러워하는 것처럼 행복을 만끽하며 웃고만 사는 것은 아닙니다. 물론 다 좋을 수만은 없고 공짜는 없는 법이니 정규직 교사가 누리는 사회적 특권과 신분적 안정감에 비해 교직의 어려움은 적을 수도 있고 감내해야만 하는 사명이긴 합니다.

요즘 들어 이런 저런 상념들이 많아졌습니다. 십오 년이 넘게 사립 남자 중학교에서 교사로서 살아가다보니 익숙함이 주는 안정감과 함께 지루함이 있고, 세상일이라는 게 하면 할수록 쉬워지는 것인데 반해 교육은 하면 할수록 어렵게 느껴지기도 합니다. 올해 나이 마흔 일곱입니다. 어느새 한 것도 없이, 이룬 것도 없이 나이만 먹은 것만 같습니다. 중년기를 제 2의 사춘기라고 한다더니 제가 꼭 그렇습니다. 요즘 '나는 누구인가', '나는 뭘 하고 있는 건가', '무엇이 참된 삶인가' 등을 묻곤 합니다.

가장으로서 부담감, 학교에서 수행할 과중한 업무, 노후 준비의 두려움, 연로하신 노부모님 걱정, 한창 자라나는 자녀 걱정, 늘 만성피로로 지치고 힘든 삶의 연속이면서도 문득 떠오르는 상념들이 있습니다. 올해 1학기는 이런저런 상념에 젖어들 여유를 허락지 않았습니다. 괜스레 바쁜 나날들로 인해 마치 찰리 채플린이 만들고 출연한 〈모던 타임즈〉라는 무성영화 속 주인공이 바로 저 자신인 것만 같았습니다.

저는 기찻길 옆에서 삽니다. 매일 오고 가는 기차를 보면서 기차여행을 꿈꾸곤 합니다. 우리 집 막내인 4살배기 녀석은 기차가 마냥 좋은지 기차만 지나가면 놀다가도 멈춰 서서 구경하고 손을 흔들어주곤 합니다. 이렇게 좋아하다보니 빨리 지나가는 기차가 KTX 라는 것, 조금 천천히 달리는 기차가 무궁화라는 것도 압니다. 아이들과 가차를 보면서, 아이들 질문에 아는 대로 기차에 대해 설명하다보면 기차여행에 대한 갈망이 더 간절해지곤 합니다. 무심코 학교 근무 중, 인터넷에서 기차여행을 검색하기도 합니다.

드디어 여름방학입니다. 어김없이 여름방학이 주어졌습니다. 해마다 어김없이 주어지는 것으로 당연하게 생각되기도 한 여름방학이 올해는 선물 같기도 하고, 마치 가뭄 끝에 간절히 바라던 단비 같기도 했습니다. 불현듯 이런 말이 떠올랐습니다. "열심히 일한 당신 떠나라"

아! 그러나 현실은 그리 녹녹치 않았습니다. 학교에서는 주요교과인 국어 선생이다 보니 선택의 여지없이 고등학교 입시를 준비하는 중학교 3학년 학생들 여름방학 보충수업을 해야 한다고 합니다. 이번 여름방학은 좀 쉬고 싶었는데 방학 중 보충수업이라는 복병伏兵이 기다리고 있을 줄이야……. 어쩔 수 없었습니다.

올 여름은 유난히도 무더웠습니다. 부채와 선풍기로는 감당이 안 되어 에어컨을 틀어대며 진행한 보충수업이었지만 제 마음은 이미 콩밭에 가 있었으니 보충수업이 제대로 되기는 어려웠습니다. 마지못해 진행한 보충수업은 학생들도 마찬가지였습니다. 더러는 가족여행에, 더러는 교회 등에서 진행하는 수련회에, 더러는 아예 무단으로 빠지기도 했습니다.

이런 학생들에게 일일이 연락해가면서 진행하다보니 학기보다 더 피곤한 시간들이기도 했습니다. 이번 무더위 속에서 진행된 보충수업은 선생이나 학생 모두 억지 춘향격으로 때우듯이 지나간 것만 같았습니다. 마치고 나면 봉급통장에 들어올 보충수업 수당이 부끄러울 것 같았습니다. 힘들게 보충수업을 마치고 나니 방학이 얼마 남지 않았습니다. 이제 며칠만 지나면 다시 새 학기가 시작된다고 생각하니 아찔했습니다.

그렇게 어영부영 여름 방학이 끝나갈 즈음 기차 여행을 감행했습니다. 저로서는 흐지부지하게 지나갈 뻔했던 여름날, 잊을 수 없는 추억을 만들 수 있는 기회로 결코 놓치고 싶지 않았습니다. 그렇게 일주일의 기차 여행은 시작됐습니다. 일주일만이라도 그동안 가족을 위해, 학교를 위해 살아온 저를 좀 쉬게 하고, 저와 만나는 시간을 가질 수 있었습니다. 다행히 아내도 아이들과 친정나들이를 하려는 계획이라 무리 없이 나만의 시간여행이 양해되었기에 가능했습니다.

이번 여행은 마흔 일곱의 나이, 중견교사의 위치, 이런 것들을 다 잊고 간편한 복장으로 풋풋한 대학생처럼 이리저리 생각나는 대로 기차를 타고 다녔습니다. 기차역에서 바라보는 사람들의 모습은 현대사회를 대변하듯 분주한 발걸음들도 있었고, 시골장터마냥 한가한 모습들도 있었습니다. 바쁘게 목적지를 행해 내달리는 것이 아니기에 비교적 저렴한 무궁화위주로 타고 다녔습니다.

여행 내내 어느 곳을 가든지 쉬운 것이 없었습니다. 길을 헤매는 것은 물론이고 여름날 숨 막히는 폭염 속에서 무작정 걸어야 하는 순간이 끊임없이 찾아왔습니다. 편하게 타고 가던 자가용이나 택시가 간절했습니다. 그러나 고생 뒤에는 낙樂이 온다고, 힘들게 찾아간 만큼 여행지가 주는 감동은 배가 되어 돌아왔습니다. 지방에 살다보니 화려한 서울의 도심이 멋있을 때도 있지만 역시 소박하지만 정겨운 산과 바다의 풍경에 마음이 더 훈훈해지고 좋았습니다. 철길이 만들어주는 낭만 속에서 일주일은 생각보다 금방 흘러갔습니다.

매서운 바닷바람이 살결을 스치는 새벽, 어느새 마지막 여행지 정동진역에 발을 내딛었습니다. 끝이 보이지 않는 동해를 바라보면서 지난 일주일을 회상했습니다. 우여곡절을 겪고 예상치 못했던 상황들이 찾아왔지만 그래도 하나하나 풀어가며 하고자 했던 목적을 이룬 것 같았습니다. 가만히 앉아 생각해보니 이게 인생이 아닌가 싶었습니다. 이리저리 시행착오를 겪으며 배우고 성장해 나갈 수 있는 젊음의 모습 말입니다. 여행 첫째 날, 낯선 기차역 플랫폼에 내려 불안한 마음으로 기차역 문을 열고 나서던 첫걸음은 어디로 가야하고, 무엇을 해야 할지 고민하던 젊은 날의 내 모습과 같았습니다.

고민에 대한 정답은 이미 알고 있었으나 젊음이라는 단어에 붙는 도전, 열정, 용기라는 수식어에 맞는 시간을 보내지 못했던 것 같았습니다. 금방 흘러가버린 일주일이라는 시간처럼 젊음도 한 순간이며 다시는 돌아오지 않는 것……. 아직은 젊다고, 젊음은 숫자에 불과한 것이라고 억지로라도 우기면서 조금 더 적극적으로 소중한 젊음의 시간을 보내자는 다짐을 하며 이번 여행을 즐겼습니다. 역시 20대 청춘에 비해 체력적으로 힘겨운 여행이었습니다. 뿌옇게 깔린 구름을 헤치며 뻗어 나오는 한줄기 햇빛……. 수평선 위로 떠오른 해의 모습을 보니 가슴이 벅차올랐습니다.

점점 밝아져 오는 하늘을 보면서 좀 더 밝은 내 미래도 꿈꿔봤습니다. 이제는 이렇다 할 꿈도 없이 그냥 그렇게 흘려보낼 인생은 아닌 것 같았습니다. 제게도 가장이고 교사라는 역할 수행만이 아닌 제가 하고 싶고 제가 잘하는 꿈이 있습니다. 이번 여행을 통해 조금은 젊음을 되찾은 것 같습니다. 문득 시원스럽게 거침없이 내달리는 기차처럼 제 인생도 이런 저런 근심걱정을 다 떨쳐버리고 마음껏 내달리고 싶어졌습니다.

여행엔 복장이나 짐을 가볍게 해야 합니다. 역할에 따른 과제나 다른 사람이 저를 어떻게 보는가에 대한 눈치, 대출금 갚을 걱정, 저희 집 아이들이나 학교 학생들 걱정을 내려놓고 저만의 시간을 갖고 보니 참 좋았습니다. 역시 사람은 쉼을 통해 재충전되는 것 같습니다.

이제 개학입니다. 아쉬움도 있고 여독旅毒이 풀리지 않아 온 몸이 쑤시고 눈꺼풀이 천근만근이지만 마음만은 흥겨워 춤이라도 추고 싶었습니다. 이번에 하나 깨달은 것이 있습니다. 여행 중 만난 어느 분이 해준 말씀입니다.

"시간이나 돈의 여유가 있어야 여행하는 것이 아닙니다. 여행하려고 결단을 내리면 시간이나 돈은 얼마든지 가능합니다. 일주일이 아니라 단 하루라도 아니 한 나절이라도 가까운 기차역에 달려가면 언제나 다정한 친구처럼 기차는 어김없이 우리를 기다립니다."

맞는 말씀입니다. '여행해야지' 하는 생각에서 그칠 것이 아니라 결단을 내린다면 여행은 얼마든지 가능합니다. 열심히 일하고 나서 떠나는 여행의 맛은 꿀맛입니다.

정신없이 이리저리 헤매다보니 어느새 한 해의 마지막 달인 12월입니다. 이제 2015년 한 해도 얼마 남지 않았습니다. 제게 주어진 일에 최선을 다하다보니 지치기도 하고 고단하기도 합니다. 이럴 때 문득 지난 여름방학 때 떠난 기차여행이 떠올려 혼자 흐뭇해하면서 웃어보곤 합니다. 이제 또 겨울방학이 다가오니 집 근처 기차가 자꾸만 눈에 아른거려 입가엔 웃음이 가득합니다.

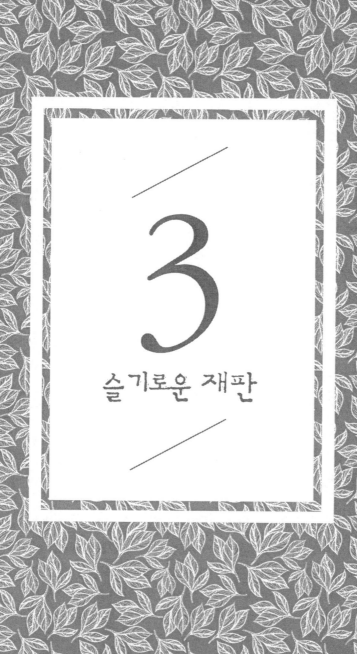

3

슬기로운 재판

우직한 효자의 행복

옛날 옛날 어느 마을에 홀어머니를 모시고 사는 아들이 있었습니다. 조금 모자란 데가 있었지만 아들은 날마다 남의 집에 가서 일을 거들어 주고받은 품삯으로 어머니를 모시는 효자였습니다. 어느 날이었습니다. 그 날도 아들은 이웃 마을에 가서 일을 해 주고 품삯으로 서 푼을 받았습니다. 아들은 귀한 돈을 행여 잃어버릴세라 손에 꼭 쥐고 집으로 가고 있었습니다. 그런데 갑자기 목이 말랐습니다. 아들은 우물 옆에 돈을 놓아두고 물을 들이켰습니다. 그러고는 다시 걸음을 재촉했습니다. 그런데 한참을 걷다 보니 글쎄, 손이 허전한 것이었습니다. 돈을 우물가에 놓고 그냥 온 것이었습니다. 아들은 부랴부랴 우물가로 달려갔습니다. 하지만 돈은 이미 사라지고 없었습니다. 아들은 하는 수 없이 빈손으로 집에 돌아왔습니다.

"애야, 왜 그렇게 기운이 없냐?"

"돈을 우물가에 놓고 왔는데, 다시 가서 보니 누가 가지고 가 버렸어요."

"처음부터 손에 쥐고 온 것이 잘못이지. 주머니에 넣어 가지고 왔으면 그런 일은 없었을 게 아니냐. 내일은 품삯을 받거든 꼭 주머니에 넣어 오너라."

"예, 어머니!"

다음날, 아들은 또 이웃 마을에 일을 하러 갔습니다. 종일 힘들게 일을 하고 나니 주인이 수고했다며 품삯을 주는데 이런, 돈 대신 강아지를 주는 것이었습니다.

'품삯을 주머니에 넣어 가지고 오라고 했지?'

아들은 어머니의 말을 떠올리고는 강아지를 주머니에 넣으려고 했지만 강아지는 들어가지 않으려고 발버둥을 쳤습니다. 아들은 억지로 강아지를 주머니 속에 넣었습니다. 그런데 얼마 못 가서 그만 주머니가 툭 뜯어지고 말았습니다. 그때 강아지는 냉큼 도망가 버리고 말았습니다. 하는 수 없이 이번에도 아들은 빈손으로 돌아왔습니다. 털레털레 들어오는 아들을 보고 어머니가 물었습니다.

"애야, 품삯은 잘 챙겨 왔냐?"

"어머니가 시킨 대로 품삯으로 받은 강아지를 주머니에 넣었는데 도중에 도망가 버렸어요."

"강아지를 주머니에 넣어 가지고 오는 바보가 어디 있냐? 끈으로 모가지를 묶어서 끌고 와야지."

어머니가 혀를 끌끌 차며 말했습니다.

"알았어요. 내일은 모가지를 묶어서 끌고 올게요."

다음 날, 일을 마친 아들은 이번에는 품삯으로 강아지가 아니라 생선을 받았습니다. 그런데 아들은 어제 어머니에게 들은 말만 생각하고 생선의 머리 쪽을 끈으로 묶어서 질질 끌고 갔습니다. 흙투성이가 된 생선은 집까지 가는 동안 살점이 다 떨어지고 앙상한 뼈만 남게 되었습니다. 그 모습을 본 어머니는 기가 막혔습니다.

"아이고, 이 녀석아! 생선을 끌고 오면 어떡하냐. 이런 것은 종이에 척 싸서 어깨에 메고 왔어야지!"

어머니의 말에 아들은 고개를 끄덕였습니다. 다음 날, 아들은 또 일을 하러 갔습니다. 하루 종일 일을 하고 나니 주인이 품삯으로 당나귀를 주었습니다. 그동안 열심히 일을 해 줘서 고맙다고 하면서 말입니다.

"아이구, 이걸 어떻게 종이에 싼담?"

하지만 어머니 말을 잘 듣는 아들은 이번에도 어머니가 시킨 대로 당나귀를 큰 종이에 쌌습니다. 그러고는 어깨에 둘러멨습니다. 당나귀가 마구 발버둥을 치는데도 아들은 땀을 뻘뻘 흘리며 집으로 갔습니다. 그때 마침 고을 원님이 그 옆으로 행차를 하고 있었습니다. 그 속에는 원님의 딸도 있었는데, 그 딸은 원인을 알 수 없는 병으로 시름시름 앓고 있었습니다. 사실은 목에 가시가 걸린 것이었는데 아무도 모르고 있었던 것이었습니다.

아무튼 행차를 하던 원님 딸은 아들이 종이에 싼 당나귀를 둘러메고 낑낑거리며 가는 모습을 보고는 와하하 웃음을 터뜨렸습니다. 그 바람에 목에 걸려 있던 가시가 쑥 빠져 원님의 딸은 다시 기운을 차리게 되었습니다. 죽을병에 걸린 줄 알았던 딸이 낫자 원님은 기뻐하며 아들을 불러 말했습니다.

"네 덕에 내 딸의 병이 낫게 되었다. 정말 고맙구나. 그런데 너는 왜 힘들게 당나귀를 둘러메고 가느냐?"

아들은 그 동안 있었던 일을 모두 이야기했습니다.

"어머니 말을 그렇게 잘 듣다니, 좀 모자라기는 하지만 참으로 효자구나. 여봐라! 효성 깊은 이 아이에게 상을 내리도록 하여라!"

원님이 크게 웃으며 말했습니다. 큰 상을 받은 아들은 어머니와 함께 오순도순 행복하게 잘 살았답니다.

이 이야기에 나오는 아들은 어수룩하게 세상 물정도 모르는 바보 같습니다. 이런 사람은 남에게 이용당하기 쉽고 사기 당하기도 쉽습니다. 그러나 아들은 남보다 성실하게 주어진 일을 해냈습니다. 약삭빠르게 잔 머리 굴리며 게으름을 피우지 않았습니다. 그리고 자기 머리로는 이해가 잘 되지 않아도 어머니의 말씀에 순종하였고 자신의 잘못을 인정할 줄 알았습니다.

물론 모든 세상살이가 고지식하게 원리원대로 정직해야 만하는 것은 아닙니다. 때로는 상황적인 윤리적 판단에 따라 선의의 거짓말, 정의의 거짓말도 있을 수 있고 필요에 따라서는 융통성이 필요하기도 합니다. 그게 사람 사는 재미이고 여유입니다. 그러나 어리석을 정도로 이처럼 우직함이 우리에게 감동을 주는 것은 오늘날 약삭빠른 사람들의 욕심 많고 자기중심적인 모습들이 당연시되고 이들이 성공신화를 만들어내기도 하기 때문입니다.

아이들이 보는 만화영화나 드라마처럼 때로는 넘어지고 견디기 힘든 일이 생기지만 결코 포기하지 않는 진실함과 성실함으로 결국은 승리하는 모습을 보고 싶습니다. 어쩌면 이전 사람들이 살던 시대에도 오늘날과 같이 불의한 사람들이 성공하고 정의로운 사람들이 억눌림을 당했는지도 모릅니다. 이에 이런 이야기를 통해 정직과 청렴과 진실함을 권장하고 불의와 부조리와 거짓을 경계했는지도 모르겠습니다. 아무튼 이 이야기를 통해 자라나는 우리 아이들이 아무리 어렵더라도 옳음을 다짐하고 실천하기를 기대해봅니다.

꿀 장수의 지혜

강원도 어느 산골에 꿀을 팔아 살아가는 꿀 장수가 살고 있었습니다. 그해에는 산에 꽃이 많이 피어서 벌들이 꿀을 많이 모았습니다. 그런데 강원도에는 꿀이 하도 많아서 값도 싸고 살 사람도 별로 없었습니다.

'안 되겠다. 한양에 가서 꿀을 팔아야겠다.'

꿀 장수는 여러 개의 단지에 꿀을 가득 넣어서 한양으로 짊어지고 갔습니다. 그런데 한양에 와서 보니 어디서 꿀을 팔아야 하는지 알 수가 없었습니다.

난생 처음 와 본 터라 정신이 하나도 없었습니다.

'에라, 모르겠다. 아무데서나 팔면 어떨라고.'

꿀 장수는 길거리에 꿀단지를 내려놓았습니다. 그런데 한참이 지나도 아무도 안 사는 것이었습니다. 사람들이 몰라서 그런가 싶었습니다.

"꿀 사세요, 꿀 사세요, 꿀!"

이렇게 큰 소리로 외치던 중 마침 그 곳을 지나던 한양 부자가 이 모양을 보았습니다.

'옳지, 잘됐다. 저 어수룩한 촌놈을 속여 꿀단지를 전부 빼앗아야지.'

이렇게 마음먹은 부자는 꿀 장수에게 다가갔습니다.

"이보시오! 당신 큰일 날 짓을 하고 있군. 요새 나라에서 꿀을 못 팔게 하는 것도 모르시오?"

한양 물정을 전혀 모르는 꿀 장수는 더럭 겁이 났습니다.

"그 꿀을 가지고 다니다가는 혼쭐이 날 테니 어서 내게 파시오. 나라에서 금지하고 있는 것이라 돈을 쳐 줄 수는 없지만, 멀리서 온 것 같으니 노자나 하게 한 닷 냥쯤 주리다."

꿀 장수는 고마워하며 이마가 땅에 닿도록 절을 했습니다. 속은 줄도 모르고 말입니다. 그리고는 이리저리 한양 구경을 다니는데 이게 어찌 된 일인지요. 장에 가 보니 꿀을 파는 사람이 한둘이 아니었습니다.

"이보시오, 나라에서 꿀을 못 팔게 한다던데 이렇게 내놓고 팔아도 괜찮아요?"

"누가 그런 헛소리를 합디까? 못 팔기는 왜 못 팔아요? 요즘은 값이 좋아서 한 단지에 쉰 냥은 너끈히 받을 수 있는데……."

그제야 꿀 장수는 속았다는 걸 알았습니다. 꿀 장수는 너무나 분해 앙갚음을 해야겠다고 생각했습니다. 그래서 부자를 만났던 바로 그 자리에 가서 기다렸습니다. 얼마나 기다렸을까요? 부자가 어슬렁어슬렁 나타났습니다. 꿀 장수는 활짝 웃는 낯으로 부자에게 인사를 했습니다. 부자는 뜨끔했지만 아무렇지도 않은 척했습니다.

"아이고, 나리! 어제 일이 하도 고마워서 인사나 드리고 가려고 기다리고 있었습니다."

꿀단지를 내놓으라고 하면 어쩌나 하고 걱정했는데 꿀 장수가 이렇게 말하는 것이었습니다.

"아니, 그까짓 걸 가지고 뭘 그러시오? 그나저나 무슨 일이오?"

부자는 거드름을 피우며 말했습니다. 꿀 장수는 부자의 귀에 대고 속삭였습니다.

"실은 우리 마을에 꿀보다 더 좋은 것이 있답니다. 꿀 강아지라고 하는 것인데, 똥 대신 꿀을 싸는 강아지올시다. 사실은 어제 사 가신 그 꿀도 꿀 강아지가 싼 것이랍니다."

"그게 정말이오?"

"정말이고말고요. 못 믿겠거든 한번 와 보십시오. 언제든지 보여 그리겠습니다."

욕심쟁이 부자는 꿀 강아지가 탐이 났습니다. 그래서 꿀 장수의 집에 가겠다고 약속을 했습니다. 꿀 장수는 집으로 돌아온 날부터 강아지에게 밤낮으로 꿀을 먹이기 시작했습니다. 한 열흘 정도 꿀을 먹이자 드디어 강아지가 똥 대신 꿀을 싸기 시작했습니다. 그렇게 며칠이 더 지난 어느 날, 욕심쟁이 부자가 정말로 꿀 장수를 찾아왔습니다. 꿀 장수는 부자에게 강아지가 꿀 똥 싸는 모습을 보여 줬습니다.

"거 참, 진짜 신기하구면."

부자는 입맛을 쩝쩝 다셨습니다.

'저놈만 있으면 금세 돈을 벌 수 있겠다.'

부자는 꿀 장수에게 강아지를 팔라고 했습니다.

"아이고, 그런 말씀 마십시오. 이 강아지가 덕분에 우리 식구가 사시사철 꿀을 팔아먹고 사는데 이걸 팔라니요. 그럴 수는 없지요."

"그러지 말고 파시오. 얼마를 주면 되겠소? 달라는 대로 다 드리리다."

꿀 장수가 강아지를 팔지 않겠다고 하자 부자는 더 꿀 강아지를 갖고 싶었습니다.

"이백 냥? 삼백 냥? 아니, 아니, 오백 냥을 주겠소. 오백 냥을 줄 테니 내게 파시오."

욕심쟁이 부자가 통사정을 하자 꿀 장수는 못 이기는 척 강아지를 부자에게 팔았습니다. 강아지를 데리고 온 부자는 다음 날 아침 꿀 강아지가 싸 놓은 똥을 찍어 먹었습니다. 무슨 맛이었을까요? 꿀 맛? 똥 맛?

이런 경우를 자기 꾀에 자기가 넘어간다고 하지요. 당장은 성공한 것 같고 이익이 되는 것 같지만 남을 괴롭게 하는 사람의 어처구니없는 결과입니다. 그런데 사실 세상살이에서는 이런 약삭빠른 사람들이 이처럼 낭패를 보지 않기도 합니다. 그러면 이래도 되는 것일까요? 그렇지 않습니다. 사람의 양심은 속일 수 없습니다. 우리 옛 사람들은 착한 사람은 복을 받고 나쁜 사람은 벌을 받는다고 믿었습니다. 그 믿음이 보이지 않는 힘으로 작용한다고 저는 믿습니다.

호랑이 꼬리를 잡은 스님

─────────────────────── 한 선비가 과거를 보기 위해
한양으로 가고 있었습니다. 요즘 같으면 기차나 버스를 타고 갈 수 있지
만 옛날에야 어디 그럴 수가 없었습니다. 구불구불한 산길을 걸어 높은
고개를 넘고, 콸콸 물이 흐르는 계곡을 지나야만 했습니다. 그렇게 험한
산길을 몇 날 며칠 동안 걸어간 다음에야 한양에 도착할 수 있었습니다.
선비는 쉬지 않고 부지런히 걸었습니다. 큰 고개를 넘고, 나무들이 우거
진 숲도 지났습니다. 산은 점점 깊어졌습니다. 그러자 숨이 차고, 다리도
아프고, 배도 고파졌습니다.

"아이구, 힘들다. 여기서 좀 쉬어 가야겠다."

마침 길가에 바위 두 개가 보여 선비는 지팡이를 내려놓고 바위에
기대어 앉았습니다. 그러고는 봇짐 속에 든 주먹밥을 꺼내 맛있게 먹었
습니다. 담배도 한 대 피워 물었습니다. 그러자 굳은 다리도 풀리고 기운
도 나는 것 같았습니다.

"이제 슬슬 가 볼까?"

선비는 더듬더듬 옆에다 두었던 지팡이를 찾았습니다. 그런데 지팡이

대신 뭔가 뭉툭한 것이 잡히는 것이었습니다.

"아이쿠, 이게 뭐야?"

깜짝 놀라 내려다보니 호랑이 꼬리였어요. 호랑이란 놈이 꼬리를 바위틈에 넣은 채 바위 뒤에서 자고 있었던 것이었습니다. 그때 호랑이가 "어흥" 하고 울었습니다. 단잠을 자고 있는데 누가 꼬리를 휙 잡아당겼으니 그럴 수밖에요. 선비는 얼떨결에 그만 호랑이 꼬리를 더 세게 움켜쥐었습니다. 꼬리를 놓으면 당장 호랑이가 달려들 것이고, 그렇게 되면 호랑이 밥이 되고 말 테니 일단은 호랑이 꼬리를 더 꽉 움켜쥘 수밖에 없었던 것이었습니다. 선비가 죽을 힘을 다해 호랑이 꼬리를 잡아당기자 호랑이는 바위틈에 엉덩이를 붙인 채 어흥, 어흥 울어 댔습니다.

얼마나 시간이 지났을까요? 선비는 점점 힘이 빠지기 시작했습니다. 그런데 그때 저 아래에서 바랑을 메고 지팡이를 짚은 스님이 올라오고 있는 게 보이는 것이었습니다. 선비는 뛸 듯이 기뻤습니다. 죽을지도 모른다고 생각했는데 도와 줄 사람을 만났으니 말입니다.

"스님, 스님!"

선비가 큰 소리로 부르자 스님이 다가왔습니다.

"스님, 그 지팡이로 이 호랑이를 좀 때려잡아 주세요. 세 시간도 넘게 이놈의 꼬리를 잡고 있었더니 죽을 지경입니다. 어서 이 호랑이 좀 잡아 주세요."

선비는 스님이 당연히 호랑이를 잡아 줄 줄 알았습니다. 그런데 스님이 고개를 절레절레 흔드는 것이었습니다,

"아니 왜 그러세요? 아, 어서 이놈의 호랑이를 잡지 않고 뭐 하고 계시는 거예요?"

선비는 애가 탔습니다.

"자고로 중은 살생을 하지 않는 법이오."

선비는 눈앞이 캄캄해졌습니다.

"아이고, 스님! 아무려면 짐승 목숨이 사람 목숨보다 더 중하겠소? 그러지 말고, 이놈을 좀 잡아 주시오."

이렇게 애원을 하는데도 스님은 여전히 고개를 짓는 것이었습니다. 선비는 입술이 바싹바싹 탔습니다. 스님이 그냥 가 버리라도 하면 꼼짝없이 호랑이 밥이 되고 말 테니까 말입니다.

"그럼 제가 호랑이를 잡을 테니 대신 스님이 이 꼬리를 잡아 주세요. 그러면 스님은 살생을 안 해도 되지 않습니까?"

"그것 역시 살생을 돕는 일이지요. 미안합니다."

선비는 화가 머리끝까지 났습니다.

"제발 부탁입니다. 그렇게만 해 주면 제가 가지고 있는 돈을 다 부처님께 시주할 테니 제발 호랑이 꼬리를 좀 붙잡고 있어 주십시오."

그제야 스님이 못 이기는 척 다가와 호랑이 꼬리를 잡았습니다. 꼬리를 스님에게 넘겨주고 한숨 돌린 선비는 봇짐에서 돈을 꺼내 스님에게 던져 주었습니다. 그러고는 그 자리를 떠나려고 했습니다.

"아니 호랑이를 때려잡지 않고 어딜 가는 거요?"

스님이 깜짝 놀라 말했습니다. 선비는 대답도 않고 저만큼 걸어가 버렸습니다.

"아니, 이것 보시오! 이건 약속이 틀리지 않소, 날 혼자 두고 가면 어떡하오? 어서 저 호랑이를 때려잡아야 할 것 아니오?"

스님의 말에 선비가 돌아보며 말했습니다.

"저도 살생을 싫어한답니다."

"아이구, 내가 잘못했소. 제발 가지 마시오. 저 돈 안 가지겠소. 아니, 내 바랑* 속에 든 돈도 다 드리겠소. 그러니 제발 이놈의 호랑이를 좀 잡아 주고 가시오."

스님이 애원을 했습니다. 하지만 선비는 못 들은 척하고 어정어정 걸어갔습니다.

"그럼, 이 꼬리만 잡아 주시오. 그러면 내가 이놈의 호랑이를 잡을 테니……. 제발 부탁이오."

스님이 호랑이 꼬리를 붙잡은 채 애걸복걸했습니다. 그러자 선비가 히죽 웃으며 대답했습니다.

"스님은 살생을 하면 안 된다면서요?"

"살생이고 뭐고, 우선 사람부터 살고 봐야 할 것 아니오."

스님이 눈물을 뚝뚝 흘리며 말하니, 그제야 선비는 못 이기는 척 돌아와 호랑이를 잡았습니다. 그런데 나중에 봤더니 글쎄, 스님이 얼마나 놀랐는지 바지가 축축하게 젖어 있었다고 합니다.

우리 주변에서 스님 같은 사람을 많이 볼 수 있습니다. 말로는 대의명분大義名分을 이야기하고 거창한 포부를 이야기합니다. 그런데 정작 자기 이익에 민첩하고 다른 사람의 입장과 상황은 아랑곳하지 않습니다. 안타깝게도 이런 사람 중에는 종교지도자들도 많습니다. 입장 바꿔 생각해 보고, 명분보다 사람의 생명과 약자우선의 생각을 하면 좋겠습니다. 이것이야말로 진정한 종교의 길, 사람의 길이 아닐까 싶습니다.

---

* 승려가 등에 지고 다니는 자루 모양의 큰 주머니.

거짓말 내기

옛날 옛적 어느 할아버지의 이야기입니다. 할아버지는 나이가 들자 벼슬에서 물러나 그만두고 고향으로 돌아왔습니다. 이 할아버지는 하루 종일 집에 있으려니 심심해서 견딜 수가 없었습니다.

'뭐 좀 재미있는 일이 없을까?'

궁리를 하다가 생각해 낸 것이 거짓말 내기였습니다. 할아버지는 하인에게 종이 한 장을 주며 말씀하셨습니다.

"이것을 대문 앞에다 붙이거라."

하인이 방을 붙이자 거짓말을 하면 돈 천 냥을 벌 수 있다는 소문이 삽시간에 방방곡곡으로 퍼져 나갔습니다. 그리고 사람들이 여기저기서 몰려들기 시작했습니다.

"제가 여기에 오다가 머리가 셋이고, 팔이 여섯 개 달린 사내아이를 보지 않았겠습니까?"

"글쎄, 동해 용왕이 노인으로 변해서 두부를 팔고 있대요. 그 두부를 먹은 사람은 모두 아이가 된다네요."

몰려든 사람들은 얼토당토않은 거짓말을 해 댔습니다. 하지만 아무도 할아버지의 입에서 거짓말이란 말이 나오게 하지 못했습니다. 그러니 돈을 받아 간 사람이 하나도 없었습니다. 강원도 산골에 사는 한 총각이 이 소문을 들었습니다. 총각은 내기에서 이길 자신이 있다며 한달음에 달려 왔습니다.

"저도 거짓말을 해 보려고 왔습니다."

할아버지를 만난 총각이 자신 있게 말했습니다.

"그래, 어디 한번 해 보아라."

할아버지는 방긋 웃으며 총각을 바라보았습니다.

"나리, 제가 얼마나 큰 부자인지 아십니까, 저는 나리보다 백 배는 더 부자입니다."

말도 안 되는 소리였습니다. 거지꼴을 하고 있는 총각이 자기보다 백 배는 더 부자라니……. 기가 찼지만 할아버지는 허허 웃으며 "그래, 그래" 했습니다. 그러자 총각은 자기가 어떻게 부자가 되었는지 이야기를 늘어놓기 시작했습니다.

"제가 부자가 된 건 소를 잘 키운 덕입니다. 소를 어떻게 키우느냐, 나무 상자에 넣어서 키웁니다. 소가 자라서 상자 안에 꽉 차면 상자에 구멍을 뚫습니다. 그러면 살이 구멍으로 삐져나오지요. 그걸 베어 내면 쇠고기를 얻을 수 있습니다. 소는 자꾸 자라니까 자꾸자꾸 베어 내도 자꾸자꾸 살이 삐져나오게 되는 거지요. 여기 그 쇠고기를 가지고 왔으니 한번 잡숴 보십시오."

그러면서 총각은 할아버지 앞에다 죽은 쥐를 턱 내놓았습니다. 가만히 있다가는 쥐를 먹어야 할 판이니 어떻게 할 수가 없었습니다.

"예끼, 이놈! 그런 거짓말이 어디 있어, 이게 어째서 쇠고기냐, 쥐새끼지!"

할아버지는 그만 거짓말이란 말을 하고 말았습니다. 그러자 총각이 웃으며 말했습니다.

"거짓말 한 번 했습니다."

총각은 다시 이야기를 시작했습니다.

"저희 증조할아버지께서 옛날에 이 댁 할아버지와 친구였다는 건 나리께서도 잘 알고 계시지요?"

총각이 물었습니다. 얼토당토않은 이야기였지만 아니라고 했다가는 또 거짓말을 인정하고 마는 꼴이 될 테니 어떻게 해요. 할아버지는 '그래, 계속해 보아라.' 했습니다.

"이 댁 할아버지께서 제 증조할아버지께 말씀하셨답니다. '자네와 내가 형제처럼 지내니 우리 자손들도 늙으나 젊으나 허물없이 서로 친구처럼 지내야 해요. 그렇지요?'"

할아버지는 기가 막혔습니다.

"예끼, 고얀 놈! 그런 거짓말이 어디 있어?"

할아버지는 참지 못하고 또 고함을 지르고 말았습니다. 총각은 씨익 웃으며 "거짓말 두 번 했습니다." 할아버지는 정신이 번쩍 들었습니다.

'이번엔 절대로 안 속는다!'

할아버지는 마음속으로 굳게 다짐했습니다. 총각은 또 말을 하기 시작했습니다.

"제가 사는 동네 뒷산에는 돌부처가 있습니다. 그 돌부처 앞에 대추나무가 있는데, 얼마 전에 보니까 주먹만 한 대추가 주렁주렁 달렸더라구요. 그런데 나무가 너무 높아서 딸 수가 있어야지요. 그래서 제가 한 가지 꾀를 생각해 냈습니다. 고것이 무엇이냐 하면, 돌부처 콧구멍에 고춧가루를 한 움큼 집어넣는 거였죠. 그러자 돌부처가 매워서 에취, 하며 재채기를 했어요. 그 바람에 대추들이 우수수 떨어졌고요."

정말 말도 안 되는 이야기였지만 할아버지는 '그래, 그래서?' 하며 장단을 맞춰 주었습니다. 총각은 신이 나서 이야기를 계속했습니다.

"그 대추를 주워 담으니 세 광주리나 됐습니다. 마침 대추 값이 비싸서 한 광주리에 천 냥씩이나 할 때였지요. 그때 나리께서 대추알이 참 굵다고 칭찬하시며 제게서 세 광주리를 사 가지 않으셨습니까?"

아니라고 할 수 없어 할아버지는 고개를 끄덕였습니다.

"그때 나리께서는 외상으로 대추를 사 가셨지요? 오늘이 바로 돈을 갚겠다고 한 그 날입니다. 그러니 약속하신 대로 대추 값을 주시지요."

할아버지는 기가 막혔습니다. 총각이 하는 말을 정말이라고 인정하면 꼼짝없이 삼천 냥을 물어 주어야 할 판이었습니다.

"이놈, 거짓말 마라. 내가 언제 대추를 샀단 말이냐!"

할아버지는 버럭 소리를 질렀습니다. 총각이 씨익 웃으며 "거짓말 세 번 했습니다."라고 말했습니다. 할아버지는 과연 그 총각에게 천 냥을 주었을까요, 삼천 냥을 주었을까요?

할아버지는 높은 벼슬도 지냈으니 머리도 좋고 경험도 풍부한 사람이었습니다. 그러니 그 누구와도 경쟁해서 이길 자신이 있었습니다. 그래서 거짓말내기를 하기로 한 것입니다. 할아버지의 예상대로 많은 사람들이 몰려와서는 거짓말을 늘어놓았습니다만 할아버지를 이길 수 없었습니다.

이들 중에는 머리가 좋고 나름대로 경험이 풍부한 사람들도 있었습니다만 할아버지를 이기지는 못했습니다. 그런데 할아버지와는 비교도 되지 않는 강원도 청년이 할아버지를 이겼습니다. 어떻게 된 일일까요? 그것은 이 청년이 지닌 창의력에 기인한 것입니다. 아무리 많이 배우고 높은 벼슬을 한 경험이 많은 사람이라도 창의력을 지닌 사람을 이길 수는 없습니다. 왜냐하면 창의력은 자기만의 깊은 사색과 감성에서 우러나오는 것이기에 그 누구도 알 수 없는 자신만의 힘이기 때문입니다. 강원도 총각은 당당했습니다. 결코 할아버지와 자신을 비교해서 주눅 들지 않았습니다. 그 당당함으로 자신만만함으로 자신의 방식으로 이길 수 있었습니다.

저는 이런 사람이 멋지다고 생각합니다. 남들과 비교해서 의기소심하고 부정적인 자아상을 가진 사람은 결코 행복할 수 없습니다. 자신을 긍정하고 자기 주도적으로 자기 결정을 해 나가는 힘을 지닌 사람은 성공적인 인생을 살 수 있습니다.

거울 속에 누가 있어요!

어느 시골 마을에 한 남자가 살고 있었습니다. 그 남자의 소원은 한양 구경을 하는 것이었습니다. 그런데 어느 날 그 소원을 이루게 되었습니다.

"드디어 한양 구경 간다!"

남자가 신이 나서 짐을 꾸리는데 아내가 곁에서 말했습니다.

"한양에 가거든 빗 하나만 사다 주세요."

"빗? 그게 도대체 어떻게 생긴 거요?"

남편은 빗을 한 번도 본 적이 없었습니다.

"그게 말이죠."

설명을 하려고 중얼대던 아내는 하늘에 뜬 반달을 보고는 무릎을 탁 치며 말했습니다.

"저기 저 달 보이죠. 꼭 저 반달같이 생긴 거예요. 혹시라도 잊어버리거든 달을 쳐다보시구려."

아내의 말에 남자는 고개를 끄덕였습니다. 남자는 산 넘고, 개울 건너 드디어 한양에 도착했습니다. 남자는 여기저기 구경을 다녔습니다. 궁

궐 구경, 사람 구경, 물건 구경, 이것저것 요리조리 실컷 구경을 했습니다. 한양에는 정말 신기한 것들이 많았습니다. 시간이 흘러 집에 돌아갈 때가 되었습니다. 그러자 그제야 아내가 했던 말이 생각이 났습니다.

'분명히 무엇을 사 오라고 했는데, 그게 뭐였더라?'

그런데 아무리 생각해도 뭘 사다 달라고 했는지 기억이 나지 않았습니다. 남자는 머리를 긁적이다가 고개를 들었습니다. 순간 하늘에 떠 있는 달이 눈에 들어왔습니다.

'맞아! 저 달처럼 생긴 것을 사 오라고 했지.'

남자는 곧장 시장으로 달려갔습니다. 그런데 아무리 찾아봐도 달처럼 둥그렇게 생긴 물건이 보이지 않는 것이었습니다.

"여보시오, 주인장! 여자들이 쓰는 물건 중에 달처럼 둥그렇게 생긴 물건이 있습니까?"

"여인네들이 쓰는 물건으로 둥글게 생긴 것이라. 예, 있고말고요. 이게 바로 그것입니다."

장사꾼은 둥근 거울을 꺼내 주었습니다. 남자는 잘 살펴보지도 않고 보따리 속에 넣었습니다. 집을 떠나올 때는 반달이었는데 그새 반달이 보름달로 변해 버린 것을 미처 생각하지 못한 것입니다. 집에 돌아오자 아내가 반기며 물었습니다.

"그래, 제가 사 오라던 빗은 사 오셨어요?"

"그럼, 사 왔지, 여기 있소."

남자는 거울을 꺼내 주었습니다.

"아니, 빗을 사 오라고 했더니 이게 뭐예요?"

아내는 투덜대며 남편이 준 물건을 살펴보았습니다. 그때까지 아내도 거울을 본 적이 없었습니다.

"에구머니, 이게 대체 뭐에요?"

거울을 들여다보던 아내가 비명을 질렀습니다.

"무슨 일이냐?"

안방에 있던 시어머니가 며느리의 비명 소리를 듣고 밖으로 뛰어나왔습니다.

"세상에! 어머니, 이것 좀 보세요. 이 사람이 사 오라는 빗은 안 사오고 한양에서 웬 젊은 여자를 데리고 왔어요. 아이구, 망측해라!"

아내는 마구 소리를 질렀습니다.

"어디 한번 보자!"

시어머니가 거울을 받아들었습니다. 그런데 이게 웬일인가요? 주름이 쪼글쪼글한 할머니가 그 안에 척 들어앉아 있는 것이었습니다.

"아니, 어멈아! 젊은 여자가 어디 있다는 거냐? 내가 보니 늙은 할망구구먼."

시어머니가 거울을 다시 며느리에게 주었습니다.

"아니, 어머니! 이게 어떻게 늙은 할머니예요? 젊고 예쁜 시댁이구먼요."

아내는 다시 거울을 보며 호들갑을 떨었습니다. 남자는 도대체 왜들 저러나 싶어서 아내가 들고 있는 거울을 빼앗았습니다. 그런데 이게 웬일일까요? 글쎄, 웬 젊은 남자가 거울 속에서 두 눈을 치켜뜬 채 자기를 노려보고 있는 것이었습니다.

"넌 대체 누구냐?"

남자가 빽 소리를 질렀습니다. 그러자 거울 속의 남자도 똑같이 눈을 부라리며 소리를 지르는 게 아니겠어요.

"아니, 이놈이!"

남자가 주먹을 들이댔습니다. 거울 속의 남자도 똑같이 따라했습니다.

"이놈이 어디서 행패야, 행패가! 여긴 우리 집이니 당장 나가, 당장!"

남자는 화가 머리 꼭대기까지 치밀어 올라 거울을 땅바닥에 내동댕이
쳐 버렸습니다. 쨍그랑! 거울이 큰 소리를 내며 깨어졌습니다. 그다음엔
어떻게 됐을까요? 어떤 사람이 전해 준 이야기로는 깨어진 거울 조각을
들고 아직까지도 씩씩거리며 싸우고 있다고 합니다. 하하하, 정말 우습
지요? 옛날 시골에는 없는 것이 많아서 이런 얘기가 생겼나 봅니다.

어쩌면 이 이야기는 지금 우리에게도 쉽게 찾아볼 수가 있습니다. 도
대체 무슨 말이냐고요? 잘 생각해 보세요. 자신이 보고 듣고 경험한 것
만 옳다고 생각하고 새로운 것, 다른 것에 대해 거부하려는 마음이 이런
모습이 아닐까요? 결국 새로운 것이나 다른 것은 낯설기에 두려움도 있
지만 하나하나 배워나가면 유용한 것인데 말입니다. 결국 자신의 또 다
른 모습일 뿐인데 말입니다. 변화를 두려워하는 사람들은 결코 자신을
들여다볼 수 없습니다. 냉정하게 자신을 비춰보는 사람만이 자기반성을
통해 새로워질 수 있습니다. 변화에 능동적으로 대처할 수 있습니다.

냄새 맡은 값

옛날 어느 마을에 부자와 가난한 농부가 살고 있었습니다. 농부는 마음씨가 정말 착했습니다. 뭐든지 생기면 다른 사람과 나누어 가졌습니다. 옷이 생기면 헐벗은 사람에게 나누어 주고, 돈이 생기면 돈 없는 사람에게 나누어 주고, 쌀이 생기면 굶고 있는 사람에게 나누어 주었습니다. 그러니 가난할 수밖에 없었습니다. 하지만 부자는 달랐습니다. 무엇이든 다 자기가 가졌습니다. 아주 작은 것도 절대로 내놓지 않았습니다. 내놓는 게 다 뭐예요. 남의 것도 자기 것이라고 우기거나 빼앗는 것도 예사였습니다.

그러던 어느 날이었습니다. 농부가 들일을 마치고 집으로 돌아오는데 어디선가 생선 굽는 냄새가 솔솔 나는 것이었습니다. 안 그래도 배가 고픈데 생선 냄새를 맡으니 침이 꼴깍 넘어갔습니다.

"허, 그 냄새 한번 좋구먼."

농부는 자기도 모르게 냄새를 따라갔습니다. 냄새는 부잣집에서 나고 있었습니다. 며칠 동안 제대로 밥을 먹지 못한 농부는 부잣집 담 밑에서 생선 굽는 냄새를 맡고 있었습니다. 그 때 마침 부자가 집 밖으로 나왔습니다. 저녁을 먹기 전에 바람이라도 쐬려고 말입니다. 그런데 옆집 농부가 자기네 담 밑에 기대서서 코를 벌름거리고 있는 것이었습니다.

"엥? 당신 지금 거기서 뭐 하는 거야?"

부자는 버럭 소리를 질렀습니다.

"미안합니다. 생선 굽는 냄새가 하도 좋아서……."

농부는 얼굴을 붉혔습니다.

"아니, 남의 집에서 나는 냄새를 공짜로 맡는 법이 어디 있소? 어서 냄새 맡은 값을 내시오!"

부자가 카랑카랑한 목소리로 말했습니다.

"냄새 맡은 값이라니요, 냄새를 맡는 것도 값을 치러야 된단 말인가요?"

"세상에 공짜가 어디 있나? 내가 돈을 주고 생선을 사 오지 않았으면 당신이 어떻게 생선 굽는 냄새를 맡을 수 있겠어? 그러니 냄새 맡은 값을 내야지. 자, 빨리 내시오!"

부자는 막무가내로 우겼습니다. 농부는 기가 막혔지만 마지못해 다음 날까지 냄새 맡은 값을 주겠다고 하고 말았습니다. 농부는 어깨를 축 늘어뜨린 채 집에 돌아왔습니다.

"왜 그렇게 힘이 없어요?"

아내가 물었습니다. 농부는 조금 전의 일을 털어놓았습니다.

"아니, 그래서 그 값을 주겠다고 했단 말이에요?"

"그럼 어쩌겠소, 돈을 주지 않으면 나를 관가에 고발이라도 할 듯이 드는 걸."

농부의 아내는 말도 안 된다는 표정을 지었습니다.

"돈이라곤 아버님 제사 준비하려고 남겨 둔 것밖에 없는데, 그걸 주고 나면 아버님 제사상은 무엇으로 차리나. 그렇다고 약속을 어길 수도 없고."

농부는 걱정이 이만저만이 아니었습니다. 그런데 옆에 있던 아들이 생글생글 웃으며 자기에게 좋은 생각이 있다는 것이었습니다.

"좋은 생각이라니, 무슨 생각?"

"글쎄, 아무 걱정 마시고 저한테 맡기세요. 제사 준비하려고 남겨 둔 돈을 제게 주세요."

조금 걱정이 되었지만 농부는 똑똑한 아들을 믿어 보기로 했습니다. 이튿날 아침, 농부의 아들은 부잣집으로 갔습니다. 동네 사람들을 여러 명 데리고 말입니다.

"냄새 맡은 값 가지고 왔어요!"

아들은 부잣집 앞에서 큰 소리로 외쳐댔습니다. 부자가 얼른 문을 열고 달려 나왔습니다. 그런데 아들은 돈을 줄 생각은 않고 살랑살랑 흔들기만 하는 것이었습니다. 동전이 부딪치는 소리가 잘그랑잘그랑 들렸습니다. 아들은 한참 동안 그러고 있다가 말했습니다.

"돈 소리 잘 들으셨지요, 그럼 저는 이제 갑니다."

"아니, 이놈아! 돈을 가지고 왔으면 냉큼 내놓을 일이지, 소리만 들려 주고 도로 가지고 가다니, 이게 무슨 짓이냐?"

부자는 아들에게 호통을 쳤습니다.

그러자 아들이 생글생글 웃으며 말했습니다.

"우리 아버지는 생선은 구경도 못 했습니다. 그런데도 생선 냄새 맡은 값을 달라고 하시니 저도 돈 소리만 들려 드린 거지요. 냄새 맡은 값으로는 돈 소리가 제격이니까요."

"옳소, 옳소!"

따라온 마을 사람들이 맞장구를 쳤습니다. 부자는 얼굴이 붉어진 채로 입맛을 쩝쩝 다시다가 집 안으로 들어가 버리고 말았습니다. 똑똑한 아들 덕분에 농부는 무사히 아버지 제사를 지낼 수 있었답니다.

이런 이야기는 아마 많이들 들어보셨을 것입니다. 이야기 속 부자와 같은 이들이 오늘날에도 많습니다. 자신이 가진 것에 만족할 줄 모르고 더 가지려고 욕심을 냅니다. 그것도 가난한 사람, 힘없는 사람의 것을 빼앗아서 자신의 욕심을 채우려 합니다. 가난하고 힘없는 사람은 울며 겨자 먹기로 빼앗기며 삽니다. 이런 현실을 타개할 방법을 없을까요? 현실 세계에서는 지혜로운 아들과 같은 이들이 잘 보이지 않습니다. 그러니 망신당하는 부자도 보기가 어렵습니다. 아마 옛날에도 그랬을 것입니다. 아마도 이 이야기도 이리 빼앗기고 저리 빼앗기며 살아가는 사람들에게 정신적인 희망으로 전해 내려오는 이야기일지도 모릅니다.

그렇다면 정말로 지혜로운 아들은 없을까요? 아닙니다. 우리의 간절한 바람이면 지혜로운 아들은 있습니다. 없다면 만들어질 것입니다. 우리이게 부당한 사람에게 당하고만 살지 않겠다는 결단과 의지와 열정만 있다면 오늘날 가능합니다. 안 된다고 지레 포기하기보다는 가능한 방법을 찾아보고 궁리하다 보면 번뜩이는 통찰이 생깁니다. 이 통찰이야말로 불의를 이길 정의입니다.

이 이야기에서 인상 깊은 사실은 어른이 아닌 어린 사람의 지혜입니다. 어린 사람이 미숙한 존재가 아닙니다. 역발상이 가능한 창의력이 빛나는 사람입니다. 어쩌면 어른은 이미 머리가 굳어서 새로운 생각을 하지 못하는 지도 모릅니다. 이 이야기처럼 기존의 방식으로는 도저히 해결될 문제가 아닙니다. 돌려서 생각해 보는 발상의 전환이 빛을 발합니다. 그리고 이런 정의로움에 함께하는 사람들은 큰 힘이 됩니다. 옆에서 지지해 주고 맞장구쳐 주는 힘은 마음에 큰 위안이 되고 창의력을 촉진합니다. 그리고 보이지 않게 불의한 사람을 누르는 기가 발산됩니다.

망신당한 원님

옛날 어느 고을에 욕심이 무지하게 많은 원님이 살고 있었습니다. 이 원님은 얼토당토 않는 구실을 붙여 백성들의 재산을 빼앗는 게 취미였습니다. 원님의 횡포 때문에 백성들은 고생이 이만저만이 아니었습니다. 그래서 고을 백성들은 사나운 호랑이보다 원님을 더 무서워했습니다. 한편, 그 고을에 알아 주는 알부자로 소문난 사람이 살고 있었습니다. 원님은 그 사람의 재산이 탐이 났습니다. 그래서 그 사람의 재산을 빼앗을 궁리를 했습니다. 그러던 어느 날 좋은 꾀가 떠올라 그 사람을 불렀습니다.

"내일 당장 산딸기를 따다 바쳐라. 그렇지 않으면 명령을 어긴 죄로 네 재산을 모조리 빼앗아 버리겠다."

마른하늘에 날벼락이 떨어진 것이었습니다. 한겨울에 산딸기를 구해 오라니 말도 안 되는 얘기였습니다. 하지만 원님의 명령을 어기면 벌을 받기 때문에 그 사람은 선뜻 대답을 하지 못한 채 울상만 짓고 있었습니다.

"왜? 구해 오기 싫으냐? 그럼 재산을 몽땅 다 내놓던가."

원님은 못된 심보를 드러냈습니다.

"아, 아닙니다."

순전히 억지였지만 그 사람은 하는 수 없이 물러날 수밖에 없었습니다.

집에 돌아와 아무리 생각해도 방법이 없었습니다. 이 이야기를 들은 아들이 대뜸 이렇게 말했습니다.

"아버지, 걱정 마세요. 제가 다 알아서 하겠습니다."

"네가 무엇을 어떻게 하겠다는 말이냐?"

그 사람은 아들의 말을 믿을 수가 없었습니다. 그런데 다음 날 아침 놀라운 일이 벌어졌습니다. 아들이 관가로 찾아가 원님을 만났습니다.

"너는 누구냐?"

"박 아무개의 아들입니다."

"네 아버지는 왜 구해 오라는 산딸기는 안 구해 오고 너를 보낸 것이냐?"

그러자 아들은 슬픈 표정을 지으며 말했습니다.

"죄송합니다, 원님. 저희 아버지는 지금 몸져 누워계십니다. 산딸기를 구하려고 산에 갔다가 그만 뱀에 물렸거든요. 그래서 제가 약을 좀 구할 수 있을까 해서 이렇게 왔습니다."

아들은 천연덕스럽게 이야기했습니다. 그러자 원님이 버럭 화를 냈습니다.

"이런 맹랑한 녀석을 보았나? 이렇게 추운 겨울에 뱀이 어디 있단 말이냐?"

"그럼 이 추운 겨울에 산딸기는 어디 있겠습니까?"

아들이 말했습니다. 옆에 서 있던 사람들이 고개를 끄덕였습니다. 아들의 말이 옳았거든요. 원님은 더 이상 억지를 부릴 수가 없었습니다. 원님은 아들을 돌려보냈습니다. 그런데 아무리 생각해도 그 사람의 재산이 탐이 나는 것이었습니다. 원님은 다시 그 사람을 부르고는 지난번보다 더 터무니없는 요구를 했습니다. 뭐라고 한 줄 아세요? 세상에, 돌로 만든 배를 한 척 가지고 오라고 한 것입니다. 돌로 어떻게 배를 만들겠어요. 금방 물속으로 가라앉고 말 텐데요. 이건 한겨울에 산딸기를 구해 오라는 것보다 더 심한 억지였습니다. 그 사람은 또 고민에 빠졌습니다.

"아버지, 또 무슨 일이세요?"

아들이 물었습니다. 지난번 일도 있고 해서 그 사람은 순순히 아들에게 원님의 말을 전했습니다. 그랬더니 아들이 빙긋 웃으며 말하는 것이었습니다.

"그까짓 일을 가지고 뭘 그러세요? 제가 잘 해 보겠습니다."

그러더니 다음 날 아침 아들은 원님을 찾아갔습니다.

"네 아버지가 또 뱀에 물렸느냐? 왜 또 네가 왔느냐?"

그러자 아들이 대답했습니다.

"다름이 아니오라 돌로 배를 한 척 지어 놓았는데 그것을 끌고 올 동아줄이 없어서 가지러 왔습니다. 돌로 만든 배에는 모래로 만든 동아줄이 제격이니 원님께서 모래로 동아줄을 꼬아 주시면 배를 끌고 오겠습니다."

"뭐라고? 모래로 동아줄을 꼰단 말이냐?"

원님이 냅다 소리를 질렀습니다.

"그럼 돌로 어떻게 배를 만들겠습니까?"

아들이 싱긋 웃으며 말했습니다. 원님은 할 말이 없어지고 말았습니다. 여기저기서 사람들이 키득키득 웃어댔습니다. 아들의 재치가 욕심 많은 원님의 코를 납작하게 만들어 버린 것이었습니다. 그날 이후 원님은 더는 욕심을 내지 못하고 괴롭히지도 못했다고 합니다.

이 이야기는 어려운 문제를 지혜로 해결한 어린 사람이 돋보입니다. 역시나 강한 사람이 자기 욕심에 약한 사람을 괴롭히고 있습니다. 그것도 자신의 권력으로 막무가내입니다. 말도 안 되는 논리로 억지를 부립니다. 여기에 아버지는 속수무책입니다. 그럴 수밖에 없는 것은 원님과 아버지는 대등한 관계가 아닙니다. 원님이 정한 기준과 규칙에 원님의 논리에 따를 수밖에 없었습니다. 여기에 어린 아들이 대처한 방식은 탁월합니다. 비정상이고 비논리의 원님에게 정상적인 방법으로 논리로 대응하려하니 방법이 없었습니다.

아들은 원님의 말과 논리를 그대로 따라가면서 허점을 예리하게 파고들었습니다. 자기 말에 자기가 걸려들도록 치밀하게 접근하였습니다. 그 결과 약자가 강자를 보기 좋게 무너뜨렸습니다. 이런 논리는 논리학 교과서에 나와도 손색이 없을 것입니다. 이처럼 강자라고 자처하는 권력자들과 배운 사람들의 논리는 잘 살펴보면 자기모순이 있습니다. 냉정히 말하는 것을 따져보면 앞뒤가 맞지 않습니다. 거기에 휩쓸리거나 기 죽을 필요 없습니다. 이들보다 힘이 없고 가진 게 없어도 옳다고 확신한다면 이길 수 있습니다.

꾀 많은 시각 장애인

옛날 어느 곳에 앞을 못 보는 시각 장애인이 살고 있었습니다. 하지만 부지런히 일을 해서 오백 냥이나 되는 큰돈을 모으게 되었습니다. 그는 그 돈을 어디에 보관할까 고민을 했습니다.

'어디다 숨겨 둘까? 집 안에 뒀다가 도둑이라도 들면 큰일인데, 아무도 모르는 곳에 잘 보관해야 할 텐데. 어디가 좋을까?'

궁리를 하던 그는 아무도 모르게 뒷마당에다 살짝 돈을 묻어 두기로 했습니다. 모두들 잠이 든 깊은 밤, 그는 돈이 든 항아리를 들고 뒷마당으로 갔습니다. 그리고 살금살금 땅을 파서는 항아리를 땅 속에 묻어 두었습니다.

그런데 그만 욕심 많은 이웃집 영감이 우연히 그 광경을 보게 되었습니다. 그가 집으로 들어가고 난 뒤, 이웃집 영감은 도둑고양이처럼 담을 넘어가 돈을 몽땅 훔쳐 버렸습니다.

이튿날 아침, 뒷마당에 묻어 둔 항아리가 잘 있나 보러 간 시각 장애인은 손으로 땅바닥을 더듬어 보았습니다. 그런데 땅이 파헤쳐져 있는 것이었습니다. 그는 깜짝 놀라 항아리를 열어 보았습니다. 하지만 돈이 있을 리가 없었습니다.

"아이고! 평생 모은 돈을 하루아침에 다 잃어버렸구나. 이 일을 어쩌면 좋을꼬."

그는 땅바닥에 털썩 주저앉았습니다. 그런데 누군가 돈을 묻는 것을 보지 않고는 그렇게 감쪽같이 사라질 리가 없다는 생각이 들었습니다

'어떻게 하면 돈을 찾을 수 있을까?'

곰곰이 생각하던 그는 기가 막힌 꾀를 하나 냈습니다.

"내게 돈 천 냥이 생겼는데 이걸 어디다 숨겨야 할까, 아무래도 어제 오백 냥을 묻어 둔 곳에 같이 넣어 둬야 할 것 같아."

그는 동네방네 다니면서 비밀이라는 식으로 슬쩍 소문을 냈습니다. 이웃집 영감도 결국 그 말을 들었습니다.

'흐흐, 저 돈도 내 거다.'

영감은 속으로 웃었습니다. 그런데 가만히 생각해 보니 이러고 있을 때가 아닌 것이었습니다. 시각 장애인이 돈을 묻어 둔 곳을 파 보고 누가 오백 냥을 가져가 버린 것을 알면 그곳에 다시 돈을 묻을 리가 없을 테니 말입니다. 그러니 그가 알기 전에 얼른 훔쳐 온 돈 오백 냥을 도로 묻어 둬야 했습니다. 영감은 부랴부랴 원래 장소로 돌아가 빈 항아리 속에다 돈 오백 냥을 다시 넣어 두었습니다. 그 날 밤, 시각 장애인은 조심조심 뒷마당으로 가서 항아리를 묻어 둔 곳을 파 보았습니다. 없어진 오백 냥이 고스란히 돌아와 있었습니다.

'그러면 그렇지!'

그는 슬며시 미소를 지었습니다. 그러고는 돈을 꺼내 아무도 모르는

곳에 꼭꼭 감추었습니다. 몰래 지켜보던 이웃집 영감은 '아차' 하고 무릎을 치며 후회했습니다. 자기 꾀에 자기가 넘어간 것입니다. 그런데 돈을 숨긴 데가 어디냐고요? 그건 모르지요. 그가 아무한테도 말을 안 해 줬거든요.

앞을 못 보는 시각 장애인이 앞을 보는 이웃집 영감을 보기 좋게 이겼습니다. 통쾌합니다. 그런데 가만히 생각해 보면 결국 잃어버린 돈을 다시 찾은 것일 뿐, 시각 장애인에게 유익이 되거나 못된 이웃집 영감이 벌을 받거나 반성한 내용이 없어서 아쉬움이 남습니다. 더 욕심을 부리자면 이 이야기에 덧붙여 이런 내용을 추가할 수 있지 않을까 하는 생각을 해 보았습니다. 그러나 이건 제 생각을 뿐입니다.

우리나라 전래동화에서는 대개 이처럼 괴롭힘을 당했다고 앙갚음을 하려고 하지 않는 이야기가 많습니다. 물론 착한 사람은 하늘에서 복을 주고 나쁜 사람은 벌을 주는 구조는 일반적입니다. 그러나 복을 주고 벌을 주고는 사람의 몫이 아닙니다. 그건 오직 하늘의 몫으로 남겨둡니다. 그저 우리는 우리의 본분에 충실하면 그뿐입니다. 물론 충고를 할 수가 있고 잘못을 바로잡는 감시와 감독의 역할을 해야 합니다. 부당한 대우와 불의에 저항도 해야 합니다. 그러나 그것이 미움으로 증오로 판결로 이어지는 것은 신중에 신중을 기해야 합니다.

비판하고 지적하는 자세는 옳은 것인지요? 저는 이런 사람과 상황을 참 많이 보았습니다. 자칫 자신이 비판하던 그 모습으로 변한 사회정의론자들이 많습니다. 이건 정말 아닙니다. 정의 이전에 겸손과 사랑이 있어야 합니다. 정의를 외치고 실천하는 것은 차가운 지성이 중요합니다. 그러나 이것이 지나쳐서 따뜻한 가슴을 잃어버린다면 그렇게 추구하는 정의의 외침은 공허한 메아리일 뿐이고, 정의의 발걸음은 허망할 뿐입니다. 결코 잊지 말아야할 것은 하늘의 몫을 가로채지 않아야 하는 사람됨의 자세이고 사랑의 마음일 것입니다.

슬기로운 재판

어느 날 한 아이가 길을 가고 있었습니다. 그런데 시끄러운 소리가 들리는 것이었습니다. 무슨 일인가 하고 봤더니 어떤 농부 아저씨가 부잣집 영감님하고 막 싸우고 있었습니다.

"이게 어떻게 영감님 것입니까? 제 것이지요!"

"아니, 이 사람이 무슨 소리를 하는 건가, 우리 집 개가 잡았으니 내 것이지, 어떻게 자네 것인가?"

도대체 뭘 가지고 저러나 싶어 봤더니 수달 한 마리를 놓고 서로 자기 것이라고 우기고 있는 것이었습니다.

"왜 저러는 거예요?"

아이는 옆에 서 있는 아저씨에게 물었습니다.

"저 농부가 족제비를 잡으려고 굴을 파다가 수달을 발견한 모양이야. 그래서 잡으려고 하는데 수달이 도망을 친 거야. 농부는 수달을 따라 뛰었지. 저 영감님 집까지 말이야. 그런데 바로 농부의 코앞에서 영감님네 개가 냉큼 수달을 잡아 버린 거야. 그래서 서로 자기 거라고 싸우게 된 거지."

농부는 영감님을 붙들고 통사정을 했습니다.

"영감님, 제가 그놈을 잡으려고 얼마나 공을 들인 줄 아십니까? 며칠 있으면 설인데 당장 설 쇨 돈이 없어서 푼돈이라도 좀 장만하려고 이른 아침부터 족제비 굴을 찾아 헤매다가 겨우 찾은 거란 말입니다. 그러니 제발 돌려주십시오."

하지만 영감님은 콧방귀만 핑핑 뀌었습니다. 누가 옳은지 판가름을 해 줄 사람이 필요했습니다. 두 사람의 말을 다 들은 원님은 수달을 둘로 나누라고 말했습니다.

"그러면 제값을 받지 못합니다."

둘 다 입을 비쭉였습니다. 원님의 결정이 못마땅했던 것입니다. 그럴 수밖에 없는 것이 수달을 반으로 나누면 털을 팔 수가 없게 되고 맙니다. 원님은 곤란해졌습니다. 이러지도 저러지도 못하고 있는데 한 아이가 앞으로 나서면서 말했습니다.

"저라면 그런 판결을 내리지 않겠습니다."

모인 사람들은 눈이 휘둥그레져 아래를 바라보았습니다.

"그래, 그럼 어떤 판결을 내리겠느냐?"

호기심을 느낀 원님이 물었습니다.

"수달을 발견한 것은 저 농부 아저씨입니다. 농부 아저씨에게 필요한 것은 수달의 털이고요. 그러니 농부 아저씨에게 수달을 털을 주십시오."

"그래, 그럼, 저 영감에게는 무엇을 주느냐?"

"수달을 잡은 것은 영감님이 아니라 영감님네 개입니다. 개는 고기를 먹기 위해 수달을 잡은 것이지요. 그러니 털은 농부 아저씨에게 주고,

개에게는 수달의 고기를 주면 될 것입니다."

"옳다구나!"

원님이 맞장구를 치며 아이를 칭찬했습니다. 수달을 통째로 가지려던 영감님은 그만 울상이 되었습니다. 들리는 말로 그 아이는 나중에 커서 원님이 되었다고 합니다. 아주아주 훌륭한 원님 말입니다.

이 이야기는 어린아이가 어른들을 능가하는 지혜로 문제를 해결했습니다. 이 이야기에 나오는 어른이 몇 명인데 이 아이만 못하나 싶은 생각도 듭니다. 그것도 명색이 많이 배운 원님마저 말입니다.

이 아이는 문제를 객관적이고 종합적으로 바라보는 능력이 탁월합니다. 어른들은 그저 문제에 집중하다 보니 문제의 핵심을 놓쳤습니다. 그러다 보니 거기서 헤어 나오지 못하고 말았습니다. 원님은 나름대로 해결해 보려고 애를 썼지만 해결점에 이르지 못하게 되었습니다. 그 순간 많은 사람들은 원님을 차갑게 바라보았을 지도 모릅니다. 기대가 큰 만큼 실망도 컸을 것입니다. 이때 원님은 당황하거나 화를 내거나 자신의 권력으로 우기지 않았습니다. 자신의 부족함을 그대로 드러냈습니다. 그리고는 어린아이의 말에 귀를 기울였습니다. 이건 대단한 인격이 아니고서는 쉽지 않은 일입니다. 명색이 고을 원님인데 체면이 말이 아닙니다.

그러나 원님은 그런 체면이나 자신의 지위를 드러내지 않았습니다. 그것도 많은 사람들이 지켜보는 데도 그러했습니다. 그리고는 주의 깊게 어린아이의 말을 경청하고는 맞장구를 쳐 주었습니다. 그 어린아이의 말대로 처결하였습니다. 그것을 보고 어쩌면 어린아이는 원님이 되려는 꿈을 꾸게 되었고 그 꿈을 이룰 수 있었는지도 모릅니다. 그리고 그곳에 모인 많은 사람들은 문제는 해결해 주지 못했지만 자신을 그대로 드러내고 어린아이를 인정하는 원님의 인격에 감탄했을지도 모릅니다. 이렇게 볼 때 문제를 해결한 것은 어린아이만이 아니라 원님도 함께한 것일지도 모릅니다.

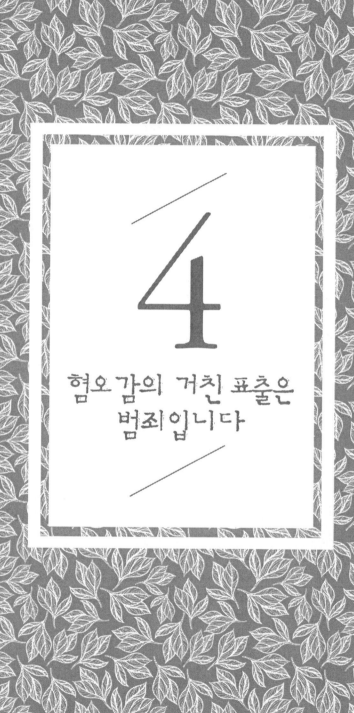

4

혐오감의 거친 표출은
범죄입니다

종교의 성숙은 계속되어야합니다

'종교宗教'라는 체계는 '만들어 지는'것이 아니라 '발생하는'것이라고 생각합니다. '인간이 범접할 수 있는 경지를 넘어서는 가치를 어찌 이해할 것인가?'를 고민하는 집단에서 이해의 교집합들이 얽히고설키면서 단일한 이해 체계가 구성되는 과정이 종교체계가 만들어지는 과정이 아닐까 싶습니다. 물론 그 촉발의 시기에는 깊은 종교적인 신념이나 학문적 역량이나 종교적 지위를 훌쩍 넘어서는 '실천'이 자리하고 있어야 합니다. 왜냐하면 그런 과정이 이해의 교집합을 만들어가는 '근본체험'이기 때문일 것입니다.

민주주의는 원래 시끄럽다고들 합니다. 그만큼 다양한 의견이 경쟁한다는 의미이니 어쩌면 갈등이 표출되면서 겪는 필요악이라고 말할 수 있습니다. 다만 그것이 비리나 부패, 체계의 퇴폐성 때문에 발생되는 것이 아니라면 말입니다. 누가 뭐라 해도 종교는 사회의 부패와 불의를 예방하고 개선해나가는 도덕공동체로서 그 위상과 중요성을 인정받음이 마땅한데 어찌된 일인지 요즘 기독교계의 문제가 심심치 않게 언론에 보도되고, 사람들의 입에 오르내리는 지경에 이르곤 합니다. 이는 기독교만이 아니라 다른 종교들도 정도의 차이만 있을 뿐이지 마찬가지입니다. 이런 일들을 접하면 저도 기독교 신앙인으로서 더욱이 목사로서 너무도 안타깝고 저 자신의 삶을 돌이켜보면서 반성도 해봅니다. 그러면서 드는 생각입니다. 이러한 모습들은 유리창처럼 모든 것이 공개되고 조금의 방심도 허용되지 않는 사회로의 전환점에서 일반인보다 더 높은 도덕성과 사회적 책임감을 갖춰야 할 종교가 앞으로 어떤 모습이어야 하는가를 극명하게 제시하는 과정일 수도 있습니다. 또한 구성원 내부에서 문제제기가 지속적으로 제기된다는 것은 그만큼 내부의 개혁적 열정이 살아 있다는 것이고, 자정능력의 척도로도 볼 수 있기에 위안과 기대감을 가져보기도 합니다.

과거 종교는 그것이 속해 있는 사회를 리드하는 역할을 해왔습니다. 지식의 점유차원에서나 정보의 총화차원에서도, 또한 경제적 부의 집중과 재분배 차원에서도 그랬습니다. 그러나 사회는 점점 다원화·다양화되었고, 지식이나 정보는 특정인의 전유물에서 모든 사람이 공유하는 것으로 전환되었으며, 종교가 더 이상 한 사회체제에서 부의 주도권의 중심에 서있지 않게 되었습니다. 이는 결국 종교가 다른 사회체계들과 다를 바 없이 평등하게 인식되고 있음을 의미합니다. 다만 종교 본연의 신성성과 구원의 체계는 여전히 종교의 권위로 자리매김할 것입니다. 그러나 이 또한 기존의 방식으로는 아닐 것입니다. 즉 종교가 여전히 사회를 구성하는 체계 내에서 사회를 유지하는 중요한 역할을 하겠지만 그 방식과 내용은 다를 것이라는 말입니다.

문제는 여기에 있습니다. 종교가 내포하고 있는 권위가 달라진다는 것입니다. 교단(종단)의 권위, 성직자의 권위, 가르침의 권위 등 종교가 본연의 자기 역할을 넘어서 그 이상의 사회적 역할을 해야만 종교 본연의 권위를 인정받을 것이고, 계급적으로 구분되던 성직자와 평신도의 구분이나 역할도 달라져야 할 것이며, 가르침 또한 현재의 언어로 현실의 문제를 해결하는 방법으로 제시되어야만 일반인들로 하여금 그 종교에 호감을 갖고, 그 종교를 신앙하게 할 수 있을 것입니다. 종교 스스로의 끊임없는 자기반성과 자기개혁을 통한 성장과 성숙은 계속되어야 합니다. 왜냐하면 종교가 성숙을 멈추면 고인 물이 썩듯이 종교도 썩고 말 것이기 때문입니다.

혐오감의 거친 표출은
범죄입니다

─────────────────── 최근 기독교인들 사이에서 무
분별하게 유포되고 있는 이슬람 관련 '괴담'에 대해 우려하는 목소리들
이 들려옵니다. 지속적으로 이슬람, 무슬림에 대해 괴담에 가까운 과장
된 주장 또는 허위 사실을 퍼뜨리고, 이를 바탕으로 혐오감을 드러내는
집단행동 등은 사회적으로 옳지 않습니다. 이것은 미숙함을 넘어 일종의
범죄입니다.

무슬림에 대한 혐오는 이민사회에서 한인들이 겪는 인종편견과 비슷
해 보입니다. 특정 지역 출신, 인종과 종교 배경을 가진 이들에 대한
혐오 또는 배제가 윤리적이지 않습니다. 그 배제의 이유와 근거가 있다
고 해도, 이것은 반인격적이고 반인권적 태도입니다. 그런데 근거가 없
거나 근거가 부족한, 잘못된 정보와 그릇된 인식을 바탕으로 한 배제는
더욱 큰 반사회적 행위입니다.

혐오와 배제는 기독교 정신에도 맞지 않습니다. 그 이유는 열방의 하
나님이심을 부정하는 행위이기 때문입니다. 사람을 귀하게 창조하신 하

나님의 창조질서를 파괴하는 행위이기 때문입니다. 하나님의 창조질서를 무시하는 반창조적인 행위이기 때문입니다. 네 이웃에 대하여 거짓증거를 하지 말라는 말씀에 대한 불순종이기 때문입니다.

최근 심각성을 더해가는 괴담들입니다. 사실을 왜곡한 대표적인 사례가 제가 살고 있는 전북 익산시의 할랄단지 반대 운동과 관련된 사회 관계망 게시물들입니다. 여기엔 할랄단지 반대서명을 청원하며 "인천공항 외국인 입국시 지문 확인도 안하고", "5천5백억 들여서 익산시에 할랄 식품 공장을 짓고 50만평을 50년 동안 무상 임대", "공사는 2016년까지 끝난다. 완공 후 3년 안에 이맘(종교지도자) 1백만 명이 들어오고, 숙련 기능사 인력(도축원) 7천103명이 동시에 입국 예정"이라는 내용이 담겨 있습니다.

관계 당국에서는 의심되는 외국인과 무슬림에 대한 정보 수집 활동을 강화하고 있으며, 지문 채취와 지문 확인은 기본으로 엄격하게 진행되고 있습니다. 5천5백억의 비용은 익산 국가 식품클러스터 건설 사업비 총액일 뿐 할랄 사업만을 위한 비용이 아니며, 감면 혜택 또한 MOU 체결과 심사를 통과해야 하는 조건부입니다. 중동 전체의 이맘 수보다 많은 1백만명이 들어온다는 것은 허무맹랑한 주장입니다.

또한 인터넷에 떠도는 'IS 성직자의 크리스천 가정 아기 살해' 사진 역시 "2010년 방글라데시에서 주술행위를 하는 사진을 이용한 거짓"입니다. 시간과 장소, 대상이 다른 사진이 때 아니게 IS 성직자가 어린 아이를 잔인하게 죽인다는 주장과 함께 돌았습니다.

이런 괴담에 속지 않기 위해서는 '무늬만' 현지 정보를 분별해야합니다. 정보의 원 출처를 확인해야합니다. 사실과 해석을 분리해야합니다.

정보의 '작성일 및 유효기간'을 확인해야합니다. 정보 공유자에게 출처를 확인해야합니다. 신뢰할만한 정보 체계를 구축해야합니다. 정보 공유 전에 일단 멈춰 생각해야합니다. 허위·과장된 정보를 주는 사람이나 단체, 블로그 등에 대해 삼진아웃제를 적용해야합니다. 미디어의 허위보도에 대해 삼진아웃제를 적용해야합니다. 합리적인 비판과 질문을 유통하는 공동체를 만들어 가야합니다.

허황된 괴담에 휩쓸린 기독교는 기독교 스스로 반기독교 정서를 야기하는 '자기 무덤'일 수 있습니다. 사회는 기독교에 대해 고등종교로서 고매한 정신문화를 담아낸 세계종교로서 우리 사회의 주도적인 사회구성체로서 보다 성숙한 자세이기를 기대합니다. 기대가 큰 만큼 그에 부응치 못하면 실망도 큽니다. 기독교정신은 원수까지 사랑하라는 것인데 막연하게 원수될 가능성이 있다는 혐의만으로 혐오와 증오를 키워가서는 안 될 일입니다. 진정한 사랑은 두려움도 내쫓습니다. 사랑을 말하는 교회와 기독교인이 두려움을 조장하고 혐오를 강화시키고 있는 것은 극복되어야 할 과제입니다.

믿음 이상의
사회적 이데올로기를 수반하는 종교

2001년 9월 11일, 이슬람 테러리스트가 납치한 여객기에 의해 미국 뉴욕의 세계 무역센터 빌딩이 두 동강나던 텔레비전 화면은 아직도 우리의 기억 속에 생생합니다. 이 사건의 여파는 선교를 위해 이슬람권 국가로 들어가려던 우리나라 목사들이 납치되었다는 소식이 이어지기도 했습니다.

종교를 내건 국제 분쟁은 미국과 이라크 사이에 그치지 않습니다. 세르비아와 알바니아 간의 코소보 사태, 이스라엘과 팔레스타인 사이의 해묵은 갈등, 인도네시아의 기독교와 이슬람, 인도의 힌두교와 기독교 사이에서도 심각한 유혈 사태가 나타납니다. 유엔난민고등판무관실UNHCR에 의하면 이러한 종교분쟁으로 생긴 난민이 세계적으로 1천2백40만 명에 달하며, 국가 내의 유랑민도 1천8백여만 명에 이른다고 합니다.

최첨단 과학기술의 시대가 펼쳐지리라 기대되는 21세기의 국제관계가 종교 분쟁의 성격을 강하게 띠고 있다는 점은 아이러니가 아닐 수 없습니다.

오늘날 세계의 종교분쟁에서는 이슬람 대對 이슬람과 같은 뿌리를 가진 기독교나 유대교 간의 갈등이 두드러집니다. 종교를 명분으로 한 이러한 대립의 첨예화는 다른 한편으로는 기독교를 위시한 거대 종교의 세계화와 영향력 증대를 의미하는 것이기도 합니다. 세계의 역사는 다른 민족에 대한 정치경제적 지배가 종교와 이데올로기의 전파를 동반한다는 점을 명백하게 보여줍니다.

지구상의 발견, 식민지배, 제국주의, 양차대전, 냉전체제, 지역화와 세계화의 동시 진행으로 이어지는 세계 역사의 진행과정 속에서 기독교는 특히 서구의 문화를 대변하면서 세계종교로 발전하였습니다. 이에 대한 소설가 황석영의 말입니다. "기독교와 맑스주의는 식민지의 분단을 거쳐 오는 동안에 우리가 자생적인 근대화를 이루지 못하고 타의에 의하여 지니게 된 모더니티라고 할 수 있다. 전통시대의 계급적 유산이 남도에 비해 희박했던 북선 지방은 이 두 가지 관념을 '개화'로 열렬히 받아들였던 셈이다. 이를테면 하나의 뿌리를 가진 두 개의 가지였다. 천연두를 서병西病으로 파악하고 이를 막아내고자 했던 중세의 조선 민중들이 '마마' 또는 '손님'이라 부르면서 '손님굿'이라는 무속의 한 형식을 만들어낸 것에 착안해서 나는 이들 기독교와 맑스주의를 '손님'으로 규정했다."*

냉전체제의 붕괴와 함께 대두되는 지역 간 정치경제적 이해의 대립이 종교분쟁의 모습을 띠는 것, 이슬람과 기독교의 대결구도가 심화되고 보다 표면화되는 추세는 기독교로 상징화되는 서구화와 근대화라는 단일 담론에 균열이 진행되는 것으로 볼 수 있습니다.

근대화의 전제처럼 과학은 합리적이고 종교는 비합리적인가요? 오늘

---

* 황석영, 『손님』, 창작과비평사, 2007, 작가의 말에서.

날 세계의, 특히 서구의 많은 사람들은 아마도 여전히 그렇다고 답할지 모릅니다. 그러나 그렇게 답한 사람들도 어느 정도는 '종교적' 믿음과 실행에 의지하고 또 위로받으며 산다는 점을 부정하기는 힘들 것입니다.

탈근대사회 종교의 특징 중 하나는 근대화 속에서 부정되던 비서구사회의 거대종교인 불교와 힌두교, 그리고 전근대의 상징처럼 여겨지던 애니미즘과 샤머니즘이 서구 사회에서 크게 '유행'하고 있다는 점입니다. 환경운동에서 볼 수 있듯이 이 때 비서구·비세계 종교는 하나의 종교로 신봉되기보다는 근대 사회의 위기를 극복하기 위한 '대안적 가치'로 채택됩니다. 한편, 최근 한국의 '웰빙well-being' 붐에서 볼 수 있듯이, 비서구·비세계 종교의 요소들은 탈근대 사회에서 새로운 '소비 컨셉'으로 탈바꿈하기도 합니다.

종교적 근본주의를 선명히 내건 유혈사태가 지속되는 것과 달리, 오늘날 종교 간의 위계는 급격히 허물어지고 있으며, 사람들은 혼란이나 갈등 없이도 완전히 다른 기원을 가진 종교적 요소들을 '소비'합니다. 타로 점을 보는 것과 사주를 보는 것은 취향의 문제이며, 교회를 다니면서 요가를 하거나 선식을 하는 것에 갈등을 느낄 이유가 없는 것입니다. 이 시대의 종교 분쟁에서 문제의 본질이 종교라는 믿음의 차이 그 자체가 아닌 것이 분명합니다.

가까운 폭력, 멀고도 먼 세계평화

지난 2014년 6월, 이스라엘 청소년 3명이 팔레스티니안 무장단체 하마스의 군사조직인 알 카삼 여단에 의해 살해되면서 촉발된 분쟁으로 인해 8월 27일까지 팔레스타인 측 2140명, 이스라엘 측 69명이 사망했습니다. 특히 팔레스타인 측 사망자의 80% 이상이 민간인이고, 1/4이 미성년자라는 주장이 있습니다. 이로 인해 이스라엘은 '무자비하게 민간인을 학살한다'는 인권 차원의 국제적 비난과 공분을 면할 수 없게 됐습니다. 이번 분쟁의 직접적 원인은 하마스의 유대인 청소년 살해 사건이었지만, 서로에 대한 폭력이 당연시되어 있었습니다. 유대인이 '젖과 꿀이 흐르는 땅, 가나안' 즉 시온으로 귀향하면서부터 시작된 이스라엘-팔레스타인(이하 이-팔) 갈등은 오랜 역사성을 가지고 있습니다. 오랜 기간 동안 지속적인 분쟁으로 서로에 대한 불신과 구원舊怨이 심화되어 왔기 때문에 이-팔 갈등의 뿌리를 찾기 어렵고, 갈등 해결도 그만큼 어렵다고 할 수 있습니다. 이-팔 갈등의 원인原因과 원인遠因은 무엇일까요?

유대인들은 바빌로니아 디아스포라, 로마 식민제국에 대한 제1차 유대인 반란(66~70년), 제2차 유대인 반란(132~135년)으로 로마군에 의해 예루살렘에서 쫓겨나면서부터 1948년 이스라엘이라는 근대 국민국가(유대인 민족국가)를 건설하기까지 디아스포라, 즉 이산離散 상태에서 '게토'*와 같은 난민촌에서 살아왔습니다. 계몽, 인본, 근대 사회, 그리고 산업 자본주의 단계로 접어들었던 1880년대 전후 시기의 유럽사회에서 유대인의 지위는 크게 개선되었으나, 이 시기에 역설적으로 사회 진화론에 기반을 둔 반유대주의가 급속도로 확산됐습니다. 동서 유럽에서 반유대주의가 확산되었고, 유대계 프랑스 장교 드레퓌스의 간첩 조작사건, 러시아, 헝가리 등 동유럽 국가들의 공식정책으로서 반유대주의 정책으로 인해서 유대인들도 근대적 국민국가 건설을 구상하기 시작했습니다.

번바움Nathan Birnbaum이 〈자기해방Selbstemanzipation〉지紙 1890년 4월 1일자에서 최초로 '시오니즘'이란 용어를 사용했고, 유대계 프랑스 언론인 헤르츨이 1896년에 〈유대국가Der Judenstaat〉라는 팸플릿 형식의 책자를 출판해서 유대인들의 이상 국가를 구상했습니다. 헤르츨이 다음 해인

---

* 게토ghetto 흑인 또는 소수민족이 사는 미국의 빈민가를 지칭합니다. 예전에, 유태인들이 모여 살도록 법으로 정해 놓은 거주 지역을 이르던 말입니다. 프랑스 혁명을 경계로 점차 타파되었고, 19세기말에는 완전히 없어지게 되었습니다. 최초의 유대인 강제 격리 구역은 1280년 이슬람 왕국 모로코의 밀라였습니다. 이슬람 국가에서는 유대인의 집과 문 크기까지 제한했고 14~15세기에는 유럽에서 강제격리가 이루어졌습니다. 게토라는 이름은 1516년 베네치아에서 최초로 쓰기 시작했습니다. 게토는 벽으로 둘러싸여 있었는데 밤이나 성주간 때에는 문을 잠갔습니다. 그 안에서 유대인은 종교·사법·자선 기관들을 조직하는 등 자치를 했습니다. 유대인은 게토 밖에서는 유대인을 나타내는 표지를 달아야 했습니다. 19세기 서유럽에서는 게토가 사라졌습니다. 이슬람 국가에서는 1948년 유대인들이 이스라엘로 이주할 때까지 계속 존재했습니다. 제2차 세계대전 때 나치는 유대인 전멸을 위한 집단수용소 형태의 게토를 만들었습니다. 현재는 소수민족들이 따로 모여 사는 도시의 특정지역을 게토라 부릅니다.

1897년에 제1차 시온주의 총회를 개최하면서 유대인들의 근대국가 건설에 대한 열망은 고조되었으나 국가 건설지에 대한 논쟁이 크게 부상했습니다. 당시 패권국이었던 영국은 우간다안, 이집트의 엘 아리쉬안을 제시했으나 새로운 모세로 명명되던 헤르츨은 유대인 국가는 시온에 건설되어야 한다고 주장했습니다. 노르다우는 우간다를 거쳐 시온으로 돌아가자는 과정론을 주장했습니다. 당시 팔레스타인 지역에 대한 통치권은 오스만 제국이 가지고 있었고, 제1차 세계대전 이후에는 영국, 프랑스의 위임통치 지역이 되었습니다. 이러한 국제적 혼란 과정에서 유대인들은 자신들의 '향토'라고 여기는 팔레스타인 지역에 유대인국가를 건설하기로 하고 몇 명씩 돌아와 정착촌을 건설하기 시작했습니다. 제1차 세계대전 중인 1916년에 영국, 프랑스는 사이크스-피코협정을 통해 팔레스타인 지역을 포함한 중동지역을 분할 위임통치하기로 결정했고, 1917년에 영국 외상 발포어는 팔레스타인 내에 유대인 향토를 건설하겠다고 선언했습니다. 유대인들의 팔레스타인 이주와 정착촌 건설이 더욱 확대됨에 따라 오랫동안 이곳에서 살아왔던 팔 아랍인과 갈등이 확산, 심화되기 시작했습니다. 독일과 폴란드 등 유럽의 유대인 탄압은 제2차 세계대전 중에 극에 달했고, 탄압을 피해 팔레스타인 지역으로 대규모 이주함으로써 갈등은 더욱 확대되어 갔습니다. 1947년 팔레스타인 문제를 해결하기 위해서 UN 총회는 두 국가 건설안을 제시했고, 1948년 유대인의 국가 이스라엘이 창설되어 UN 회원국이 되었습니다.

이스라엘이 창설되자마자 이스라엘은 팔 아랍인을 포함한 주변 아랍 국가들과 전쟁에 돌입했습니다. 이것이 바로 제1차 중동전쟁입니다. 팔레스타인을 포함한 아랍 국가들과 이스라엘 사이의 전쟁은 1956년, 1967

년, 1973년, 1982년(팔레스타인 해방기구의 본부가 있는 레바논 베이루트에 대한 이스라엘의 공격으로 시작됨), 2006년(이스라엘-레바논의 헤즈볼라 전쟁)에 발생했고 팔 아랍인들의 유대인에 대한 크고 작은 테러와 테러에 대한 이스라엘의 무자비한 보복으로 유대인과 아랍인 간의 적대감은 계속 심화되어 왔습니다.

몇 차례의 이스라엘-아랍 전쟁으로 고향 땅에서 쫓겨나 난민亂民 신세로 전락한 팔 아랍인들은 PLO, PFLP, PDFLP, 하마스(이슬람저항운동) 등 저항단체를 조직하여 반 이스라엘 무장 독립투쟁을 수행해 왔습니다. 6일 전쟁으로 알려진 1967년 전쟁에서 패배한 후 아라파트는 PLO-파타를 조직하여 무장 독립투쟁을 수행했으나 1980년대에 비교적 온건화 됐습니다. 대신에 1987년 말에 발생한 인티파다(봉기)를 계기로 아흐마디 야신이 주도해서 무슬림형제단 팔레스타인 지부 조직원들을 중심으로 조직된 이슬람주의 그룹인 하마스가 자살폭탄테러 등 무장독립투쟁을 주도했습니다.

PLO와 하마스는 지금까지도 '협력적 경쟁관계' 속에서 반 이스라엘 독립투쟁을 해오고 있습니다. 그런데 빌 클린턴 미국 대통령의 중재로 PLO 의장이었던 아라파트와 이스라엘 총리 라빈은 1993년에 역사상 처음으로 평화협정에 합의했습니다. '팔레스타인 임시 자치정부' 건설에 합의한 오슬로협정은 합의사항 이행 과정에서 테러와 테러에 대한 보복이 반복되면서 결국 '요르단강 서안과 가자지역을 영토로 하는 팔 국가 건설' 희망은 멀어져 갔습니다. 오슬로협정 이후 여러 협상안의 주요 의제는 국경획정과 팔레스타인 국가건설 문제, 동예루살렘의 주권문제, 팔레스타인 난민 귀향문제, 유대인 정착촌 철수문제, 중동지역 평화정착문제로 요약할 수 있습니다.

　오슬로협정이 실행되지 못하면서 사우디평화안(2002), 미국-EU-러시아-UN의 로드맵(2002~2003) 등 여러 평화안들이 제시되었으나 모두 실패로 돌아갔습니다. 이스라엘은 팔레스타인 지역에 '이슬람국가' 건설을 목표로 투쟁해온 가자지역을 근거지로 하는 하마스와 팔레스타인 민족국가 건설을 목표로 투쟁해온 서안지역을 근거지로 하는 PLO계를 분할 대응해왔습니다. 이스라엘이 하마스의 근거지인 하마스를 집중적으로 포격하는 이유입니다. 대부분의 국가들은 '팔레스타인 내 두 국가안'을 지지하지만 이스라엘은 지금까지 팔레스타인 국가 건설안을 수용하지 않고 있습니다. 미국의 오바마 정부는 '상호 협의에 의한 합의 하의 1967년 국경선'을 주장함으로써 이스라엘 입장으로 기울어져 있습니다.

　2012년 11월 29일 유엔 총회에서 '비회원 옵서버 단체'의 지위를 가지고 있던 팔레스타인 자치정부는 '비회원 옵서버 국가'의 지위를 부여받긴 했지만, UN 상임이사국의 만장일치를 필요로 하는 정회원 주권국가의 지위를 획득하진 못했습니다. UN 상임이사국의 비토권을 이용한 미국의 적극적인 반대 때문이었습니다.

　이-팔 갈등 기간이 길고, 갈등 심도가 깊었던 만큼 이-팔 간 평화적 공존은 멀어 보입니다. 유대인들이 귀향하면서 시작된 갈등, 전쟁, 테러와 테러에 대한 보복의 당연시로 인해 시오니즘 대 하마스의 이슬람주의, 시오니즘 대 PLO의 팔레스타인 민족주의 간에는 깊은 단층선이 형성되어 있습니다. 일치될 수 없는 민족, 종교, 이념 간 차이, 오랜 기간 동안 쌓여온 구원舊怨으로 인해 이-팔 평화 정착은 요원遼遠합니다. 최근 하마스의 유대인 청소년 납치살해와 이에 대한 이스라엘의 잔인한 보복은 구원의 깊이를 심화시킴으로써 팔레스타인 문제 해결을 더욱 어렵게 만들 것입니다.

폭력은 또 다른 폭력을 낳고, 그만큼 평화는 어려워집니다. 2001년 아프간전쟁, 2003년 이라크전쟁, 이란 핵 문제를 둘러싼 국제 분쟁, 2011년 '아랍의 봄'과 시리아 내전, 최근 이슬람국가IS를 둘러싼 주변 행위자들의 복잡한 이해관계 등과 더불어 이-팔 갈등 문제는 중동 분쟁 해결을 더욱 어렵게 만들고 있습니다. 세계가 하나로 이어지는 세상입니다. 저기 저 먼 나라에서 벌어지는 전쟁과 갈등이 우리에게도 영향을 미칩니다. 지구촌 한가족 사회에서 세계평화를 이루며 살려면 세계시민의식으로 평화에 대한 염원이 공감대를 형성해야합니다.

평화平和, peace는 좁은 의미로는 '전쟁을 하지 않는 상태'이지만 현대평화학에서는 평화를 '분쟁과 다툼이 없이 서로 이해하고, 우호적이며, 조화를 이루는 상태'로 이해합니다. 인류가 목표로 하는 가장 완전完全한 상태입니다. 평화기호(☮)는 핵무기 반대 마크이지만 평화의 마크로 더 많이 사용됩니다. 요한 갈퉁Johan Galtung은 그의 저서 『평화적 수단에 의한 평화』에서 평화를 직접적인 폭력이 없는 상태인 소극적 평화와 갈등을 비폭력적 방식으로 해결하는 적극적 평화로 구분했습니다.

전통적 의미에서 평화는 '전쟁의 부재', '세력의 균형' 상태로 설명됩니다. 인류 역사상 평화의 시기는 거의 존재하지 않았거나, 극히 짧았습니다.(30년 전쟁, 100년 전쟁, 그리고 소소한 수많은 전쟁을 고려해 보았을 때) 그러므로 단순히 전쟁이 없는 상태를 유지하려면 타인으로부터 공격당하지 않기 위한 전쟁 억지력이 반드시 필요합니다. 즉, 소극적 평화는 강자가 폭력으로 약자를 억누름으로써 유지되는 평화, 비판적으로 말한다면 평화유지를 명분으로 약자의 저항을 억누르는 폭력*Pax Romana, Pax Americana*이 소극적 평화입니다. 그래서 비폭력주의 교회의 하나인 후터라이트 교회의 장로인 요한 크리스토프 아놀드는 소극적 평화는 약자의 목을 조르면서 "조용히 해. 평화를!"이라고 윽박지르는 가짜 평화라고 비판했습니다.

'간디'는 평화를 단순히 전쟁이 없는 상황이 아니라, 정의가 구현된 상황으로 봤습니다. 같은 맥락에서 마르틴 루서 킹 목사는 "진정한 평화는 단지 긴장이 없는 상태만을 말하는 것이 아니라, 정의가 실현되는 것을 말한다"라고 말했습니다. 스위스의 진보적 사회학자인 장지글러도 테러리스트들의 대부분이 가난과 좌절로 인해 사회에 대한 불만이 많은 빈민출신이라는 사실을 근거로 평화는 테러와의 전쟁이 아닌, 사람이 사람답게 사는 사회가 건설될 때에 실현될 수 있다고 지적합니다.

대부분의 종교에서 평화는 적극적으로 이루어야 하는 목표입니다. 예를 들어 유대교는 십계명을 통해 살인하지 말라고 가르칩니다. 요즘 이스라엘이 팔레스타인 군인 및 민간인을 대상으로 한 국가 방위 수준을 넘어선 무차별 살상과 인권침해행위에 대해 십계명이 제대로 지켜지고 있지 않다는 비판이 있습니다.

여성인권을 위협하는 이슬람 이해

─────────────────── 현재 이슬람권의 많은 여성들은 문화나 관습, 종교 등으로 인한 악습에 고통 받고 있습니다. 이슬람권에서 벌어지는 여성들의 인권을 침해하는 사례는 무엇이며, 여성의 인권을 되찾기 위한 움직임에는 어떤 것들이 있는지 살펴보면 다음과 같습니다.

문화적 관습이라는 명목으로 여성의 인권을 유린하는 가장 대표적인 사례는 '여성 할례FGM'입니다. 할례는 여성의 생식기 일부를 절제해 손상을 입히는 모든 행위를 말하며 대부분 5~14세 여자아이들에게 성인식이라는 명목으로 시행됩니다. 아프리카 소말리아 여성들은 세 겹의 고통을 이고 삽니다. 극심한 생활고와 이슬람 극단주의자들의 테러 위협이 남녀 공통의 수난이라면, '전통 성인식'이라는 명분으로 아이의 성기 일부를 자르고 꿰매는 이른바 '여성 할례'는 여성들만의 고통입니다.

전 세계 30개국 2억 명의 여성이 피해자로 집계됐습니다. 유엔이 매년 2월 6일을 '여성 할례 철폐의 날'로 지정할 만큼 심각한 인권 문제입니다.

소말리아는 여성의 98%가 할례를 당하고 있습니다. 할례를 한 여성들은 출산할 때 더 심한 고통을 겪습니다. 비위생적으로 자르고 꿰매니 몸 안쪽 관(管)에 이상이 생겨 대소변 조절에 어려움을 겪고 악취를 풍겨 남편에게 이혼당하는 경우도 많습니다. 세계보건기구WHO의 조사에 따르면, 아프리카와 중동지역의 29개 국가에서 약 1억 4천만 명의 여성들이 할례를 겪은 것으로 나타났습니다. 할례는 대부분 비위생적인 칼과 바늘로 마취 없이 진행되기 때문에 육체적·정신적으로 극심한 고통을 안겨줍니다. 이뿐만 아니라 여자아이들은 할례 도중 과다출혈과 감염 등으로 생명을 잃기도 하며 살아남은 여자아이들도 평생 후유증을 견디며 살아가야 합니다.

다행히 케냐와 탄자니아의 경우 지역단체의 활동과 법률 제정으로 30년 전에 비해 할례의 비율이 1/3로 줄었으며 중앙아프리카공화국과 나이지리아, 이라크, 라이베리아에서도 할례의 비율이 1/2로 줄었습니다만 여전히 일부 지역에서는 문화와 전통의 압박으로 많은 부모들이 자신의 딸에게 할례를 강요하고 있습니다.

할례보다 더 만연한 관습은 바로 조혼早婚입니다. 전세계적으로 7억 명이 넘는 여성들이 성인이 되기 전에 결혼했으며 그중 2억 5천여 명은 15세 이전에 결혼한 것으로 나타났습니다. 조혼은 대부분 집안 어른들에 의해 강제적으로 이뤄집니다. 이로 인해 어린 여자아이들은 한창 성장해야 할 나이에 성관계를 강요당하고 임신을 하게 되며 학교에서 교육받을 기회조차 박탈당합니다.

조혼으로 인한 피해 역시 심각합니다. 조기 출산 합병증으로 매년 15~19세 여성 7만 명 정도가 사망하고 있습니다. 또한 18세 미만의 산모가 출산한 아이는 일반 산모가 출산했을 때보다 생후 1년 안에 사망할 가능성이 60% 이상 높습니다. 조혼은 대부분 빈곤과 가난에 의한 경제적 부담을 덜기 위해 일어나지만 성 차별, 전통, 미신 등의 문제가 복합적으로 얽혀 있어 경제적 지원만으로는 해결하기 힘든 상황입니다.

또한 이슬람권에서는 화형, 생매장, 돌팔매질 등 잔인한 방법으로 여성을 살해하는 '명예살인'이 끊이지 않고 있습니다. 명예살인은 중동과 서남아시아 지역에서 집안의 명예를 더럽혔다는 이유로 가족 구성원을 살해하는 관습이지만 주로 정조를 잃었다고 여겨지는 여성을 상대로 자행돼 왔습니다. 명예 살인은 인간의 존엄성과 생이라는 인류 공통의 보편적 가치를 무시하는 문화에 해당합니다. 만약 이런 문화도 하나의 문화라 인정한다면 그것은 극단적 문화 상대주의에 해당합니다. 문화의 특수성을 지나치게 강조해서 인류의 보편적 가치마저 부정하는 문화를 인정하는 일이기 때문입니다. 명예 살인을 수행한 사람의 경우 범죄자로 잡히더라도 매우 약하게 처벌받습니다. 명예 살인이 여성의 인권에 대한 전형적인 침해라는 인식이 세계적으로 논의되면서 국제 인권 기구 등에서는 이러한 관습을 없애야 한다고 계속 목소리를 높이고 있습니다. 이슬람 국가 내부에서도 이에 대한 반성의 목소리가 나오고 있으나, 완전히 사라지지는 않고 있습니다.

유엔인구기금UNPFA에 따르면, 전세계에서 명예살인으로 숨지는 여성이 매년 5천여 명에 이르는 것으로 추정됩니다. 특히 명예살인이 가장 많이 일어나는 파키스탄의 인권위원회는 2014년 한 해 동안 869명의 여성이 명예살인으로 희생됐다고 밝힐 정도입니다. 명예살인을 야기하는 법률도 있습니다. 파키스탄에서는 여성 살해를 가족 내부의 문제로 규정하며 고의적 살인에 포함시키지 않습니다. 이를 개정하기 위해 명예살인 금지 법안이 국회에 제출됐지만 보수파의 반대에 부딪혀 결국 기각됐습니다. 요르단 형법 98조에는 '간통처럼 가족의 명예를 더럽히거나 이슬람 교리에 어긋나는 행동을 목격한 뒤 심한 분노에 이끌려 저지른 범죄는 가벼운 형량을 언도한다'고 규정돼 있기도 합니다. 1999년에 요르단 국가위원회가 설립되고 이러한 법에 대한 개정 서명운동이 확산됐지만 의회에서는 '남성들에게만 명예가 존재하며 이러한 명예 요구는 여성과는 무관하다'고 법 개정을 반대했습니다.

이슬람 문화권에서 명예살인이 자행되는 가장 큰 이유는 가족이나 부족과 같은 집단의 명예를 개인의 생명보다 우선시하는 가부장적인 문화가 존재하기 때문입니다. 이로 인해 여성을 일종의 자산으로 취급하고 가족의 명예를 실추시켰다고 여겨진 여성은 가족들이 직접 처단합니다. 심지어 여성들조차도 죽음으로 가족의 명예를 지켜야 한다고 생각해 명예살인에 동조하기도 합니다.

이란에서는 여성의 신체가 남성을 자극하고 도덕적으로 타락시킨다고 여겨 여성의 머리와 목 등에 신체를 가리는 전통 복장인 히잡을 강제 착용시키고 있습니다. 최근에는 히잡 강제 착용에 반대하기 위해 수천여 명의 여성들이 히잡을 벗는 영상과 사진을 SNS에 올려 화제가 되기도 했습니다. 이처럼 히잡을 여성 억압의 수단 중 하나라고 여기는 여성들이 점차 늘어나고 있으며 이를 착용하지 않는 여성 또한 많아지고 있습니다.

사우디와 모로코에서는 여성이 성폭행을 당하지 않았더라도 낯선 남자와 함께 있었다는 이유만으로 법적 처벌을 받을 수 있습니다. 예멘의 경우에는 여성이 혼자 하는 법정 증언은 무시되며 남성이 함께 증언할 때에만 증언이 법적 효력을 갖습니다. 특히 강간, 절도, 명예훼손, 남성 동성애와 관련해서 여성은 법정에서 발언 기회조차 가지지 못합니다. 이처럼 여성들은 법정에서도 보호받지 못하며 법률 역시 그들을 지켜주지 못하고 있습니다.

전세계 많은 여성들이 인권을 억압당함에 따라 이를 극복하고 여성의 인권을 되찾기 위한 노력이 끊이지 않고 있습니다. 국제 엠네스티, 유니세프 등 여러 국제인권운동 단체들은 여성 인권을 되찾기 위해 다양한 캠페인과 후원을 하고 있습니다. 이 밖에도 악습이 이뤄지는 해당 국가의 지역단체들과 국민들은 스스로 시위를 벌이며 여성 인권을 보호하기 위해 각고의 노력을 기울이고 있습니다. 그러나 여전히 수억 명의 여성들이 개인의 권리와 의사를 무시당하며 고통 속에 살아가고 있습니다. 이를 극복해나가기 위해서는 국제사회 전반의 더 많은 관심과 일괄된 지원이 있어야 합니다. 또한 외부적인 노력만이 아니라 악습이 자행되는 국가 내부에서 여성인권 유린에 대한 자각으로 성숙한 인권의식과 운동이 펼쳐져야할 것입니다.

이슬람권의 여성인권 유린이 오늘 우리에게 무슨 관련이 있는지 회의적인 반응도 있습니다. 우리와 먼 나라의 이야기이다 보니 마음에 닿지도 않을 수 있습니다. 그러나 우리가 사는 세상은 국제사회가 서로 영향을 주고받는 사회이고, 이주가 빈번해지면서 그야말로 지구촌 한가족입니다. 또한 우리나라는 어려웠던 시절 국제사회의 원조를 받던 나라에서 반기문 국제연합UN 사무총장을 배출할 정도로 국제사회에서 영향력을 발휘하고 그럴만한 국력을 갖춘 나라로 여겨지고 있습니다. 이제 우리나라는 국제사회에서 중심국가로서 그 책임을 다해야합니다. 또한 우리 사회는 외국인 노동자와 유학생들로 유입된 이슬람권 사람들의 유입과 이민이 활성화되면서 더 이상 이슬람이 우리와 무관한 먼 나라가 아닙니다. 이제 우리는 이슬람권에 대한 바른 이해가 필요합니다.

혁명과 함께 울려 퍼지는 중동 여성들의 함성

2010년 말 무함마드 부아지지라는 한 튀니지 청년의 분신자살을 계기로 튀니지 내 대대적인 반정부 시위가 이어졌고, 결국 지네 엘 아비디네 벤 알리 대통령이 사우디로 망명하면서 1987년 이래 23년 이상 지속되어온 장기 독재 체제가 막을 내렸습니다. 튀니지의 국화國花인 재스민에서 이름을 따 '재스민 혁명'이라 명명된 이 사태는 튀니지 국경을 넘어 중동 전 지역으로 빠르게 확산됐고 이집트 또한 31년간 집권해왔던 호스니 무바라크 대통령의 사퇴라는 상상하기 힘들었던 일을 해내고야 말았습니다. 그러나 여기에 그치지 않고 시위는 더욱 멀리 퍼져나가 리비아, 알제리, 시리아 등 인근 국가에서의 잇따른 반정부 시위로까지 이어졌고 지금까지도 독재자를 몰아내려는 아랍인들의 적극적인 움직임은 계속되고 있습니다. 중동의 독재 체제하에서 정부에 대응하는 시위가 발생한 것은 이때가 처음은 아닙니다. 그러나 이때는 시민들이 자발적으로 힘을 합쳐 자신들의 권리를 쟁취했다는 점에서 과거의 시위와는 다른 성격을 갖습니다.

중동의 시민들은 인터넷과 위성 TV를 통해 세계 각국의 정치·경제적 발전상을 목격했고, 다른 한편으로는 그들에 비해 뒤쳐져 있는 자신들의 위치를 돌아봤습니다. 결국 중동의 시민들은 각종 디지털 매체를 통해 자신들의 목소리를 한데 모았고 이것이 어우러져 자유를 향한 엄청난 메아리를 울려 퍼지게 했습니다. 시민들의 자유를 억압해온 무자비한 독재 정부가 결국 시민들의 손에 무너지고야 만 것입니다.

거대한 변화의 움직임 속에서 여성들의 역할 또한 변화하고 있습니다. 이슬람, 그리고 중동의 여성들은 그동안 정치·경제 무대에서 번번이 소외되어 왔습니다. 서구의 시각을 바탕으로 무슬림 여성의 삶에 대해 많은 오해가 있어온 것이 사실이지만 부족 전통을 기반으로 한 가부장적인 사회에서 여성이 자신의 목소리를 내기 어려웠다는 점 또한 부정할 수는 없습니다. 극단적인 예로 일부 지역에서는 여성에 대한 할례와 명예살인이 아직도 계속되고 있으며 원리주의 정권의 압박으로 눈만 내놓은 채 온몸을 검은 부르카 속에 가려야 했던 여성들의 눈물겨운 이야기도 줄을 잇습니다.

그러나 교육 수준의 향상을 통한 의식 개선을 밑거름으로 중동 내부에서도 여성의 인권에 대한 자성의 목소리가 점차 높아지고 있습니다. 히잡을 벗는 여성들이 크게 늘어났으며 여성의 운전을 금지하는 사우디 법의 철폐를 요구하는 움직임도 활발히 일어나고 있습니다. 여성 또한 남성과 대등한 인격체로 존중받고자 하는 적극적인 권리보장 요구가 가열되고 있는 것입니다. 이미 일부 국가에서는 이러한 요구가 받아들여져 정부 차원의 개혁으로까지 이어진 바 있습니다. 요르단의 경우, 여성의 선거권과 정부 구성에의 참여 등이 보장되는 방향으로 점차 개선되어

왔으며 튀니지의 경우에는 1956년 프랑스로부터 독립한 이래 여성의 사회적 참여와 교육에 대한 평등권이 보장되는 등 사회적으로 큰 변화를 이뤄내 다른 이슬람 국가들의 귀감이 되어왔습니다. 이러하듯 무슬림 여성 인권은 더는 중동 국가 내부에서도 논외의 소재가 아니며 오히려 대내외적인 변화의 움직임이 활발히 포착되고 있습니다.

최근 중동지역의 반정부 시위에서 여성들은 몸을 아끼지 않고 적극적으로 거리에 뛰어 들고 있습니다. 일부는 아이를 안고 나와 독재 정부가 물러나기를 요구했고 또 다른 일부는 커다란 종이에 그동안 숨겨왔던 자신의 목소리를 또렷한 글씨로 옮겨 적었습니다. 군부 독재 체제 유지의 원동력과도 같았던 시민 억압의 피해자는 남성만이 아니었습니다. 독재 체제는 나라의 경제를 망쳐왔을 뿐만 아니라 여성들의 인권 또한 갉아먹었습니다. 그리고 오랜 세월 이를 묵도해왔던 여성들의 울분이 마침내 한시에 폭발하고 있습니다.

중동 민주화 사태의 계기를 통해 중동의 시민, 그리고 그 반쪽을 차지하는 여성들의 자유에 대한 관심, 내지는 우려의 목소리가 잦아지고 있습니다. 향후 어떠한 시나리오가 전개되든 간에, 어찌되었든 중동 국가들의 인권 탄압은 이제 막을 내려야 합니다. 비록 악명 높은 세 국가 튀니지, 이집트, 리비아의 독재 정부가 무너지고야 마는 쾌거를 이루긴 했지만 중요한 것은 그 이후입니다. 시민들, 특히 여성들의 지속적인 권리 요구가 가능하기 위해서는 향후 어떤 인물, 어떤 정부가 등장하는지가 관건입니다. 그러나 더욱 중요한 것은 시민들 스스로의 각성과 의식 개선 또한 꾸준히 계속되어야 한다는 점입니다.

중동의 여성들이 크고 작은 반정부 시위에 대대적으로 참여하고 있습니다. 그들이 언제나 사회의 한 든든한 버팀목으로 존재해 왔다는 것을 잊어서는 안 됩니다. 자신의 정당한 권리를 쟁취하기 위해서는 자신이 직접 일어서야 합니다. 중동, 이슬람의 여성 인권에 대한 세계 시민사회의 관심이 나날이 증가하고 있지만 그 자신들의 의식 개선이야말로 이를 실현할 수 있는 가장 빠르고도 본질적인 길일 것입니다. 중동 여성들에게는 지금부터가 시작입니다. 부드럽지만 강한 그들의 함성은 혁명과 함께 울려 퍼지고 있습니다.

이슬람 이해가 요청되는 시대랍니다

먼 나라 이야기로만 생각했던 이슬람이 최근 우리와 좀 더 가까워졌습니다. 무슬림의 증가 등으로 어느새 우리 사회에서 이슬람의 영향력이 증가했습니다. 그러나 이슬람은 여전히 우리에게 생소하고 기이하게 느껴지는 종교입니다.

이슬람이라 하면 히잡을 두른 중동의 사람들을 떠올리기 쉽습니다. 그러나 이슬람은 중동뿐만 아니라 아프리카의 이집트, 리비아, 알제리, 모로코, 동남아시아의 말레이시아, 브루나이, 인도네시아까지 넓게 퍼져 있습니다.

크게 눈에 띄진 않지만 현재 우리나라에서도 다수의 무슬림들을 찾아볼 수 있습니다. 이슬람 국가인 인도네시아, 파키스탄 등에서 외국인 노동자들이 들어오면서 우리 사회에 이슬람의 영향력이 커지고 있습니다. 전문가들은 국내 외국인 노동자 150만 명 가운데 7~10%를 무슬림으로 보고 있습니다. 외국인 노동자와 이슬람과의 연관은 우리나라에 존재하는 이슬람 성원聖院과 예배당의 위치에서도 확인할 수 있습니다. 현재 우리나라에는 한남동의 중앙 성원을 비롯해 전국에 15개의 성원이 있고 60개의 예배당이 존재하고 있습니다. 이 중 대부분은 안양, 부평, 안산 등 외국인 노동자 밀집 지역에 위치해 있습니다.

최근 우리나라에는 20·30대 젊은 층을 중심으로 이슬람교를 선택하는 이들이 늘어나고 있습니다. 무슬림 확산에는 SNS를 통해 이슬람에 대한 정보를 쉽게 습득할 수 있게 된 것도 큰 영향을 끼쳤습니다. 우리나라에서는 서구적 시선의 영향으로 인해 이슬람을 오해하거나 무슬림들을 지식도 없고 미개할 것이라고 생각하는 경향이 있습니다. 오히려 이러한 편견 때문에 사람들이 더욱 호기심을 가지고 관심을 갖다가 이슬람에 대해 정확히 알게 되면 놀라게 되면서 이슬람교를 선택하기도 합니다.

또한 외국인과의 접촉 기회가 증가하면서 이슬람을 접할 수 있는 기회도 늘어났습니다. 이중에는 터키 출신의 방송인 에네스 카야의 한국인 아내가 이슬람으로 개종한 사례도 있습니다. 내국인이 외국인 무슬림과 결혼하면서 이슬람으로 개종한 것입니다. 이슬람 전통에 따라 무슬림은 무슬림과만 결혼해야 합니다.

이슬람은 비교적 종교적 색채가 강하고 종교적 문화가 일상생활에 큰 영향을 미칩니다. 하루 다섯 번 메카를 향해 절하기, 여성의 머리와 목을 가리는 히잡, '무함마드'나 '후세인'이라는 이름 등 무슬림들의 삶에는 종교가 항상 함께합니다. 하지만 무슬림들이 종교적 정체성을 지키기 위해 하는 행동을 바라보는 우리사회의 시선은 그다지 곱지 않습니다. 종교문화를 이해하지 못하고 대놓고 무슬림들을 꺼려하거나 심지어는 비난하기도 합니다. 또한 무슬림을 보기 싫다고 이슬람 국가의 유학생을 받지 말라고 하거나 이슬람 사원 첨탑 건설을 승인하지 말라는 등 무슬림 관련 민원이 꾸준히 발생합니다.

이슬람과 관련해 불미스러운 사건들이 발생할 때마다 무슬림들은 또한 번 곱지 않은 시선에 시달려야 합니다. 최근에는 IS가 인질들을 잔혹하게 살해하고 우리나라 청소년 김 모 군이 IS에 가담하면서 이슬람에 대해 주목하기 시작했습니다. 이와 동시에 선량한 무슬림들을 IS와 동일시하고 이들을 테러리스트로 여기는 시선들도 늘어났습니다. 그러나 IS나 알카에다가 자신들을 이슬람이라고 주장하는 것과 달리, 정통 이슬람 사회에서는 폭력적인 극단주의자들을 이슬람으로 인정하지 않습니다. 이슬람에 대한 부정적 시선은 화이트칼라 무슬림보다는 저임금 노동을 하는 외국인 노동자들에게 쏟아집니다. 테러집단과 관련된 일들이 터지면 사회적 지위가 낮은 이들에게 먼저 시선이 꽂히기 쉽습니다. 유럽에서는 샤를리 에브도 테러사건 이후 저임금 무슬림 노동자를 향한 이슬라모포비아Islamophobia, 이슬람 공포증 현상이 발생하고 있습니다.

이슬람의 종교적 문화를 타문화의 사람들이 완전히 이해하기가 쉽지만은 않습니다. 또 이슬람과 관련해 불미스러운 사건도 발생했기 때문에 이슬람 전체를 오해하기 쉽습니다. 그러나 광적인 무슬림들은 일부이고 대다수의 무슬림들이 선량한 이들이라는 것을 기억해야 합니다. 또한 어리석은 선택을 한 김 군의 사태가 다시 발생하지 않도록 이슬람에 대해 바로 아는 것이 중요합니다.

최근 우리나라에서는 이슬람 문화권과의 교류가 증가했습니다. 또한 의료서비스, 화장품, 식음료, 미디어 등 우리나라 콘텐츠의 한류 바람도 강해 앞으로 우리나라와 이슬람 문화권과의 교류는 더욱 늘어날 것으로 보입니다. 우리나라가 진정한 의미의 다문화사회와 세계화를 이룩하기 위해서는 이슬람에 대한 무지와 편견에서 벗어나 올바른 이해가 필요합니다.

이슬람을 대변하지도, 국가도 아닌 IS 이해

2014년 6월 29일 바그다디 al-Baghdadi가 이끄는 테러단체가 이라크와 시리아 일부를 장악한 후 '이슬람 국가Islamic State 이하 IS', 건국을 선포하고 바그다디를 '칼리파Khalifah'로 선언했습니다. 칼리파는 '뒤따르는 자'라는 뜻의 아랍어로 무하마드가 죽은 후 움마이슬람 공동체·이슬람 국가의 지도자·최고 종교 권위자의 칭호입니다. 가톨릭의 최고 지위인 교황과 다르나 비슷하다고 이해해볼 수 있습니다.

칼리파의 역사는 서기 632년에 무함마드가 죽은 후 이슬람 공동체의 지도자로서 제1대 칼리파로 아부 바크르가 선출되어 "알라의 사도의 대리인"을 칭했던 것에서 시작되며, 제2대 칼리파가 된 우마르 1세는 "신도들의 우두머리Amīr al-Mu'minīn"라고 하는 칭호를 채용해서, 칼리파의 칭호와 함께 이용되게 되었습니다. 제3대는 우스만 이븐 아판, 제4대는 알리 이븐 아비 탈리브로 계승되었으며, 이 4명은 꾸르안과 순나에 기초하여 '움마'를 통치하였기 때문에 정통 칼리파Al-Khalifah Ar-Rashid라 불립니다.

그 후, 우마위야 왕조·압바스 왕조에 세습되어 가는 과정에서 시아파가 칼리파의 권위를 부정하고 분파하여, 수니파만이 칼리파를 따르게되었습니다. 칼리파는 어디까지나 예언자의 대리인에 지나지 않기 때문에, 이슬람의 교의를 좌우하는 종교적 권한이나 쿠란을 독단적으로 해석해 입법하는 권한을 갖고 있지 않고, 대신에 이것들은 울라마들의 합의에 의해서 보충되어 단지 움마의 행정을 통괄하여 신도들에게 이슬람의의무를 준수시키는 역할 밖에 갖고 있지 않습니다. 그러나 또 10세기에압바스 왕조의 칼리파가 대大아미르에 정권을 맡기게 되면서, 칼리파는실권을 잃고 아미르나 술탄의 지배권을 승인하는 대신에 그들의 비호를받았습니다.

그 후 안달루스 왕조도 칼리파를 칭하게 되었습니다. 압바스 왕조의마지막 바그다드 칼리파인 알 무스타심은 1258년에 일칸국의 건국자인홀라구에 의해 살해되어 아부 바크르 이래 계속된 칼리파 제도는 여기서한 번 끊어졌습니다. 그러나 그로부터 3년 후에 맘루크의 바이바르스는살아남은 압바스 왕조의 일원 가운데 한 사람을 카이로로 초대하여 새로운 칼리파로 옹립해, 맘루크노예 군인 출신의 술탄에게 지배의 정당성을주는 존재로서 존속하게 되었습니다. 1517년, 맘루크 왕조가 오스만 왕조에 의해 멸망하게 되면서, 카이로의 칼리파는 오스만 왕조의 수도 이스탄불로 끌려가 버렸습니다.

당초 오스만 왕조는 칼리파의 권위에 의지하지 않고서도 실력으로서이슬람 세계의 맹주로서 행동할 수 있었지만, 18세기 말에서부터 19세기에 걸쳐, 러시아제국 등 주변 국가들에 비해 군사적 열세가 벌어지면서,오스만 제국 내외의 무슬림들에게 영향을 미치기 위해서는 칼리파의 권위가 필요하게 되었습니다. 그래서 16세기 초에 오스만 제국의 술탄은 아바스 왕조의 마지막 칼리파로부터 칼리파권을 선양받아 술탄과 칼리파를 겸비하는 군주제가 생겨났습니다.(술탄-칼리파제).

IS가 1924년 터키 공화국에서 폐지하면서 역사의 뒤안길로 사라진 칼리파 제도를 부활시키면서 전세계 무슬림의 구심점이 되겠다는 의지를 표방하고 나섰습니다. 그러나 대다수 무슬림(이슬람교 신자)들은 '이슬람 국가'라는 말에 강한 거부감을 느낍니다. 이슬람을 대변하지도, 국가도 아닌 IS를 '이슬람 국가'로 부르는 것을 못마땅하게 여겨 대신 '다이시Daish'로 부릅니다. 다이시는 IS로 바꾸기 전 이들의 단체명이었던 '이라크와 시리아 이슬람 국가ISIL 또는 ISIS'의 아랍어 머리글자를 합쳐 부른 데에서 나왔습니다.

IS 테러조직의 전신은 요르단 태생 자르까위al-Zarqawi가 1999년 이라크에 만든 '유일신과 지하드jihad'입니다. 지하드는 흔히 성전聖戰으로 번역되는데 원 의미는 투쟁鬪爭입니다. 자르까위는 강경노선 무슬림들의 영향을 받아 일생을 이슬람을 위한 투쟁에 바치기로 마음먹었고 1999년 아프가니스탄으로 건너가 오사마 빈라덴을 만났습니다. 2004년 자르까위가 충성을 맹세하면서 자르까위의 조직은 '메소포타미아 지하드 기지'로 이름을 바꾸고 알카에다 이라크 지부가 됩니다.

이들은 사담 후세인 몰락 후 미국의 도움으로 시아파 중심의 국가로 변한 이라크에 대해 강력히 반발하면서 자신들의 종파인 순니파 무슬림 불만세력을 흡수해 반미, 반이라크 정부 투쟁의 선봉에 섰습니다. 2006년 '이라크 지하드 용사 협의회'로 확대 변경하고 자르까위가 미군 공습으로 사망한 후 이 조직은 '이라크 이슬람 국가ISI'로 재정비하면서 이라크 안바르주 지역을 완전히 장악하고자 했으나 지역주민들을 잔인하게 다스리면서 민심을 잃고 실패했습니다. 2011년 1월 튀니지로부터 시작된 민주화 열풍이 시리아로 불면서 시리아의 민주화 시위가 내전으로 치달았습니다. 혼란의 틈을 타 시리아 출신 자울라니al-Jawlani를 보내 '누스라전선Jabhat al-Nusrah'이라는 무장 세력을 형성하는 데 성공한 '이라크 이슬람 국가'는 '이라크와 시리아 이슬람 국가ISIS 또는 ISIL, 이하 ISIS'로 개명했습니다. 이에 누스라 전선을 이끌던 자울라니가 자신은 알카에다 조직으로 남겠다고 반발하면서 ISIS는 알카에다, 누스라전선과 완전히 결별하고 독자적인 길을 모색, 이윽고 시리아 알레포시 인근 라까를 중심으로 영토를 확대하고 이라크 모술을 이라크 정부군으로부터 탈취했고 2014년 6월 29일 '이슬람국가IS' 성립을 공포하는 데 이르렀습니다.

이슬람 종교에는 크게 순니파와 시아파가 있는데 IS는 순니파에 속합니다. 이들은 순니파만 무슬림으로 인정합니다. 전 세계 무슬림중 약 85-90%가 순니파이고 10-15%가 시아파인데 이들의 눈에 시아파는 무슬림이 아니기에 죽여도 무방합니다. IS의 궁극적 목적은 이슬람의 황금기 7세기의 영화를 되살려 동쪽으로는 중국의 신장위구르, 중앙아시아, 서로는 스페인, 북으로는 동유럽, 남으로는 수단, 소말리아에 이르는 순니파 이슬람 세상을 건설하는 것입니다. 이들에 따르면 이들이 세울 이슬람 세상에서는 이슬람 종교의 가르침에 따르는 이슬람법이 시행됩니다. 세상을 보는 눈이 극단적입니다. 아군 아니면 적군이라는 완벽한 흑백논리를 지니고 있는데 IS의 지도자 바그다디가 한 말을 보면 명확히 드러납니다.

"오, 이슬람 공동체 사람들이여, 진실로 오늘날 세상은 제 삼자가 없는 두 진영, 두 참호로 나눠져 있다. 이슬람과 신앙의 진영, 불신과 위선의 진영이다. 다시 말해 한 진영은 무슬림과 투쟁용사들로 이루어져 있고, 또 다른 진영은 유대인, 십자군, 이들의 동맹, 신앙이 없는 여타 나라와 종교로 구성돼 있다. 후자는 모두 미국과 러시아가 이끌고 유대인들이 동원합니다.”

그렇다면 현재 우리가 알고 있는 사우디아라비아, 카타르, 터키 등 이슬람 문화권 국가들은 IS가 좋아할까요? 아닙니다. IS가 보기에 이들은 모두 미국의 꼭두각시로 제대로 된 무슬림이 아닙니다. 순니파라도 IS와 생각이 같지 않으면 무슬림이 아닙니다. 결국 IS는 현재 자신이 지배하고 있는 지역 밖에 있는 무슬림은 모두 진정한 무슬림으로 인정하지 않습니다. 그래서 자신들의 영토로 이주하라고 촉구하고 있습니다. IS 치하에서 기독교인, 유대인 같은 비무슬림은 인두세를 내야 2등 시민으로 존속할 수 있습니다. 물론 선교는 안 되고, 무슬림을 자신들의 종교로 개종시켜서도 안 됩니다.

IS는 현재 자신들이 종말론적 전쟁을 하고 있다고 믿습니다. 이슬람 예언자의 언행을 모아놓은 전승집에 따르면 세상 종말이 오기 전 무슬림 군대가 기독교 군대와 다비끄Dabiq라는 지역에서 최후의 결전을 벌입니다. 다비끄는 터키와 가까운 곳에 있는 국경도시로 시리아 땅으로 현재 IS가 장악하고 있습니다. 또 이슬람의 경전 『쿠란』과 예언자 전승집을 자의적으로 선택하고, 문자적으로 해석해 참수, 화형, 노예제, 강간을 정당화합니다. 더 나아가 세상 무슬림들이 모두 배척한다고 해도 IS는 자신들이 그 누구보다도 이슬람 전통을 충실히 따르는 진정한 무슬림이라고 믿고 있습니다.

IS는 종교를 정치적 목적으로 악용하는 테러집단임이 분명합니다. 현재 IS가 장악하고 있는 지역은 시리아의 이분의 일, 이라크의 삼분의 일에 이르는 지역으로 약 5만 5천㎢입니다. 알카에다와 달리 IS는 영토를 장악하면서 석유자원, 인질 몸값 등으로 세상에서 가장 부유한 테러조직을 운영 중입니다. 또 무슬림 세계를 타락시키는 서구를 공격하는 것을 급선무로 삼았던 알카에다와 달리 IS는 서구에 굴종하는 무슬림 정권을 먼저 공격합니다. 미국이 중심이 된 연합군은 일단 이라크에서 IS를 몰아내는 데 노력 중입니다. 탈환한 땅은 약 700-800㎢에 불과합니다. 현재 2만-2만 5천 명에 이르는 이라크 지상군 병력이 미 공군의 도움을 받아 IS가 장악한 이라크 제2의 도시이자 이라크 순니파의 중심도시인 모술을 수복하는 작전 계획을 진행 중입니다. 이라크와 달리 시리아에서는 IS를 퇴치하는 것이 쉽지 않습니다. 연합국 간 이해관계가 실타래처럼 꼬여 있기 때문입니다. 시아파에서 파생된 '알라위Alawi'라는 소수종파가 1971년부터 시리아를 지배하면서 시아파국가인 이란과 동맹관계를 유지해왔는데 시리아 정부가 되살아나면 이란의 영향력이 중동에서 지속될 것이기에 사우디아라비아를 위시한 걸프지역 순니파 왕정국가들이 IS 격퇴에 미온적입니다. 따라서 시리아 내 IS 퇴치는 미국과 연합국이 이견을 조율하지 않으면 성과를 내기 힘든 구조입니다.

IS는 인터넷이라는 현대 문명의 이기를 십분 활용하여 전 세계 곳곳에서 10대 남녀를 전사와 성적 노리개로 끌어들이고 있습니다. 현대를 이용해 과거로 데려가고 있는 것입니다. 잘못된 종교적 신념의 노예, 주위로부터 관심과 사랑을 못 받는 은둔형 외톨이들, 옳다고 믿는 것에 목숨을 건 IS 전사들에 반한 여학생들 등이 가담하고 있습니다. 우리나라

'김 군'도 그중 하나입니다. 보편적 인권의 이름으로 IS 격퇴는 현재 우리 인류가 받은 지상명령입니다. 나와 다르다는 이유 하나만으로 살인을 일삼는 IS를 용인해서는 안 될 일입니다. 그러나 물리적 퇴치에는 한계가 있습니다. 살인마들에게 매료돼 시리아로 떠나는 젊은이들이 없도록 우리 사회를 재점검해 사상적으로, 종교적으로 광적인 사람들이 나올 수 없는 건강한 공동체를 만드는 것이 더욱 중요합니다. 현대를 과거로 퇴행시키는 IS가 우리에게 던지는 뼈아픈 화두는 바로 "현대사회는 어떻게 살인자를 '쿨'하게 여기는 10대들을 만들었는가."가 아닐까 싶습니다. 깊이 반성해야 할 일입니다.

이슬람의 행동규범과
그 근거랍니다

━━━━━━━━━━━━━━━━━ 사람은 혼자 살아갈 수 없는, 서로 잇대어 살아가는 가는 존재입니다. 나와 틀림이 아니라 다른 존재와 함께 살아간다는 것은 나의 부족을 채우고 보완하는 소중한 삶의 지혜입니다. 그러나 그것은 불편을 수반합니다. 다름은 이해를 요청하고 그 이해는 내 생각과 느낌과 의견을 내려놓아야할 수도 있습니다. 오늘 우리가 사는 시대는 소통이 중요하게 제기되고 있습니다. 이는 소통이 중요하기에 그렇기도 하고 소통이 그만큼 잘 되지 않기 때문이기도 합니다. 더욱이 낯섦의 문화를 넘어 혐오와 공포로 이해되는 이슬람과의 소통은 더욱 그렇습니다. 이슬람의 신앙과 전통을 가진 이들 역시 우리가 함께 살아가야 하는 이웃입니다.

최근에는 전 세계적으로 '이슬람공포증Isla-mophobia'이 확산되는 가운데 이슬람 종교와 문화에 대한 이해 부족이 불필요한 공포와 적대감을 부추긴다는 지적이 제기되고 있습니다. 이슬람에 대한 올바른 이해를 통해 이슬람을 믿는 이들, 즉 무슬림들과 소통을 시작하여 상호 간의 오해와 적대의식을 해소하는 노력은 '지구촌 한가족' 시대에 성숙한 세계시민으로 살아가기 위한 기초 작업일 것입니다.

먼저 가장 기초적인 문화 이해로 이슬람의 식생활에 대해 살펴보겠습니다. 음식에 관한 규정은 이슬람의 대표적인 행동규범 중 하나로 최근에는 동물애호가들이 채식주의를 고집하는 경우도 있으나, 인류 역사를 통틀어 음식과 종교는 매우 밀접한 관계를 유지해 왔습니다. 고대 그리스의 오르페우스교*에서는 동물과 인간이 서로 윤회한다는 세계관에 따

* 오르페우스교Orphism, Orphicism는 고대 그리스 세계의 비밀종교이다. 일반적인 고대 그리스 종교와 비교해, 오르페우스교의 특징으로 여겨지는 점이다. 인간의 영혼은 신성 및 영원성을 가짐에도 윤회전생(슬픔의 고리)에 의해 육체적 삶을 반복하는 운명을 지고 있다. 그리스의 일반인 혹은 그리스 신화는 사후의 세계에 대한 흥미를 그만큼 나타내 보이지 않았다. 이 점에서 오르페우스교는 특수하고, 그 때문에 연구자 사이에선 사후에 대한 언급을 오르페우스교의 영향으로 돌리는 경향이 존재했다. 그러나 오르페우스의 것으로 여겨지는 서적이나 교의는 빠르게는 헤로도토스, 에우리피데스, 플라톤 등의 언급에 의해 확인되지만, 확실한 교단으로서 언급되는 것은 비교적 후대가 된다. 이러한 극단적인 회의론을 취하는 연구자는 적고, 또 근년의 데르베니 파피루스나 황금판 등의 발견에 의해 회의론은 얼마인가 기세가 약해졌지만, 어느 시대부터, 어느 정도의 영향력을 가지고 있었는지에 대해서는 연구자의 사이에 의견 일치는 존재하지 않는다. 오르페우스에 의한 것으로 여겨지는 신화는 헤시오도스의 『신통기』에 모범된 계보적인 신화시에서 말해진다. 이 신화는 근동 제국의 신화의 영향을 받았을 가능성도 있다. 제우스와 페르세포네의 아들이며 자그레우스의 영혼의 현신인 디오니소스는 티탄족에 의해 살해되어 그 몸을 데쳐졌다. 하지만 헤르메스가 자그레우스의 심장을 빼앗아 돌려주고 화난 제우스가 티탄족에 번개를 퍼부었다. 그 결과 디오니소스의 몸의 재와 티탄의 몸의 재가 서로 섞여 그 재로부터 죄 깊은 인류가 태어났다. 그 때문에 디오니소스적 요소로부터 발하는 영혼이 신성을 가지는 것에도 불구하고 티탄적 소질로부터 발한 육체가 영혼을 구속하게 되었다. 즉 인간의 영혼은 '재생의 윤회(인과응보의 바퀴)'에 묶인 인생으로 반복해 되돌려지는 것이다. 디오니소스의 심장은 한때 제우스의 다리에 꿰매였다. 그 후 제우스는, 죽음을 면할 수 없는 인간의 여성인 세멜레의 모태에, 다시 태어난 디오니소스를 임신시켰다. 이러한 이야기에 관련된 많은 상세가, 이하의 고전 문헌에서 산발적으로 인용 언급되고 있다. 오르페우스교의 교의 및 의례에는, 피타고라스 교단과의 유사점을 볼 수 있다.

라 육식을 금지하고 채식을 실천하였으며, 인도의 힌두교*에서는 소를 신성시하여 소고기를 금기시하며, 마찬가지로 인도의 자이나교는 인간뿐만 아니라 어떤 생물이든지 목숨을 빼앗아서는 안 된다는 관점에서 농업에 종사하는 것도 금지하였다. 서아시아에서 시작된 종교 전통으로는 유대교가 모세오경(기독교의 구약성서)에 서술된 음식 규정을 엄격하게 지키는 것으로 잘 알려져 있다. 토라(율법)라고도 불리는 모세오경 중 신명기에는 동물 중에 굽이 갈라져 있는 것과 되새김질을 하는 것, 그리고 수중 생물 중에서 지느러미와 비늘이 있는 것만을 먹을 수 있는 것으로 규정하고 있으며, 더 나아가 '새끼 염소를 그 어미의 젖에 삶아서는 안 된다'는 모세오경의 구절을 조리법에 대한 규정으로 이해하여 육류와 유제품의 조리는 물론 조리도구까지 철저히 분리한다.

서아시아에서 시작된 종교인 이슬람의 경전 '꾸란'속에도 음식에 관한 규정들이 서술되어 있다. 특히 섭취나 이용이 종교적으로 허용되는 것을 '할랄halal'이라고 부르는데, 종교적으로 적법한 식품에 관한 꾸란 구절을

---

* 힌두교Hinduism은 '힌두'와 '이즘'의 합성어인 '힌두이즘'의 번역어이다. 힌두교는 문자 그대로는 '인도의 종교'를 뜻하며, 일반적으로는 베다의 권위를 인정하지 않는 불교와 자이나교를 배제한 좁은 의미로 사용된다. '힌두'란 원래 인더스 강의 산스크리트인 신두 Sindhu: '大河'라는 뜻의 페르시아 발음으로서, 인디아나 힌두스탄과 같이 인도를 가리키는 말이다. 그러므로 힌두교는 문자 그대로는 '인도의 종교'를 뜻하며, 인도에서 기원된 모든 종교, 즉 바라문교·자이나교·불교 등을 포함하는 말이 될 수 있으나, 일반적으로는 베다의 권위를 인정하지 않는 불교와 자이나교를 배제한 좁은 의미로 사용된다. 세계에서 가장 오랜 종교의 하나인 힌두교는 특정한 교조나 교리, 중앙집권적 권위나 위계조직이 없으며, 오랜 시간에 걸쳐 다양한 신앙형태가 융합된 종교여서 간단히 정의내리기가 어렵다. 힌두교 안에는 원시적인 물신숭배·애니미즘·정령숭배로부터 주술·제식·다신교·일신교·고행주의·신비주의, 그리고 고도로 발달된 사변적 체계에 이르기까지 거의 모든 형태의 종교가 발견된다. 그러므로 힌두교는 다른 종교에 대해 관용적이며 덜 배타적인 것이 특징이다. 힌두교는 하나의 종교일 뿐 아니라 힌두의 사회·관습·전통 등 모든 것을 포괄하는 말로 힌두의 생활방식이자 힌두 문화의 총체이다. 힌두교에 대한 이해 없이 인도인을 이해하는 것은 불가능하다.

살펴보면 '죽은 고기, 피, 돼지고기 및 알라 이외의 이름으로 바쳐진 것2장 173절'을 금지하고, '바다의 사냥과 그 음식은 허락된다5장 196절'고 한다. 이에 따라 이슬람에서는 일반적으로 죽은 동물의 고기, 돼지고기, 동물의 피는 물론 다른 신에게 공양된 고기의 섭취를 금지하고, 생선은 종류에 상관없이 먹어도 되는 것으로 인정된다. 더 나아가 이슬람 법학자들은 꾸란에 서술된 간단한 음식 규정에 대한 상세한 해석을 통해 음식 규정과 관련된 다양한 상황과 행위에 대한 구체적인 규범을 정한다. 이는 모든 행위와 실천이 알라가 보기에 인정되고, 승인되는 것이어야 한다는 이슬람의 사유에서 유래한 것으로, 이슬람이란 종교의 신앙적 특징과 관련되어 있다.

이슬람이라는 용어는 예언자 무함마드가 전한 종교를 지칭하는 고유명사인 동시에 아랍어 보통명사로서 '커다란 힘 앞에 몸을 던지는 것'이란 뜻에서 '귀의한다', '복종한다'는 의미를 지닌다. 특히 세계 주요 종교들의 명칭이 대부분 외부인이 부르는 이름에 따라 정해진 것에 반해, '이슬람'이란 이름은 알라가 직접 정한 이름이라고 하여 이미 '꾸란'에 명시되어 있다. 이러한 의미에서 이슬람이란 세계의 창조주이며, 종말에 심판을 하는 유일한 알라에게 귀의하고 복종하는 종교를 뜻한다. 이슬람 신앙을 가진 사람을 뜻하는 '무슬림남성', '무슬리마여성'란 단어 역시 '이슬람'과 같은 어근에서 파생된 단어로써 '이슬람을 하는 자', '이슬람을 실천하는 자'라는 의미를 지닌다.

이슬람이란 알라의 뜻에 따라 사는 것을 매우 중요시하는 종교로, 이때 알라의 뜻이 구체적으로 무엇이며, 어디에 있는가를 판단할 때, 가장 중요한 기준이 되는 것이 바로 이슬람의 경전인 꾸란이다. 하나의 예로 꾸란 2장 177절에 서술된 이슬람 신앙에 대한 구절을 보면, '예배드리는 방향이 어디인가'와 같은 형식에만 구속되어서는 안 된다면서, 알라를 올바로 섬긴다는 것은 마음으로 유일신 알라를 믿을 뿐만 아니라, 고아나 가난한 사람, 노예와 같은 사회적 약자를 위해 실천하는 동시에 약속을 지키고 온갖 어려움을 인내하는 것이라고 한다. 이와 같이 이슬람의 신앙은 올바른 생활방식과 건전한 도덕관을 포함한다.

이슬람에서는 알라의 뜻에 따른 생활을 영위하기 위해, 경전인 꾸란 이외에도 알라의 말씀을 가장 잘 체현한 것으로 여겨지는 예언자 무함마드의 말과 행동, 그리고 공동체의 합의와 유추를 통해 판단을 도출한다. 이와 같이 이슬람에서는 권위를 인정받은 판단 기준들을 조합하여 인간의 모든 행동을 망라하는 규범을 만들어 내고자 하며, 무슬림들은 이에 따른 생활 방식을 추구한다.

이슬람에서는 알라가 선택한 예언자 무함마드를 통하여 메시지를 전달했으며, 이 메시지를 그대로 기록한 알라의 책이 바로 꾸란이라는 것을 기본 전제로 삼는다. 특히 먹고, 마시는 것을 포함해 꾸란에 바탕을 둔 규정을 '샤리아'라고 하는데, 샤리아란 사막에서 오아시스로 이어지는 길로, 이슬람에서는 생명의 길, 알라의 구원에 도달하는 길이라고 해석된다. 이 샤리아, 즉 이슬람법은 무함마드를 통해 전해진 알라의 메시지에 근거를 두기 때문에 기본적으로 무슬림에게만 적용된다. 하지만 법학적으로 샤리아는 정신이 온전한 무슬림 성인에게만 적용되며, 그 적용 범위는 매일 드리는 예배, 라마단월에 행하는 단식과 같은 의례뿐만 아니라, 결혼, 이혼, 상속, 상업행위 등 인간의 모든 활동 영역을 포함한다.

샤리아는 근본적으로 네 가지 법원法源을 근거로 하는데 알라의 말씀인 꾸란이 가장 우선적인 법원이고, 예언자 무함마드가 남긴 말과 행동 및 판단에 기초한 규범, 즉 순나모범가 두 번째 법원이다. 세 번째 법원은 '우리 공동체는 틀린 것에 합의하지 않는다'는 예언자의 말을 근거로 한 공동체의 합의이즈마이며, 유추끼야스를 통한 추론이 네 번째 법원이다. 이슬람은 이와 같은 해석적 방법을 통해 신학적·법학적 문제를 판단해왔으며, 해석을 통한 다양한 이론적 이해와 실천적 판단이 쌓이며 구체화되어 왔다. 이러한 의미에서 이슬람은 해석학적 종교라고 할 수 있다.

더 나아가 샤리아는 인간의 행위를 의무와 금지 외에도 장려와 혐오, 그리고 인간의 자유로운 판단에 맡겨진 무규정의 다섯 범주로 나눈다는 점에서 인간의 행위를 상벌로만 다스리는 이분법적 체계가 아니다. 하지만 인간의 자유로운 판단 역시 알라의 명령에 따라 이루어지는 것이라는 점에서 인간의 모든 행위는 하느님의 규정에 따르고 있다고 본다. 이러한 관점에서 샤리아는 인간의 모든 행위를 포함하는 포괄적인 명령체계라고 할 수 있다.

무슬림과 어울리기 위해 특별한 마음의 준비를 할 필요는 없지만, 그들의 종교를 존중하는 태도는 필요하다. 이는 우리와 다른 문화나 종교를 가진 사람들을 접할 때 필요한 것으로, 상대방에 대한 지식 부족이 불쾌감으로 이어지는 경우는 있어도, 기본적으로 상대방에 대한 경의와 존중의 태도를 가지고 있는 한 큰 문제는 일어나지 않는다. 무슬림과의 의사소통은 매우 실천적인 차원의 문제이다. 따라서 이슬람이 올바른 종교인가에 대한 논의 이전에, 이슬람의 가르침이 진실한지 아닌지에 대해 논쟁이전에, 이 세상에는 우리와 함께 이웃으로 살아가야 하는 많은 무슬림이 있다는 현실을 직시하는 것이 중요하다.

매스미디어는 부분적인 사실을 과도하게 전달하는 경향이 있는데, 이슬람에 대한 정보 역시 몇몇 폭력적 뉴스를 통해 얻어진 것이 대부분이라는 점에서 무슬림을 흉포한 사람들로 여기는 경우가 많다. 하지만 어떤 종교를 믿건 간에 그중에는 도둑도 있고 살인범도 있기 마련이며, 무슬림 역시 모두가 폭력적인 것은 아니다. 1400여 년 이슬람 역사를 살펴보면 매우 뛰어난 지적 유산들이 많이 발견되는데, 이러한 이슬람의 유산에 대한 지식을 갖게 된다면 자연스럽게 이슬람을 존중하고 경의를 표하게 될 것이다.

또한 무슬림들의 생활방식에 적극적으로 협조하지는 못하더라도 우리가 가진 사회적 상식을 그들에게 일방적으로 강요해서는 안 된다. '이것이 우리의 상식'이라고 말하는 것 자체가 듣는 이에게는 어느 정도 강제력을 가진 명령으로 받아들여진다. 상대방에게 우리의 상식을 강요하면 이는 결국 그들을 공동체에서 배제하는 것으로 이어져, 경우에 따라서는 우리에 대한 적대의식을 불러일으킬 수도 있다.

이슬람에 대한 지식을 배우고 그들에게 존중과 경의를 표하며 자신의 가치관을 강요하지 않는 것, 이 세 가지를 유념한다면 이슬람과의 소통도 원활해질 것이다. 이 세 가지 사항은 새로운 것이 아니며, 우리와 서로 다른 문화를 접할 때 당연히 염두에 두어야 할 점이기도 하다. 당연한 일을 실천하는 것이 의외로 어려울 때도 있지만, 이것이야말로 무슬림과 풍부한 의사소통을 해 나가기 위한 유일한 길이다.

종교학의 깊이와
다양성

─────────────── 종교는 왜 존재하는 것일까요? 인간의 정신적 요청일까요? 종교는 어떻게 발생한 것일까요? 이와 같은 질문을 염두에 두고 역사를 거슬러 올라가다보면, 우리는 숱한 종교현상을 만나게 됩니다. 종교학은 역사 내의 모든 종교현상을 심층적으로 다루는 학문영역입니다. 구체적으로 우리역사 속의 유교와 도교와 불교뿐만 아니라, 불교가 태어난 힌두교, 기독교(가톨릭, 개신교, 정교회), 기독교의 뿌리인 유대교, 오랜 인류역사를 지닌 샤머니즘, 오늘날 서구문명과 갈등하는 것처럼 보이는 이슬람 등을 연구합니다.

학문으로써 종교를 다루기 시작한 종교학science of religion은 근대의 서구에서 시작됐지만, 우리 시대의 종교학은 세기적 필요성을 동반하고 있습니다. 종교간 대화와 평화가 이 시대의 세계 평화를 구축하는 길이라고 주장하는 목소리가 있습니다.

종교학은 오늘 우리에게 무슨 의미를 줄까요? 먼저 이해해야 할 것은 우리 시대의 변화입니다. 지난 세기에 이룩한 교통수단의 발달은 세계를 지구촌으로 변화시켰고 종교들은 세계종교현상이라는 거대한 정신체계 안으로 편입되었습니다. 그러나 무엇보다도 우리의 고유 정신세계에서 빼뜨릴 수 없는 종교현상은 샤머니즘입니다. 세계 도처에 존재하는 샤머니즘은 한 민족의 긴 역사 안에 융화되며 민족과 국가의 애환을 함께 살아왔습니다. 더구나 샤머니즘은 우리 민족뿐만 아니라, 모든 민족들에게서 발견되는 역사적 종교현상입니다.

전통종교로 여겨지는 불교는 조선조의 유교와 경쟁에서 밀려 사회의 주류적 위치를 빼앗긴 것처럼 보였습니다. 유교의 정치적 논리가 앞섰던 조선조에서 불행한 박해로 불교는 아직도 산중불교의 인상을 벗어나지 못하고 있습니다. 힌두교 문화권에서 시작되어 중국에서 중국화하고, 한반도에서 한국화 과정을 거친 불교이지만 정치윤리로 정신세계를 형성했던 유교와 더불어 우리민족의 의식을 고양시키는 중요한 종교입니다.

조선조의 18세기와 19세기는 이 땅의 백성에게 불안을 안겨주던 세기입니다. 이 시절 서구의 종교로 여겨지던 기독교가 불교와 유교를 만났습니다. 기독교는 사실 유대교를 모태로 하지만 태동 이후에 바로 분리되어 긴 세월 서구의 정신세계를 지배했습니다. 18세기 중국을 통해 전래된 유럽의 가톨릭은 조선조의 유학자들에게 매력적인 사상이었으나 유학의 논리와 정치에 밀려 뿌리를 내리는데 힘겨운 세월을 보냈습니다. 반면 우리나라의 개신교는 가톨릭의 상황과 달리 교육과 사회사업을 기반으로 한국사회에 뿌리를 내렸습니다. 겉으로 보면, 불교와 기독교(가톨릭과 개신교)는 독립적 정신세계를 보여주는 듯합니다. 그러나 선재先존하는 정신세계는 다음에 도달한 정신세계와 경쟁하거나 갈등하며 수용하는 과정을 거칩니다. 말하자면 두 개의 세계가 차이를 나타내 외면적으로 전혀 다르다는 인상을 주지만 정신의 상층구조와 하층구조를 형성하는 것입니다.

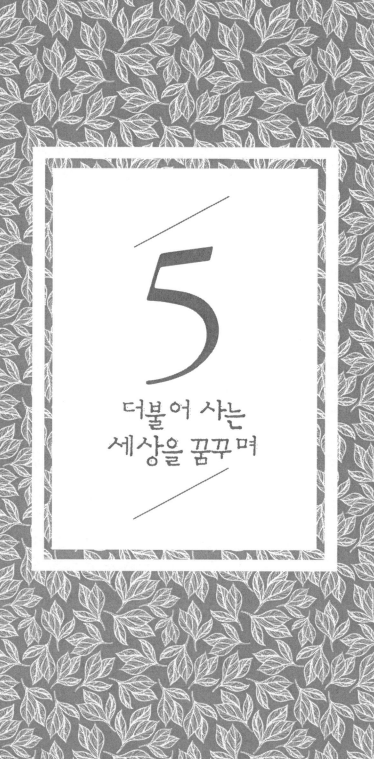

5

더불어 사는
세상을 꿈꾸며

우리 사회를 병들게 하는 경제 집중화

───────────── 오늘날 우리 사회의 지나친
집중화는 지난 시기, 우리 사회가 이루어낸 결과이기도 하지만, 동시에
오늘날 우리 사회의 발전에 족쇄가 되기도 합니다. 이런 요인 중에서
무엇보다 경제의 집중화는 그 심각성을 더해가고 있습니다. IMF 금융
위기 이후 그 이전과는 비교할 수 없는 거대 재벌이 등장했습니다. 물론
이전에 재벌이 없었던 것도 아니고, 또한 근대화 초기에 수출과 기술
개발에 기여한 역할을 무시할 수 있는 것은 아닙니다. 그럼에도 오늘날
거대 재벌은 상속되는 가족 소유와 총수 중심의 경영체제로 우리나라
경제의 효율성과 건전성을 위협하고 있습니다. 뿐만 아니라, 새로운 가
치를 창출하기보다는 지대추구라고 불리는 국가 보조금을 타먹는 방식
으로, 그리고 이미 창출된 가치를 빼앗는 방식으로 대형 마트나 체인점
의 확대 등으로 골목길 빵집마저 잡아먹는 만행을 서슴지 않고 있습니
다. 이런 모습을 보면 도대체 이들에게 경제윤리라는 게, 사회적 책임윤
리이라는 게 있기나 한 것인가 싶습니다. 거대 재벌의 비윤리적인 횡포

는 건강한 시장경제를 심각하게 위협하고 있습니다.

경제의 집중화를 만들어내는 거대 재벌의 등장은 여러 형태로 민주주의의 작동을 저해하고 왜곡합니다. 자신의 경제적 이해와 기득권을 유지하기 위해, 행정-입법-사법부에 인적 네트워크를 구축하고 자금을 뿌리는 것은 이미 오랜 관행입니다. 정부의 주요 정책 결정과 국회의 입법 행위에 거대 기업의 영향력이 미칩니다. 그렇게 되면 국가의 공적 행위와 소수 기업집단의 이해관계와 사적 이익의 경계가 무너집니다. 그리고 이런 사회 구조는 언론을 통해서 신화와 우상으로 변형됩니다. 기업이 잘돼야 경제가 잘되고 서민이 잘 산다는 신화로, 어느 기업이 없으면 우리나라 경제가 망한다는 식의 우상으로 변해갑니다. 많은 사람들은 소수 부자들의 생각을 자신들의 생각으로 아무런 비판과 성찰 없이 받아들이게 됩니다.

이러한 사회 구조와 사회의 통념은 우리 사회의 교육, 문화, 지역 속으로 퍼져 들어가 하나의 단일한 가치 체계를 만들어내고, 다양한 영역의 권력과 영향력을 단일한 체계로 집중시키게 됩니다. 이런 집중화가 종교까지 영향을 미쳐 대형교회의 현실은 심각한 지경입니다. 거대 재벌이 보여준 비윤리적인 행태가 대형교회에서도 그대로 드러나고 있습니다. 자기교회만을 위한 성장에 집착하면서 크고 화려한 교회당 건축에 열을 올리고 지역에 지사격인 지교회를 설립하고 산 좋고 물 좋은 곳에 교회 부설 수련관과 기도원과 묘지를 짓느라 교회가 돈, 돈하고 있습니다. 그러다보니 교회의 본질적 존재이유가 왜곡되고 있습니다. 이게 교회인지 거대재벌의 또 다른 모습인지 분간이 안 갈 지경입니다. 심지어 거대 재벌이 가족중심의 전근대적인 방식으로 소유와 경영을 거머쥐고 세습을 당연시하듯이 대형교회 담임목사직도 부자세습을 부끄러움이 없이 당연하게 진행해나가고 있습니다. 그러니 교회가 거대 재벌에 대해서 경제정의를 위해서 올곧은 외침을 할 수가 없는 지경에 이르렀습니다.

이처럼 집중화는 경제뿐만이 아니라 모든 사회구성체에 민주적이고 자율적이며 주체적인 발전 그리고 균형적이고 수평적인 발전을 가로막습니다. 이런 사회는 제도적으로 민주주의를 지향하고 있다하더라도, 선거를 통해서 공직자를 선출하고 있다하더라도 사실상 민주주의라고 말하기 어렵습니다. 왜냐하면 민주주의는 사회적 다원주의를 바탕으로 하기 때문입니다.

사회적 다원주의는 인간의 사회적 본성에 기초해 있습니다. 인간의 사회적 본성은 단일한 형태가 아니라 여러 다른 형식의 표현됩니다. 그러므로 사회를 형성하는 여러 요소들은 각자가 그 안에서 자신의 특성과 자율성을 유지하고 발전시킬 수 있는 하나의 조화로운 전체가 되어야 합니다. 정치공동체는 이러한 현세 사물의 정당한 자율성을 존중하고 보호하며, 발전하도록 도와주어야 합니다. 그러기 위해서는 사회 안의 각각의 영역과 집단에 대해서 지나친 간섭과 개입은 삼가야 하고, 도와주는 방식으로 개입해야 합니다. 이것이 국가가 존재할 이유인 보조성의 원리입니다.

국가는 다른 영역과 중간적인 집단의 자율성을 심각하게 해치는 힘이 있다면, 다른 영역과 집단을 위해서 그 힘에 제한을 가해야 합니다. 다시 말하면, 오늘날 시장의 힘이 지나쳐서 시민사회의 자율성과 다원성을 훼손한다면 그 힘은 통제해야 합니다. 사회정의와 공동선의 원리가 바로 이것입니다. 그러므로 진정한 민주주의는 단순히 선거와 같은 절차를 잘 따른다고 이루어지는 것이 아니라, 사회적 다원주의에 기초해서 보조성과 공동선을 이룰 국가의 사명입니다. 이는 국가의 힘은 국민에게서 나오고, 국민을 위한 정치政治가 바로 정치正治이기 때문입니다.

국가는 시민사회 자율성과 다원성이 침해되지 않도록 구성원 모두를 위한 정책 펼쳐야 합니다. 만일 국가가 주어진 사명을 제대로 감당하지 않고 오히려 거대 재벌과 같은 집중화를 묵인하고 심지어 부화뇌동附和雷同한다면 우리 사회는 돌이킬 수 없는 절망으로 치닫게 되고 맙니다. 우리는 국민으로서 국가권력을 감시해야합니다. 그러기에 성숙한 시민사회윤리의식을 통한 국민주권의 행사를 해야 합니다. 이를 위해 시민사회단체와 종교의 사회적 역할이 요청되고 있습니다. 이것이야말로 이들 기관의 존재이유이기도 합니다.

북한인권법 제정과
민족 화해의 길

북한인권법이 2005년 발의된 지 11년 만인 2016년 3월 2일 19대 국회 말에 통과됐습니다. 북한정부의 인권탄압이 매우 뿌리 깊고 시급히 해결해야 할 사안임에도 북한인권법이 통과되기까지 긴 시간이 소요돼 안타까운 생각이 듭니다. 그러나 오랜 시간 심도 깊은 논의를 거치면서 진보와 보수진영 모두 북한인권 문제의 심각성과 중요성을 공유하게 됐고, 상당한 의견 접근을 이룬 법안을 제정하게 된 것으로, 그 의미가 더욱 크게 다가옵니다. 이제 북한인권법이 통과되면서 우리에게 부여된 과제는 북한주민들의 인권을 효과적이면서 실질적으로 개선시킬 수 있는 방안을 찾는 것입니다.

북한의 인권 탄압은 뿌리가 깊습니다. 이는 종교와 매우 밀접한 관련을 맺고 있습니다. 1945년 해방이 되고 소련 군정에 이어 수립된 북한정권은 교회시설 몰수는 물론 성직자들을 재판도 없이 인권탄압의 상징인 교화소와 정치범수용소에 감금하고 인간 이하로 취급했습니다. 1950년

6·25전쟁이 발발하기 전, 그 탄압이 극에 달해 종교의 주요 지도자들을 평양교화소와 옥사덕수용소에 감금했습니다. 최소한의 인권도 보장 받지 못한 상태에서 성직자들은 혹독한 고문과 강제노역에 시달리다가 죽임을 당했습니다. 인천상륙작전으로 유엔군이 북진하자 북한군은 평양교화소에 수감된 종교지도자들을 살해하고 옥사덕수용소에 수감됐던 종교지도자들을 '죽음의 행진'을 통해 만포와 중강진수용소로 이송했습니다. 이 과정에서 수많은 종교지도자들이 희생됐습니다. 이런 참상을 피해 무일푼으로 낯선 땅이나마 신앙의 자유를 얻고자 남하한 종교지도자들과 신앙인들은 남한에서 이북출신이라는 홀대를 감내하면서 신앙을 지켜나갔습니다. 이들의 긴절한 소망은 북한에 돌아가 다시금 종교적 자유가 보장되는 세상에서 자유롭게 종교생활을 마음껏 누리는 것입니다.

북한인권 문제는 국제사회에서 먼저 제기하고 공론화했습니다. 1997년 유엔 인권소위원회는 북한인권 문제에 대해 논의하기 시작했고, 2003년 4월 유엔 인권위원회(유엔 인권이사회 전신)는 북한인권 상황을 규탄하는 결의를 최초로 채택했습니다. 이후 유엔 인권위원회는 매년 북한인권결의를 채택했고, 2004년에는 북한인권특별보고관이 임명됐습니다. 유엔총회는 2005년 처음 북한인권결의를 채택하기 시작해 역시 매년 같은 결의를 내놓고 있습니다.

미국 의회는 2004년 10월 북한인권 개선을 위한 국제 협조체제 구축을 목적으로 북한인권법을 제정했습니다. 미국 국제종교자유위원회는 2001년부터 현재까지 북한을 종교의 자유를 심각하게 훼손하는 특별우려국으로 지정할 것을 권고하고 있습니다. 이러한 국제사회의 움직임에 국내에서도 북한인권법 제정의 필요성이 제기돼 17대 국회부터 관련 법안이 발의됐지만 북한인권 문제에 대한 인식의 차이, 남북관계 악화에 대한 우려 속에 여·야간에 합의를 이루지 못했습니다. 이러한 와중에 2013년 유엔 북한인권결의에 따라 북한내 인권침해가 국제사회가 규정한 '인도에 반한 죄'에 해당하는지를 조사하기 위한 북한인권조사위원회가 구성돼 1년간 조사활동을 전개했습니다. 조사를 마친 북한인권조사위원회는 북한에서 이뤄지고 있는 조직적이고 광범위하며 중대한 인권침해를 국제법상 '인도에 반한 죄'로 규정하고 이러한 범죄로부터 북한주민들을 보호하는 것이 국제사회의 책임이라고 결론 내렸습니다. 이에 따라 2014년 북한인권문제는 단순한 '감시'에서 '책임자 규명'이라는 정책의제로 변화했습니다. 이처럼 국제사회의 북한인권 개선을 위한 노력이 강화되면서, 국내적 합의도 빠르게 진척돼 북한인권법이 제정된 것입니다.

이번에 통과된 북한인권법의 주요내용을 살펴보면 다음과 같습니다. 제1조는 북한인권법의 목적을 북한주민의 인권 보호 및 증진을 위해 국제인권규약에 규정된 자유권과 생존권을 추구함으로써 북한주민의 인권 보호 및 증진에 기여함으로 정하고 있습니다. 제2조는 국가는 북한주민의 인권 보호 및 증진과 함께 남북관계의 발전과 한반도 평화정착을 위해서도 노력해야 한다고 기본원칙을 규정했습니다.

북한인권법에는 북한주민의 인권 보호와 증진을 위한 제도적 장치를 마련하고 있습니다. 제5조에 북한인권 증진 정책에 관한 자문을 위하여 통일부에 북한인권증진자문위원회를 두도록 했고, 제6조에 통일부장관이 관계 중앙행정기관의 장과 협의해 3년마다 북한인권증진기본계획을 수립하도록 했습니다. 인도적 지원과 관련해서 제8조에 국제적 인도引渡 기준에 따른 투명한 추진과 취약계층에 대한 우선 지원이 명시됐습니다. 북한인권 증진을 위한 국제적 협력을 강조해 외교부에 북한인권대외직 명대사를 둘 수 있도록 9조에 규정했습니다. 그리고 북한주민의 인권상 황과 인권증진을 위한 정보의 수집·기록을 위해 통일부에 북한인권기 록센터를 두도록 했고, 수집·기록된 자료는 매 3개월마다 법무부에 이 관하도록 제13조에 명시했습니다.

북한인권법이 제정됐다고 바로 북한 주민들의 인권이 개선되는 것이 아닌 만큼 북한 주민들의 인권을 개선하기 위한 노력을 실천해 나가면서 발견되는 법안의 문제점을 수정·발전시켜 실효적인 법률로 만드는 것 이 우리의 책무일 것입니다.

11년간 다양한 논의를 거친 북한인권법이 여야 합의로 통과된 것은 정치적 갈등에도 북한인권 문제를 더 이상 대북정책의 일환으로 볼 수 없다는 주장에 공감하게 된 결과라고 생각합니다. 북한인권법이 북한과 의 교류·협력을 저해할 것이라는 시각과 이 법이 북한을 압박해 대화의 장으로 끌어낼 수 있을 것이라는 시각보다 더 중요한 것이 북한인권 그 자체입니다. 북한 주민도 우리와 동등한 인격체이자 인간으로서 마땅히 향유해야 할 기본적인 권리를 가질 수 있도록 지원해야 할 의무가 한민 족 한 형제인 우리에게 있습니다.

미국과 일본은 이미 북한인권법을 제정해 시행하고 있으며, 유엔 인 권이사회와 유엔 총회에서 북한인권 결의가 채택돼 왔고, 유엔 안전보장 이사회에서도 북한인권 문제가 논의되는 등 국제사회는 북한인권 문제 해결을 위해 활발한 논의와 활동을 전개하고 있습니다. 이제 통일의 당사국인 우리나라도 북한인권법이 통과된 만큼 대북인권 개선을 위한 노력에 적극 동참해야 할 것입니다.

북한인권법 제정을 기화로 우리가 관심을 기울여야 할 것은 실질적으로 북한주민의 인권을 보호하고 증진할 수 있는 가장 효율적인 방안을 찾는 것입니다. 그런데 인권탄압의 주체인 북한정권이 북한을 지배하고 있고 인권탄압의 객체인 북한주민들과 외부 세계의 접촉이 극히 제한돼 그 방안을 찾기는 매우 어려운 과제입니다. 그렇지만 북한인권 개선은 통일기반을 조성하고 통일 후 사회통합에 기여할 수 있는 중요한 기제이기에 결코 포기할 수 없습니다.

북한인권법 제정을 논의하면서 대북인권 정책은 단계별 접근이 불가피하고 북한정권이 존재하기 때문에 우선 인도적 사안의 해결과 북한 취약계층에 대한 지원을 중심으로 이뤄져야 한다는데 의견이 모아졌습니다. 정치적인 판단과 조치와는 별개로 종교적인 신념과 인도적인 차원에서 가능한 일들을 종교기관과 시민사회단체들이 해나갔으면 좋겠습니다. 결핵진료소 지원, 해외파견 북한노동자 의료지원 등은 인도적인 차원에서 멈출 수 없는 일입니다. 이제 북한인권법이 제정된 만큼 북한주민들의 인권을 개선시킬 수 있는 더욱 활발한 노력을 우리 모두가 해나갔으면 합니다. 이런 일들은 바람직한 일들로 모두가 함께할 일들입니다. 그러나 종교기관과 시민사회단체들의 숭고한 사랑의 실천이 자칫 많은 사람들이 우려하는 것처럼 북한에 대한 지원이 핵개발로 전용되는 일은 절대로 있어서는 안 될 일입니다. 순수를 악용하는 북한 당국의 음흉한 간계를 주의하면서 신중하게 지혜롭게 엄중한 자세로 북한 취약계층의 생존권을 보존할 수 있는 방안과 지원으로 접근해나가야 합니다. 대북인권 정책은 단계별 접근이 불가피하고, 북한정권이 존재하기 때문에 우선 인도적 사안의 해결과 북한 취약계층에 대한 지원을 중심으로 이뤄져야 할 것입니다.

민주주의는
시끄러울수록 좋습니다

다른 사람과 대화를 하다보면 관점觀點의 차이가 드러나기 마련입니다. 우리가 일상생활에서 자주 사용하는 어휘들, 가령 관상觀相, 관찰觀察, 달관達觀, 관조觀照 등과 같은 단어는 모두 관점의 중요성을 지시하는 낱말들입니다. 사람의 관점이라는 것이 큰 틀에서 보면 엇비슷하지만, 구체적으로 들어가면 의견이 대립되기 마련입니다. 이때 의견 차이를 좁혀주는 것이 토론입니다. 토론은 개인이 갖는 관점을 지식의 차원으로 이끌고, 그 지식을 다시 사물들의 관계로 판단하게 하는 지혜의 경지로 작용합니다. 인간이 궁극적으로 추구해야 할 지성, 다시 말해 자신의 관점에만 얽매이지 않고 언제든 새로운 것을 취할 수 있는 상태로 진입할 수 있도록 도움을 주는 것이 토론입니다.

이성을 가진 인간은 다른 사람과의 토론을 통해 '정답'이 아닌 '해답'에 도달합니다. 매사에 모든 것을 '정답'이라고 단정하는 순간 열린 '해석'이 사라지기 때문에 인간은 토론을 통해 가장 올바른 해답의 경지로 나아가게 됩니다. 그런 경지는 자신의 지식이 언제든 고정관념 속에 갇힐 수 있다는 경계심을 통해 만들어집니다. 지식을 가지면 잘못된 옳은 소리를 하기가 쉽습니다. 사람들은 잘못 알고 있는 것만 고정관념이라고 생각하는 데 확실하게 아는 것도 고정관념일 수 있습니다. 고정관념이 견고해지면 아집이나 독선으로 치닫는 건 시간문제입니다. 옹고집과 독선은 올바른 토론문화를 와해시키고 인간의 합리적인 의사결정을 방해하는 가장 큰 장애물로 둔갑하기도 합니다.

호모 레토리쿠스Homo rhetoricus로 지시되는 인간의 모습은 반갑고 아름답습니다. 호모 레토리쿠스는 단순히 '수사修辭적 인간'이라는 뜻을 넘어 수사학의 최고 경지인 아레테arete, 즉 덕德의 표현에 이르는 사람을 일컫는 말입니다. 의사결정의 장애물을 열린 지평의 사유와 토론의 힘으로 넘어서려 노력하는 이들에게 전하는 최고의 찬사이기도 합니다. 몇 가지 장면을 떠올려봅니다. 장면 1입니다. '아무리 생각해도 아까 선생님의 주장은 도무지 납득이 가질 않는다.' 똬리를 틀고 있던 '반골정신'이 슬며시 고개를 쳐듭니다. 손을 들고 질문을 할까요? 그전에 주위 학생들의 표정을 살핍니다. 고요한 얼굴들입니다. 작은 돌일지라도 잔잔한 수면이라면 파문波紋은 커지는 법입니다. 이 질문을 해야 하나 말아야 하나 고민입니다. 가슴이 두방망이질치기 시작합니다. 용기를 냅니다. "선생님, 질문 있습니다."

장면 2입니다. "선생님, 질문 있습니다."라고 앞줄의 학생이 외쳤습니다. 시선이 일제히 그쪽으로 쏠립니다. "쳇, 맨날 잘난 체 하지.", 옆 자리의 학생들이 투덜거립니다. 뒷자리의 학생은 낮게 육두문자를 뇌까립니다. "XX 시간 다 됐는데…", 시계를 보니 수업 끝날 시간이 거의 다 됐습니다. 아뿔싸, 질문의 내용으로 봐서 쉽게 끝날 것 같지 않습니다.

커뮤니케이션학 이론 중에 '침묵의 나선이론' 이라는 게 있습니다. 사람은 자신의 의견이 우세하고 지배적인 여론과 일치되면 그것을 적극적으로 표현하고, 그렇지 않으면 침묵을 지키는 경향이 있다는 게 요지입니다. 대충 이런 얘기입니다. 남학생 다섯 명이 가요계에 대한 이야기를 나누고 있다고 가정해봅시다. '소녀시대'를 좋아하는 사람이 네 명, '카라'를 좋아하는 사람이 한 명입니다.

이럴 때 이 한 명은 '침묵'을 지킬 수밖에 없습니다. 섣불리 '카라'를 옹호했다가는 집단따돌림을 당함은 물론이요, 애꿎은 다섯 소녀를 욕먹게 하기 십상이기 때문입니다. 제가 섬기는 학교도 다르지 않습니다만 엄밀하게 말하면 여긴 침묵이 '절대 다수파'가 일반적인 모습입니다.

학년과 학급에 따라서 차이는 있지만 대개는 '침묵의 나선'이 좌중을 휘감고 있습니다. 나선을 끊고자 선생에게 질문을 던지거나 토론하자고 덤볐다가는 학생들에게 '쟤 뭐야?' 라는 눈총을 받기 십상입니다. 내 생각이 다수의 생각과 다르기 때문이 아니라 침묵 자체가 대세이기 때문에 말을 못합니다.

반면, 제가 귀동냥으로 들은 외국의 학교는 다릅니다. 선생이 일방적으로 수업을 하기보다 멍석을 깔아주는 역할에 충실하다고 합니다. 학생들은 그 멍석위에서 뛰어놀면 그만입니다. 반론과 재반론이 종횡으로 교차합니다. 엉켜버린 실타래는 말미에 선생이 깔끔하게 풀어줍니다. 그야말로 '토론의 나선'입니다.

왜 이렇게 다를까요? 우리나라 학생들은 수업 준비를 잘 안 해오니까요? 우리나라 수업은 토론이 필요 없을 정도로 치밀해서요? 여러 분석이 있을 수 있겠지만, 우리나라 학생들이 보통 가지고 있는 일종의 토론 포비아(공포증), 의견표출 포비아가 그 주범입니다.

'진도를 빼는데 방해되는 일체의 발언을 삼가자'는 주입식 교육과 '어른이 말씀하실 땐 잠자코 듣는 거야'라는 유교적 사고관의 결합입니다. 이게 포비아의 화학공식입니다. 팔딱거려야 할 개체들이 침묵의 구덩이 속에 함몰되는 형국입니다. 다행히 최근에는 토론식 수업이 많이 늘어나고 있습니다.

토론 및 발표 점수 비중도 높아져 '제법 까부는' 학생들이 덕을 보고 있습니다. 그러나 침묵을 토론의 나선으로 교체하기에는 아직 역부족으로 보입니다. 그만큼 포비아의 더께가 두껍다는 뜻입니다. 그러기에 저와 같은 선생들의 역할이 큽니다. 공포는 때로 공포로 치유되기도 합니다.

일부러라도 학생들에게 질문을 던져 발표와 토론을 유도해 보렵니다. 수업준비가 충실해짐은 물론, 버릇없어진 학생들이 던진 역질문에 선생 자신도 긴장하게 되어 있습니다. 동반상승 효과랄까요. 문득 학교 교육 지표가 눈에 또렷이 들어옵니다. '민주시민의 자세를 지닌 인재 육성', 민주시민의 자질을 갖춘 인재를 육성하는 교실은 시끄러울수록 좋은 것 같습니다. 나와 다름이 틀림이 아니라 다양성임을 인식하는 열린 지성과 열린 해석 능력을 갖춘 사람이 바로 민주시민입니다. 저와 같은 선생은 수업을 주도하기보다는 학생들이 마음껏 질문하고 토론할 수 있도록, 학생들의 잠재력이 펼쳐지도록 촉진하고 자극하고 지원하고 유도하는 역할에 충실해야할 것 같습니다.

자소설을 강요받는 청춘

제가 명색이 국어선생이다 보니 졸업생들이 취업이나 대학진학을 위해 써야하는 자기소개서를 도와달라고 하는 경우가 여럿 있습니다. 사실 저는 작은 농촌 중학교 선생이다 보니 대학입시용 자기소개서를 잘 모릅니다. 그러니 그 이상의 취업용 자기소개서는 더더욱 모릅니다. 이런 제게 자기소개서를 부탁하는 것을 보면 딱히 믿고 부탁할만한 사람이 없기에 그런가싶기도 해서 안타까운 마음에 돕다보니 더러 자기소개서를 돕는 일이 생기곤 합니다. 그래서 서툰 대로 떠듬떠듬 자기소개서를 도와주곤 하는데 하면 할수록 '이건 아닌데' 하는 생각에 '이번이 마지막이야'하는 다짐을 하면서 억지로 돕곤 합니다. 어찌어찌 마무리를 하고나면 저도 수험생의 마음으로 잘되길 바라게 됩니다. 잘되면 제자의 실력이고, 안 되면 제가 도와준 자기소개서가 서툰 결과인 것만 같습니다.

제가 자기소개서를 도와줌이 힘든 것은 제가 입장을 분명히 하고 돕기 때문입니다. 어느 제자는 제게 아예 자신에 대한 정보를 드릴 테니 그럴싸하게 해서 아예 저더러 써달라고 합니다. 저는 분명히 거절합니다. 이건 '자기소개서'라는 말 그대로 자기가 자신을 소개하는 글이어야 하는 근본을 망각한 것으로 자기소개서가 아닌 거짓입니다. 이건 부도덕을 넘어 범죄라고 볼 수도 있습니다. 왜냐하면 자기소개서가 당락을 결정짓는 역할을 하기 때문입니다. 저는 제자가 쓰게 하고, 그저 참고할 방향을 조언해주고, 문맥에 맞게 조언해줄 뿐입니다. 제자의 정보를 정리해서 무엇이 더 타당하고, 적합한지를 일러주고, 강점을 부각시켜보라고 권할 뿐입니다. 이러니 제게 자기소개서를 도와달라고 하는 제자는 시간이 걸릴 수밖에 없고 힘들 수밖에 없습니다. 제가 이렇다보니 사실 부탁하러오는 제자가 많지는 않습니다. 저는 이게 참 다행이다 싶습니다. 솔직히 부탁하러 오는 제자가 없었으면 하는 마음 간절합니다.

어느 제자의 말에 의하면 어느 국어 선생님은 자신의 정보를 드리면 다 써주시는데 너무도 내용이 그럴싸해서 이 선생님이 써준 자기소개서로 대학에 합격한 아이들이 많다고 합니다. 이 이야기를 듣고 문득 이런 생각이 들었습니다. '이 제자들은 대학을 졸업하고 나서 취업할 때도 자신이 직접 자기소개서를 쓰지 않고 이 선생님을 찾아오겠구나.' '서툰 내게 안 오고 이 선생님을 찾아갈 테니 다행이구나.' 아무튼 제게 자기소개서 돕기는 즐거운 일이 아닙니다. 피하고 싶은 일거리입니다. 오늘 문득 제 마음을 불편하게 하는 자기소개서를 곱씹어 생각해봤습니다.

어느 대학생의 고백입니다. "세 번의 대외 활동과 두 번의 인턴 지원을 마치니 컴퓨터 배경 화면에 '자기소개서'라는 폴더가 생겼습니다. 다섯 편의 자기소개서가 들어있는 폴더를 저는 거의 열지 않습니다. 어쩌다 참고할 것이 있어 열어볼 때면 얼굴이 화끈거려 얼른 끄곤 합니다." 이 학생이 자신의 이야기를 써 놓은 '자기소개서'가 부끄러운 이유는 그 내용이 '자기소개'만 담고 있지 않기 때문입니다. 그 곳에는 이 학생과 많이 비슷하지만, 어딘가 다른 누군가의 이야기가 적혀 있기 때문입니다.

요즘 대부분의 자기소개서는 자신을 소개하는 글보단 같은 이름을 가진 주인공을 내세운 픽션에 더 가깝습니다. 자기소개서는 취업이나 대학입시에서 합격을 좌우하는 요소가 되기에, 자신을 돋보이기 위해 그 내용에 과장을 보탭니다. '자소설'이란 신조어는 이런 상황에서 생겨났습니다. 자기소개서의 줄임말인 '자소서'에 소설이라는 글자를 붙여 만든 말입니다. 허구가 태반인 자기소개서를 비꼬는 말입니다.

부끄러운 과장이라는 것을 알면서도, 취업준비생이나 대입수험생들은 자기소개서에 자소설을 쓸 수밖에 없습니다. 심지어 이를 부추기거나 대필해주는 전문가도 있을 정도입니다.

허위와 과장으로 상상력을 더하는 자소설을 써야만 하는 젊은 세대들을 보면 그렇게 까지 해야하나하는 생각도 들지만 그럴 수밖에 없는 현실을 알기에 안타까움을 넘어 착잡하기도 합니다. 사실 이는 이들의 잘못이 아닙니다. 왜냐하면 사실 그대로 적기엔 기업이나 대학에서 부여하는 질문이 너무도 가혹하기 때문입니다. '정직은 최상의 정책'이라는 말은 도덕시험에나 적용되는 말일 뿐입니다. 자기를 솔직하게 소개하는 글을 쓰면 어떨까요? 그럼 성공할까요? 그렇지 않습니다. 그럴 경우, 기업이나 대학은 정직한 사람을 뽑을 리 없습니다.

자기소개서의 시작인 성장과정란은 "내가 어렸을 때"로 시작합니다. 솔직하게 부모님과의 관계를 쓰거나 초·중·고·대학과정을 쓰고 그것을 인터넷에 떠도는 '좋은 자기소개서'라는 예시들과 비교해보면 분명하게 틀렸음을 쉽게 알 수 있습니다. 예시들은 대개 화목한 가정, 잉꼬부부이신

부모님의 모습, 어려서부터 남다른 끼와 꿈을 지닌 존재를 부각합니다. 그리고 유명한 말들로 양념을 곁들입니다. "일찍 일어나는 새가 벌레를 잡는다.", "노력은 산을 움직인다."와 같이 넘치는 열정을 드러내는 말들이 대부분입니다. 예시들을 보면 첫머리부터 막힙니다. 그럴싸하게 자신을 꾸미기엔 낯간지럽습니다.

오늘날 많은 가정이 일그러진 경우가 많고, 모범생으로 어려서부터 한눈팔지 않고 성공적으로 살아온 수험생들이 얼마나 될까 싶습니다. 감출 수 없는 성적표에 적혀있는 B+과 C+들을 애써 모른 체하고 좌우명을 강조하면서 그렇게 살아왔다고 자랑하면서 성적이 좋은 과목들만을 열심히 강조해댑니다. 수강한 과목 중에는 운 좋게 시험문제가 나와 편하게 A+ 성적을 받거나 교수가 대부분의 학생에게 후하게 주는 A+ 성적 과목도 있고, 아무도 도와주지 않는 팀 프로젝트를 혼자 밤을 새워 끌고 간 뒤 B+ 성적을 받거나 학점이 수월치 않는 교수의 과목이지만 꼭 필요한 과목이라 수강하고 보니 고생고생해서 받은 C+ 같은 과목도 있습니다. 수업에 들인 노력과 고생 등은 당연 후자 쪽이 몇 배는 심했습니다. 하지만 자소설에 담긴 것은 전자뿐입니다. 그리고는 기억을 조작해댑니다. 지루하고, 허술하기 짝이 없던 수업을 인생을 흔든 수업인 양 쓰고, 기억도 잘 나지 않는 내용을 감동했던 순간이었다고 미화시켜댑니다. 글자 수가 늘어 가면 늘어갈수록, 새카맣게 박힌 글씨들에게서 자신의 참 모습은 멀어져만 갑니다.

이렇게 완성된 자기소개서는 자기 이야기이지만 자기를 말하고 있는 것이 아닙니다. 자기소개서를 보면 부끄러워지는 한편, 또 어쩐지 서글퍼지는 이유는 그 때문일 것입니다. 이런 자소설을 쓴 청춘은 얼굴도

몸통도 손발도 올록볼록한 자기를 평평한 종잇장 위에 눌러 담다보니 이상한 모양으로 펑퍼짐하게 눌러 버린 자기가 처량해 보여 애써 외면할 지도 모르겠습니다. 도대체 이런 자소설을 요구하는 기업이나 대학은 무슨 생각을 하는 것일까요? 대필로, 허위와 과장으로 실제보다 상상이 더한 것임을 정말 모르는 것일까요? 아니면 알면서도 그런 것일까요? 대학에 오려면, 기업에 취업하려면 진실이 아니라 거짓을 진실이라고 우길 줄 아는 거짓을 포장하는 능력이 뛰어나야한다는 것을 알려주려는 것일까요?

복면가왕이
말을 걸어 옵니다

━━━━━━━━━━━━━━━━━ 복면을 쓰고 누군가 노래를
합니다. 우리나라를 대표하는 작곡가들과 연예인 판정단이 출연자들의
노래 실력을 평가하고 최고의 가수를 선정합니다. 지난 2015년 설 파일
럿 방송으로 성공 가능성을 인정받고 일요일 저녁 MBC의 대표 프로그
램으로 자리한 복면가왕이라는 프로그램입니다. 복면 너머 노래하는 사
람이 궁금하기도 하지만 그 사람이 들려주는 그 노래가 절절하게 감동을
주기에 난 복면가왕이 인기입니다.

　복면과 같은 말을 일컫는 심리학의 용어는 '페르조나Persona'입니다.
고대에 배우들이 쓰던 가면을 의미하는 라틴어에서 유래한 용어로서,
세상에 대처하기 위해 개인이 쓰는 사회적 가면 또는 사회적 얼굴을 의
미합니다. 페르조나는 성 정체성이나 자아정체성 또는 직업 같이 사회가
규정하는 나에 대한 인식과 관련되어 있습니다. 개인은 의식적으로나
무의식적으로 자기 성격의 한 측면을 페르조나로 강조하기도 하고, 전
생애 동안 많은 페르조나들을 사용하는데, 여러 개를 동시에 사용하기도

합니다.

융은 페르조나를 원형의 하나로 생각했으며, 피할 수 없는 것으로 봤습니다. 어떤 사회에서든 관계와 교류를 촉진시키는 수단이 필요한데, 부분적이기는 하나 페르조나가 이 기능을 담당합니다. 페르조나는 본래 병리적이거나 거짓된 것이 아닙니다. 하지만 개인이 자신의 페르조나와 지나치게 동일시하게 되면 병리적으로 될 위험이 있습니다. 이것은 사회적 역할 예를 들어, 변호사, 분석가, 노동자를 초월하는 것에 대한 자각이 부족하다는 것을 말해 주며, 성역할 개념이 너무 경직되어 있거나, 다양한 발달 단계에 따라 변화하는 요구사항들을 고려하지 못하고 있다는 것을 의미합니다. 융의 심리 구조 모델에서 페르조나는 자아와 외부 세계를 연결해주는 중재자입니다. 이처럼 복면이 갖는 의미를 적절하게 방송으로 연결한 연출력은 절묘했습니다.

복면의 주인공이 누구일까 추측하는 과정에서 보여주는 연예인들의 재담 또한 놓칠 수 없는 재미입니다. 명성과 명함과 스펙과 직위라는 나를 나타내는 이름을 얻기 위해 모두가 한 줄로 서서 달려가는 우리나라에서 복면가왕이라는 프로는 그 모든 것을 내려놓으라고 말하는 듯합니다.

노래 실력 외에 그 무엇도 알아볼 수 없게 꼭꼭 숨기고 오로지 가창력 하나로만 대중 앞에 서서 자신의 실력을 평가받습니다. 나이 어린 여자 아이돌 가수가 노래 경력 수십 년이 넘은 가수만 가능하다는 애절한 감성표현도, 다양한 음역이 필요한 곡의 소화도 멋지게 해내기도 합니다. 아이돌은 노래 실력보다는 춤과 외모로 승부한다는 편견에 멋진 한 방을 날리기도 합니다.

예쁜 여자 아이돌의 아름다움에 감춰진 백댄서back dancer 출신의 남자 가수가 그 누구도 상상 못 한 노래 실력을 보여주었을 때 판정단과 시청자가 받은 감동은 놀랍기도 했습니다. 누구라는 직위와 이름 뒤에 가려진 누군가를 우리가 얼마나 진심으로 이해하고 알아가려 노력했는지 돌아보게 했습니다. 우리는 평판이라는 또 다른 이름에 속아 너무나 쉽게 누군가에게 가슴 아픈 상처 하나 만들어 주지 않았는지 돌아봅니다.

우리는 사회생활에서 명함을 유용하게 사용합니다. 손바닥보다 작은 명함 하나에 자신을 다 소개할 수 없으나 자신을 대표할만한 것으로 간단명료하게 소개하기엔 명함만한 것이 없습니다. 명함은 그 사람의 이름과 직위보다 더 많은 것을 우리에게 생각해보게 합니다. 그 명함 속 자신을 만들기 위해 그 사람이 그동안 기울여온 노력은 그 종이 한 장에 다 채울 수 없습니다. 그런데 우리는 그 명함이라는 복면 뒤에 만족하는 머무름을 갖는 것 같습니다. 복면가왕의 복면은 편견에 대한 일침을 가하는 깨달음의 도구였지만 때로 복면은 지금 여기를 소홀하게 하는 자만自慢의 불씨가 되기도 합니다.

우리는 자신이 쌓아올린 학력과 사회적 지위와 소속이라는 탄탄한 복면 뒤에서 뿌듯해하면서 안주하는 지도 모릅니다. 제가 지닌 알량한 학위와 자격증, 이른바 목사와 교사로 누리는 특권, 이런 것들이 저를 포장하는 화려한 복면인지도 모릅니다. 그 속에 숨겨진 저의 게으름과 교만과 탐욕은 꼭꼭 숨겨두다보니 저 자신도 잘 모를 때가 있습니다. 문득 자각할 때는 그럴 수도 있지, 나만 그런가하는 자기합리화로 애써 외면합니다. 이런 제가 학생들에게 비쳐지는 수업과 설교의 무대는 어떤 모습일까요? 이렇게 저렇게 치장한 복면을 벗었을 때 과연 저는 인정받을 수 있을 까요? 생각하면 부끄러움이 떠오릅니다.

복면이 아닌 생얼로 관계 맺고 함께하고 싶은 제 마음이 전해지면 좋겠습니다. 무형의 성숙함이, 무형의 영향력이 오롯이 복면 뒤 제 모습이면 좋겠습니다. 복면 뒤의 성숙함과 영향력을 완성해 나갈 자신이 없어서 저는 서툴게 만든 명함을 애써 감춰두곤 하는지 모르겠습니다. 학력과 자격증과 지위를 드러낼 것도 별로 없으면서도 그래도 뽐내고 싶은 마음 한 자락으로 만든 명함이 부끄럽게 여겨집니다. 그렇다고 서툰 사람됨을 담아내기에는 그것으로 오히려 겸손을 가장한 고도의 기만이라고 여겨질까 싶기도 하니 그런 명함은 구상만 하고는 표현치 못했습니다. 이리저리 흔들리지만 그래도 숙고하는 삶의 노력이 매일매일의 일상이기에 제가 쓴 복면은 쉽게 벗겨질 것 같습니다.

개별주체 속에서
공동체를 꿈꾸며

─────────────── 제가 대학 신입생 시절 '철학
개론'이란 과목을 수강한 적이 있습니다. 아주 오래 전 일이라 배운 지식
이 다 머릿속에 기억으로 남아 있지 않지만 그래도 인상적인 배움은 지
금까지도 저의 뇌의 어느 깊숙한 곳에 깊이 뿌리박혀 있는 것만 같습니
다. 스콜라 철학에서 '개별 주체'는 매우 중요한 탐구 주제였습니다. 각
각의 사람은 개별 주제로서 독립된 존재이나 그 안에 나름의 '동일성'이
있어서, '사람'이라는 일반명사로 불리기도 합니다. 또한 '사람'이라는 개
념이 지닌 '개별 주제'가 다양한 의미로 이해되기도 하기에 이에 대한
철학적인 논의가 전개되기도 했습니다. 이에 따라 종교, 언어학, 사회
학, 심리학, 윤리학 등의 다양한 학문에서 사람의 개성과 그것이 의미하
는 소통과 공유하는 공동체가 오랜 세월 논의의 핵심주제로 다뤄져 왔
습니다. 이런 논의는 고담준론高談峻論*을 펼치는 소수의 전문적인 학자

---

* 고담준론高談峻論이라는 말은 뜻이 높고 바르며 매우 엄숙하고 날카로운 말, 아무거리낌
  없이 잘난 체하며 과장해서 떠벌리는 말이라는 뜻입니다.

들의 이야기가 아닙니다. 오늘날 지나칠 정도로 개별화되어 버린 현대 우리네 삶의 이야기와 언어소통의 의미를 통한 공동체를 생각해보려는 것입니다.

제가 '개성'이랄까 '개별 주체'라는 단어를 제기하니, 고개를 갸우뚱하실 지도 모르겠습니다. 이런 개념은 철학에서는 흔히 쓰는 단어입니다만 일상에서는 흔하게 쓰는 단어가 아니기에 생소한 느낌이 주는 거부감도 있을 것입니다. 어쩌면 이 단어 하나로 이 글을 읽으려는 생각을 접으려고 하실 지도 모르겠습니다. 사실 저도 이 개념을 써야하나 망설이다가 처음 생각을 버리기가 아까워서 드러내고 있습니다. 조금 낯설더라도 한 번 주의 깊게 읽어주시기를 바랍니다.

제가 말씀드리려는, 함께 생각해보면 좋겠다는 의도는 철학적인 이야기를 할 줄 아는 지식인이라는 것을 뽐내기 위한 것이 아닙니다. 그저 이야기를 전개하기 위한 개념으로 제기한 것일 뿐입니다. 이거 너무 사설私說이 길었습니다. 이처럼 어떤 단어와 개념이 함의含意하고 있는 의미는 그것을 공유하고 이해되는 조직이나 집단에서만 통용될 수밖에 없는 지극히 제한적일 수밖에 없습니다. 그러니 함의된 개념이해가 다른 조직이나 집단에서는 그것이 소통되기 어렵습니다.

몇 년 전 텔레비전 방송프로그램 중에 '못. 친. 소.'라는 것이 있었습니다. 저는 그 단어의 뜻을 몰라서, 그 방송이 어떤 방송인지 관심조차 없었지만 꽤 인기가 있었습니다. 방송만이 아니라 요즘 학생들이 사용하는 단어 중에는 신기한 것들이 많습니다. 이런 신세대 언어를 이해하지 못하는 저는 이제 구세대임을 인정해야 할 것 같습니다. 제 나이가 벌써 마흔 여덟입니다. 이렇게 한 해, 두 해 나이 들어가는 데 제가 몸담고 있는 곳은 사립중학교로 제가 만나고 함께하는 대상은 언제나 열네 살에서 열여섯 살의 중학생들입니다. 제게는 큰 고민일 수밖에 없습니다.

아이들과 저의 나이차는 계속 늘어만 갑니다. 그러다보니 이른바 세대 차이가 나고, 사고방식의 차이가 나고, 이해의 차이가 납니다. 제가 지닌 경험과 관심사와 가치관이 아이들과 참 많이 다릅니다. 그러다보니 제가 지닌 사고의 틀이 아이들과 다름을 많이 느낍니다. 이것이 서로의 이해를 가로막습니다. 그러니 분명히 같은 우리말을 하는데 말이 안 통하기도 합니다. 제가 생각하고 쓰는 단어를 아이들이 모르고, 아이들이 쓰는 단어를 제가 모르는 경우가 참 많습니다.

얼마 전에는 어느 모임에서 여러 종교인들과 만나게 된 적이 있었습니다. 이 모임에서 이런 저런 이야기를 하다가 대화의 물꼬를 가로막는 하나의 이야기가 발생했습니다. 어느 분의 죽음에 대한 용어적 이해가 달랐고, 그로 인해 대화가 어눌하게 전개되어 버리고 말았습니다.

죽음은 사람 생명이 끝났다는 의미이고, 영혼과 육체가 분리되는 사건입니다. 우리 조상들은 죽음을 맞으면 다시 새로운 시간을 부여 받기 위해서는 우주의 시계인 칠성七星으로 되돌아가야 한다고 믿었습니다. 그래서 본래 회귀를 뜻하는 '돌아 가셨다'는 말로 표현했습니다. 사람이 죽으면 칠성판 위에 올려놓는 이유도 이 때문입니다. 혼비백산魂飛魄散* 한다고 말합니다. 천지간에 모든 것에는 기氣가 있으며, 기가 소멸하면 죽음이 옵니다. 기는 정령精靈이며, 서양에서는 요정이라고 말합니다.

『예기禮記』에 보면 "천자天子, 황제가 죽는 것을 '붕崩'이라 하고, 제후諸侯는 '훙薨', 대부大夫는 '졸卒', 사士는 '불록不祿 죽으면 녹을 받지 못한데서 나온

---

* 혼은 비상하고, 백은 흩어진다는 말입니다.

말', 일반 서민은 '사死'라고 한다. 죽어서 침상에 있는 것을 '시尸'라 하고, 관棺 속에 있는 것을 '구柩'라고 한다. 새가 죽는 것을 '강降'이라 하고, 네 발 짐승이 죽는 것을 '지漬'라고 하며, 구난寇難 외국의 침략이나 난리에 죽는 것을 '병兵'이라 한다."고 해서 죽음의 의미가 신분에 따라 상황에 따라 다르게 개념 지어짐을 알 수 있습니다. 요즘도 지위가 높은 사람의 죽음 사망이라고 하지 않고, 서거逝去라고 말하기도 합니다.

죽음에 대한 표현은 종교마다 다른 용어를 씁니다. 불교에서는 '열반涅槃'이나 '입적入寂'이라고 씁니다. 두 말은 일체의 번뇌에서 벗어나 완벽한 깨달음의 경지에 들어간다는 의미로, 석가모니와 고승高僧의 죽음을 지칭하는 말입니다. 천주교는 '선종善終'이란 말로 씁니다. 이 말은 '착하게 살다가 복되게 끝 마친다.'는 뜻으로 선생복종善生福終의 준말입니다. 개신교에서는 '세상과 이별한다.'는 뜻의 '별세別世'를 쓰기도 하나, '하나님의 부름을 받는다'는 '소천召天'을 쓰기도 합니다. 민족종교인 천도교에서는 모든 생명은 바로 한울님 곧 우주라는 커다란 생명에서 온 것이며, 동시에 죽게 되면 이 우주의 커다란 생명인 본래의 자리로 돌아간다며 '환원還元'이라는 용어를 씁니다.

이처럼 일상에서 사용하는 개념적 이해가 다른 경우는 얼마든지 많습니다. 제가 대학에서 공부한 신학이나 윤리학 등에서 쉽게 쓰는 개념을 무심코 이런 분야에서 공부하지 않은 이들에게 이야기하게 되는 경우가 더러 있습니다. 그러면 듣는 사람이 고개를 갸우뚱하면서 겸연쩍어하면서 대화가 어색해지는 경우가 있습니다. 이런 경험은 저만 그런 것이 아닙니다. 정도의 차이는 있고 양상은 다르지만 부모와 자식, 상급자와 하급자, 교사와 학생, 종교지도자와 신자 등 이루 헤아리기 어려울 정도로 많을 것입니다. 심지어 부부간에도, 형제자매간에도, 친구 사이에도 대화가 잘 안 되는 경우가 있습니다.

현대 언어철학의 대가 비트겐슈타인Ludwig Wittgen stein은 동네 아낙들의 대화에서 자신이 이해할 수 없는 독일어를 듣고는, 언어라는 기호를 통해 인식에 이르려면 단순히 단어를 알아서만이 아니라 언어가 지닌 실천적 규칙을 알아야만 하고, 여기에 교차되는 화자話者의 비언어적 실천(말투, 몸짓 등)까지도 인식할 수 있어야만 소통이 가능해진다는 사실을 간파했습니다.

오늘 우리가 사는 이 시대는 그 어느 때보다도 '소통'이라는 단어를 자주 입에 올립니다. 그런데 가만히 보면 소통의 당위적 가치와 중요성은 누구나 다 알고 있고 말들을 하는 데 정작 그것이 갖는 어려움과 의미는 잘 모르는 것 같습니다. 상대방의 삶을 들여다보지 않고서, 서로 다른 언어개념이해를 갖고 있음을 이해하고 허용하지 않고서는 소통은 불가능합니다. 소통은커녕 상대의 언어규칙과 비언어적 규칙을 인정할 수 없어서, 오로지 자신의 입에 담겨진 단어를 이해하라고 윽박을 지를 뿐입니다.

그렇게 강압적 힘이 효과를 얻지 못하면, 가정이라는 공동체마저 증오와 분노를 키우다 끔찍한 폭력으로 망가지기도 합니다. 이는 종교기관들에서도 그렇습니다. 지역과 세대 간에 서로 다른 삶의 유형과 형태를 무시한 채, 조롱과 협박을 일삼기도 합니다. 태어난 환경에 따른 성장 배경의 다름이 그 자체로 아픔이 되기도 하는 오늘 우리 사회가, 그저 동일한 하나의 언어를 쓰고 있다는 이유로, 과연 소통이 가능한 나라일까 싶기도 합니다. 정치도, 경제도, 어린 청소년들의 학업도, 정보화에 따른 인터넷 세상도 모두가 '개별 주체'가 되어 분열을 부추기고 있는 것은 아닌지 안타까운 마음으로 바라볼 때가 많습니다.

더 이상 하나의 언어로 소통하는 공동체가 아닌, 서로 다른 언어게임에 빠져든 조각난 사회들이 공존하는 우리 사회에서 미래사회를 이끌어갈 미래의 주인공이요, 우리의 희망인 아이들이 있는 학교는 어디에 있을까요? 학교는 늘 '공동체'를 생활화하도록 가르쳐 왔습니다. 그런데 정작 학교의 모습이 그럴까요? 학교 안에는 갈라진 사회를 이어 깁는 공동체적 노력이 경주되고 있을까요? 서로 다른 가정환경의 아이들이 마주서 이웃이 되고, 부자와 가난한 아이들이 서로 어색하지 않게 한 몸 공동체이루고 있을까요?

우리사회에서 개인의 존엄을 중시하면서도 공동체성을 강조하고 그것을 당연시여기는 종교 공동체는 어떨까요? 가진 사람과 못 가진 사람이 한데 어우러져 함께하는 모습인가요? 세대 간 아픔을 넉넉한 품으로 품어주고 있는지요? 종교 공동체마저 특정한 언어모형을 지닌 채, 특정 계층과 특정 세대만의 언어게임에 빠져버린 그저 또 하나의 사회들 집합이라면, 이제 우리 사회에서 공동체를 꿈꾼다는 것은 몽환夢幻이 아닐까요?

우리 사회의 소통 부재 속에 '북한의 핵문제'와 '개성공단 문제'도 생각해봅니다. 이제 완전히 다른 나라가 되어버린 북한과는 같은 언어로 대화하고, 서로의 아픔과 문제를 해결해 보려는 시도조차 어불성설이 되어버린 것일까요? 자신의 정당성과 아픔만을 마음에 가득 채우고 나면, 인간 삶의 기초 공동체인 가정에서조차도 공동체적 소통은 불가능합니다. 내 아픔이 아니라 다른 사람의 상처와 고통으로 얼룩진 삶의 자리를 보듬을 수 있는 마음이 소통의 시작입니다. 소통은 언어가 아니라 '공감하는 마음sympathy'입니다.

소통은 입이 아니라 귀가 중요한 것으로 말하기보다 들어주는 것이 먼저입니다. 그리고 들어줌은 물리적인 귀로만이 아니라 마음으로 들어주는 것이어야 합니다. 진심으로 정성을 다해서 주의 깊게 인내하며 들어주는 것입니다. 내 머릿속에서 경험과 관심사와 가치관으로 걸러서 듣지 말고, 그냥 상대방의 있는 모습 그대로 아무런 평가와 판단 없이 들어주는 것입니다. 겸손한 자세로 눈을 마주하고 고개를 끄덕이는 비언어*와 반언어**의 호응도 곁들여서 말입니다. 그러니 소통은 언어가 아니라 예의이며, 인격입니다.

이런 생각으로 저는 무려 삼십년도 더 넘게 나이차이가 나는 중학생 아이들과 오늘도 함께하고 있습니다. 제 머릿속에 담긴 대학에서 배우고 익힌 고상한 지식의 보고寶庫들을 의식적으로 억누르기도 하면서 귀를 쫑긋하면서 저와 다른 공유의 틀에서 이야기하는 아이들과 사람들의 이야기에 귀를 기울입니다. 그렇게 해서 배우고 함께하는 즐거움이 대학에서 박사공부를 하면서 느끼곤 하던 희열보다 더한 감격일 때도 많습니다. 그러니 소통이 주는 즐거움에 삶이 아름답게 느껴지기도 합니다. 오늘도 즐겁고 신나는 소통을 위해 빈 마음으로 사람들을 만나려합니다.

---

* 비언어적 수단에는 표정과 몸짓이 있습니다. 표정에는 말하는 사람의 감정이 담깁니다. 몸짓에는 말하는 이의 간단한 의사가 들어 있습니다.
** 반언어적 수단에는 사람마다 말하는 사람의 감정이 담기고, 음색이 다르기에 그에 따라 발화 내용의 의미가 다를 수 있음을 말합니다. 반언어에는 목소리의 억양, 속도, 성량, 어조 등이 있습니다.

케이블 드라마 전성시대

요즘 드라마 시청률이 하늘 높은 줄 모르는 것만 같습니다. 그야말로 드라마 전성시대입니다. 드라마의 인기는 어제 오늘의 일은 아닙니다. 우리나라 드라마의 인기는 이미 국내를 넘어 일본과 중국까지 퍼져나가 이른바 한류열풍을 일으킨 지 오래입니다. 그러니 드라마의 인기는 당연한 현상인데 굳이 거론할 필요가 있느냐고 반문할지 모르겠습니다. 맞는 말입니다. 우리나라 드라마 수준은 제가 봐도 매우 뛰어납니다. 오죽하면 제가 드라마가 워낙 잘 만들어져서 한 번 보면 다음 내용이 궁금해서 계속 드라마를 보느라 티브이 앞에 앉아 있을 것 같고 드라마의 잔상이 남고 다음 내용의 궁금증으로 드라마를 만드는 방송국이나 관련된 인터넷 자료를 찾느라 생활에 지장을 줄까 두려워 아예 집에다 텔레비전을 두지 않고 살 정도입니다.

이런 제가 굳이 드라마의 전성시대에 한 가지 주목해보려고 하는 것은 이처럼 아시아 최고의 드라마를 만들어내는 상황에서 공중파보다 여러 모로 불리한 조건임에도 이에 아랑곳하지 않고 공중파의 드라마를 위협하는 케이블 드라마의 대약진 현상입니다. 2016년 1월 종영한 드라마 〈응답하라 1988〉은 시청률 18.8%(1.16)를 기록, 케이블 방송사 역대 최고 시청률을 달성했습니다. 이 드라마의 인기가 얼마나 대단한지는 제가 재직하는 학교에서도 분명하게 드러났습니다. 동료 교직원들과 학생들과의 대화에서 이 드라마를 모르면 소외되기 딱 알맞았고 간첩으로 몰릴 지경이었습니다. 이는 저희 집에서도 그러했습니다. 또한 명사들의 강연이나 칼럼과 수필이나 교육공문에서도 이 드라마를 언급할 정도였습니다. 이런 이유로 저도 떠듬떠듬 인터넷 여행을 통해 몇 번 시청하고야 말았습니다. 보면서 너무도 공감되는 내용으로 마치 배우들이 바로 제 삶에서 말을 건네고 함께 사는 이웃인 것만 같았습니다. 한마디로 이 드라마는 감탄을 감치 못할 정도였습니다.

이 드라마의 매력에서 겨우 헤어 나오고 나니 동료 선생님이 드라마 〈시그널〉을 강력 추천한다면서 한 번만이라도 보라고 했습니다. 워낙 자신만만하게 추천하고 말끝마다 이 드라마를 언급하기에 호기심에 한 번만 보리라 하고는 보게 되었습니다. 이 드라마를 보고는 이건 뭐 말로 할 수 없을 정도로 완성도가 높았습니다. 처음부터 보질 못하고 중간에야 보기 시작했는데도 시청자인 저를 흡입하기에 충분했습니다. 한 번만 보고 말려한 제가 이 드라마의 지난 이야기가 궁금해서 보느라 밤잠을 설치곤 했습니다. 인터넷을 찾아보니 이 드라마도 시청률이 12%를 돌파하면서 케이블 드라마의 성공을 보란 듯이 과시했습니다.

SBS 방송사에서 '오래된 미제 사건을 수사하는 내용'이 흥행하는데 어려울 것이라 판단해서, 퇴짜를 냈던 것과는 다르게 tvN 케이블 〈시그널〉은 높은 완성도와 화제성, 그리고 대중성을 아우르면서 시청자로부터 호평을 받았습니다. 이는 〈시그널〉이 공중파 드라마와도 당당하게 경쟁해서 살아남음은 물론 공중파 드라마를 위협한 대성공이었습니다.

이렇게 케이블 드라마 두 편을 보고나니 저도 모르게 드라마의 광팬이 된 것만 같았습니다. 흔히들 텔레비전TV을 '바보상자'*라고 해서 텔레비전에 현혹된 현대인의 수준 낮은 문화생활과 지적 의식을 비판한 이야기가 타당하다고 생각해온 제게 이들 드라마는 "그게 아니다."라고 말을 걸어왔고, 다정한 친구처럼 함께했습니다. 이들 드라마를 보면서 마치 아주 잘 쓴 고운 소설이나 수필을 읽은 듯한 감동에 젖었고, 감정이입으로 자연스럽게 문학적인 상상력의 나래를 마음껏 펼쳤습니다. 그러고 보니 잘된 드라마는 바보상자의 역할이 아니라 영상문학이라는 생각이 들었습니다. '어쩌면 이렇게 완성도를 높이는 작품을 쓸 수 있을까' 하는 생각에 드라마 작가가 누구인지 궁금할 정도였습니다.

---

* 대중매체 TV가 바보상자라는 말은 누구나 한번쯤 들었을 것입니다. 과연 아이들이 공부하지 않고 TV만 본다고 바보상자라고 했을까요? TV는 각양각색의 정보를 눈과 귀의 감각기관을 통해 전달 받습니다. 문제는 너무나 빠르게 정보들을 받아들이니 판단할 시간이 없는 것 같습니다. 예를 들어 어떤 광고가 지나가더라도 좋다는 정보만을 받아들이고 "왜 좋은가?" "나쁜 점도 있을 텐데……." "비교도 해야 하지 않을까?" 등 자신의 생각은 놓쳐버려 판단을 흐리게 하는 것에 비롯되지 않을까 생각합니다. 책이 좋은 점을 꼽자면 그런 판단을 하고 싶을 때에 잠시 멈춰 생각할 판단을 자기주관적 판단으로 내릴 수 있기 때문일 것입니다. 물론 상상이란 감각을 쓰는 것은 더욱 좋습니다. 그려낼 수 있으니까요. 수동적인 것과 능동적인 것 어느 것을 개발시킬까요? TV만을 계속 보다보면 어떤 것이라도 자기 스스로 판단하는 것을 놓아버리게 될 수 있습니다. 이러한 의미에서 판단을 흐리게 하는 상자임은 맞는 것 같습니다. 주관적인 판단을 흐리게 하며 맹목적으로 정보만을 받아들임은 분명합니다. 누구나 아는 사실임에도 인식하지 못하는 경우는 이런 것 같습니다. 그렇다면 바보상자라고 말해도 충분하지 않을까요? 하지만 아무리 정보를 보고 듣더라도 옳고 그름을 바르게 판단할 수 있다면 더 이상 바보상자는 아닐 것 같습니다. TV만이 아니라 뉴스든 상대와 대화를 하든 무엇이든 말입니다. 즉, 텔레비전이 문제가 아니라 그것을 주체적으로 수용하고 자기화하지 못하는 시청자가 문제입니다. 텔레비전을 조절해서 볼 줄 아는 성숙한 시청의식을 갖춘다면 더 이상 텔레비전은 바보상자가 아니라 요긴한 매체일 수 있을 것입니다.

드라마가 끝난 이후 웰메이드well·made라는 수식어로 흥행을 이어가고 있는 케이블 드라마에 대해 알아봤습니다. 불과 몇 년 전만 해도 케이블 드라마는 이목을 끌지 못해 시청자에게 외면을 당했고, 배우에게 퇴짜를 맞았습니다. 시청률이 보장되는 공중파에서 드라마의 변방, 케이블로 진출하는 것은 큰 모험이었기 때문이었습니다.

케이블 방송사 tvN은 과감하게 인재영입과 지원에 힘썼습니다. 공중파 방송사에서 활약한 신원호, 곽정환, 김원석, 나영석 등 역량 있는 PD들을 대거 영입했습니다. 또한 제작 환경이 조성될 수 있도록 적극적인 지원을 아끼지 않았습니다. 드라마 작품을 선택할 때는 작가, 원작자의 의도를 최대한 존중했습니다. 이 때문에 이들의 역량이 극대화될 수 있었습니다. 즉, 지원은 최대로 간섭은 최소로 하는 방식이었습니다. 그러니 작가와 연출자와 배우들이 역량을 극대화할 수 있었습니다.

케이블 방송사의 적극적인 지원을 토대로 〈응답하라 시리즈〉, 〈미생〉, 〈시그널〉, 〈치즈인더트랩〉, 〈송곳〉 등의 드라마들이 성공을 거뒀습니다. 특히 〈응답하라 1997〉이 성공을 거두고 출연진들이 스타덤에 오르자, 일류 배우들도 케이블 드라마 진출을 이어가게 되었습니다. 최근 종영한 〈시그널〉은 영화 같은 연출, 배우들의 연기력, 긴장감 넘치는 스토리로 큰 호평을 받았습니다. 화성 연쇄살인 사건이 모티브인 이 드라마는 사전제작 시스템을 도입했습니다. 과거 드라마 출연진이 제기했던 '쪽대본', '밤샘촬영'을 해결하고 완성도 높은 드라마를 제작하기 위해서였습니다.

비정규직 문제를 다룬 〈미생〉은 직장에서 일어나는 에피소드에만 집중한 것이 아니라, 비정규직에 대해 생각해 볼 수 있는 사회적 메시지도 담았습니다. 최고의 연출진, 작가, 배우의 삼박자 조합뿐만 아니라 대중성과 화제성을 모두 잡으면서, 케이블 드라마는 시청자들에게 웰메이드 well-made라는 수식어로 사랑받고 있습니다.

방송통신위원회가 조사한 '2015년도 방송시장경쟁상황 평가'에 따르면, 2014년 방송 시장은 14조 7천2백억으로 전년 대비 4.9% 성장했습니다. 방송시장이 꾸준히 성장하면서 많은 방송사가 경쟁에 뛰어들었고, 방송시장은 무한경쟁 시대로 돌입했습니다. 그보다 앞선 1990년대와 2000년대는 공중파 드라마 전성시대로 최고 시청률 60%를 기록하기도 했습니다. 당시만 해도 히트 치는 드라마가 많았기 때문에, 종합편성채널*이 등장해도 큰 영향이 없을 것으로 내다봤습니다.

흥미롭게도, 공중파 3사 시청점유율은 2010년 67%에서 2013년에는 58%로 하락해 점유율이 꾸준히 감소하고 있고, 최근 드라마들은 시청률이 10%대에도 미치지 못해 손익분기점도 넘지 못하고 있습니다. 시청률을 의식한 공중파 3사는 연기 경험이 거의 없는 아이돌을 드라마 현장에 대거 투입했지만 시청자들은 '발연기'**라 하며 오히려 작품 감상에 방해가 된다는 반응을 보였습니다. 반면 케이블 방송사는 시청률에 연연하지 않고 연기력을 검증받은 연기자를 섭외했습니다. 이는 작품의 완성도를

더 끌어올릴 수 있게 됐습니다.

종편*은 경쟁력을 갖추지 못해 도태될 것이라는 전망과 다르게 무한 경쟁 속에서 살아남았고, 한편 공중파는 위기론이 대두되고 있습니다. 점유율을 회복하려는 공중파 방송사와 케이블 방송사 사이의 경쟁구도 속에서, 앞으로도 케이블 드라마가 이러한 흐름을 계속 이어갈 수 있을 것인지 귀추가 주목됩니다.

오래 전에 텔레비전을 집에서 몰아내고 드라마를 보지 않았던 제가, 저도 모르게 아주 자연스럽게 케이블 드라마에 빨려 들어가게 된 것이 스스로도 참 신기합니다. 다행히 드라마에 빠져 살지는 않고 있습니다. 드라마 시청은 고단한 제 삶에서 힐링을 위한 지혜로운 선택이었습니다. 드라마가 끝나면 다시금 제 삶의 자리에서 열심히 주어진 일에 충실하고 있습니다.

문득 케이블 드라마 전성시대를 체감하고 보니 느끼는 바가 참 많습니다. 드라마는 현실을 재료로 만들어진다는 생각을 하니 이런 생각이 들었습니다. 아무리 어렵고 힘들어도 인내하면서 기본에 충실하고 우직할 정도로 진지하게 나아가면 반드시 승리한다는 것입니다. 공중파 드라마들이 자만에 빠져 충실히 준비하지 않고, 아이돌 스타의 인기를 등에

---

* 뉴스 · 교양 · 드라마 · 오락 등 모든 장르의 방송프로그램을 편성할 수 있는 채널로, 공중파 방송과 달리 케이블TV와 위성방송 등을 통해서만 송출됩니다. 2009년 7월 22일 방송법 · 신문법 · 인터넷멀티미디어방송사업법IPTV법 등의 미디어 관련법이 국회를 통과함에 따라 신문사와 대기업이 종합편성채널의 지분을 30%까지, IPTV는 49%까지 소유할 수 있게 되면서 주목받기 시작했습니다. 공중파가 하루 19시간 방송으로 제한을 받는데 반해, 종합편성채널은 24시간 방송하며 중간광고가 허용된다는 특징이 있습니다. 방송통신위원회는 2010년 12월 31일 '종합편성 및 보도전문 방송채널사용사업 승인 대상법인'을 통해 종합편성채널사용사업자PP로 중앙일보, 조선일보, 동아일보, 매일경제TV를 선정해 발표했고, 그 이후 여러 채널들이 늘어났습니다.

업는 안일한 자세로 나아간 결과는 시청자들의 외면을 받을 수밖에 없었습니다. 이런 현상은 상황과 양태만 다를 뿐 우리 삶의 곳곳에서도 쉽게 찾아볼 수 있습니다. 우리도 케이블 드라마처럼 진정성을 가지고 완성도를 높여간다면 반드시 성공할 수 있다는 생각이 듭니다. 케이블 드라마의 완성도는 아무리 힘들어도 기본에 충실하고, 아무리 괴로워도 조급해하지 말고, 아무리 불안하고 불편해도 참고 인내하면서 꾸준하게 정도를 걷는 자세를 일깨워준 것만 같습니다.

더불어 사는
세상을 꿈꾸며

———————————————— 정치는 우리 삶에서 매우 중
요합니다. 대한민국 헌법 제1조는 "모든 주권은 국민에게서 나온다."고
분명히 밝히고 있습니다. 그러므로 우리 국민 한 사람, 한 사람이 존엄하
고 중요합니다. 이와 같은 국민주권론에 따라 우리는 대통령을 비롯한
지방자치단체장과 국회의원 및 지자체의회 의원을 선출합니다. 이런 정
치제도가 바로 민주주의이고 공화정치입니다. 이런 제도가 잘 진행되도
록 하는 학문이 정치학이고, 이를 전문적으로 하는 곳이 정당이고, 하는
사람이 정치인입니다. 그런데 저와 같이 정치를 전공하지 않은 사람이
보기에 아직도 국민 대다수가 동의할 수 있는 정치라는 개념을 정의하기
란 쉽지 않은 것만 같습니다. 왜 이렇게 정치를 말하는 이들과 정당과
정치인들이 다른 이야기들을 하는지 모르겠습니다. 그러나 한 가지 확실
한 것은 모두가 행복한 더불어 함께 사는 세상을 만드는 방법을 모색하
는 것이 정치인 것 같습니다. 다양한 가치추구와 생각을 가진 사회구성
원들의 이해조정과정을 정치라고 정의할 수 있습니다.

'정치政治'를 영어로 'politics'라고 합니다. 고대 그리스 도시국가polis에서 따온 말입니다. 폴리스 주민들은 공평하게 나라 운영에 참여했습니다. 그들은 생활과 정치가 분리되지 않고 하나라고 생각했습니다. '정치政治'는 '바를' 정正자에 '칠' 복攵자가 합쳐진 말입니다. '칠' 복攵은 '치다' '채찍질하다'의 뜻입니다. '다스릴' 치治자는 '물 수水'변에 '삼태성 태台'인데 '태台'자는 '별'의 뜻만이 아니라 '기르다, 양육하다'의 뜻도 있습니다. 우리가 사용하는 '정치'라는 말은, '물 흐르듯 바르게 세상을 다스려 기른다.'는 마음을 담고 있음을 알 수 있습니다. 그래야만 말 그대로 '정치'입니다.

그런데 우리나라의 정치 현실이 정치일까요? 정치라고 말할 사람이 몇 사람이나 될까요? 오늘의 정치는 조롱과 혐오 대상이 되었습니다. 해외 누리꾼은 'politics'를 'poly(많다)'와 'ticks(피 빨아 먹는 진드기들)'의 합성어라고 하며, 정치는 '피 빨아 먹는 진드기 집단'이라고까지 비아냥하기도 합니다. '물 흐르듯'은 없고 온통 역류가 만든 소용돌이 뿐입니다. '국민을 위하여'라고는 하지만, 국민은 안중에 없는 '그들만의 리그'라는 것을 모르는 국민이 없습니다. 우리나라 정치판에 정치도의政治道義가 있을까요? 바른 윤리가 존재할까요? 한마디로 없습니다. 왜? 철저히 계산된 이익을 추구하는 것이 되었기 때문입니다. 이런 정치는 그 자체가 죽은 것입니다. 정치를 생물이라고 하지만, 자신의 밥그릇 싸움만을 하고 있는 한, 정치는 죽은 정치입니다. 이합집산離合集散, 이전투구泥田鬪狗, 토사구팽兎死狗烹의 뒷자리에 먹을 것 쟁탈전이 있음은 삼척동자도 알고 있습니다. 안타까운 현실은 종교 지도자들 중에는 정치의 밥그릇 싸움에 숟가락을 올리려고 애쓰는 이들이 많습니다. 한 마디로 타락입니다. 종교가 예언자의 외침을 스스로 버리는 행위입니다. 세상을 살리는 역할도 밥그릇에 숟가락을 올리는 순간 없어집니다. 죽은 것과 접목하게 되면, 종교 역시 죽습니다. 정치판에는 종교의 자리가 있을 수 없고, 있어서도 안 됩니다.

정치판의 이면裏面에는 음모, 모함, 비난, 죽이기 등 어둠과 죽임의 세력이 주도권을 잡고 있습니다. 최근 미국 드라마 'House of cards'는 미국 대통령 선거와 집권을 위한 권모술수權謀術數의 추악한 민얼굴을 주제로 삼아 시청률이 높다고 합니다. 우리의 정치판도 다르지 않습니다. 그래도 그들에 의해 국민의 삶, 국가의 미래가 영향을 받으니, 무한대로 모른 척 할 수도 없습니다. 오히려 두 눈 부릅뜨고 거룩한 참정권參政權을 바르게 사용고자 하는 마음을 추스려야 합니다.

정치와 속성이 같은 것이 경제입니다. 정치나 경제나 희소성의 원칙에 따라 공정한 분배를 목적으로 탄생했기 때문입니다. 물론 정치는 비물질적 가치배분, 경제는 물질적 가치배분에 역점을 두고 실현하는 방법에 차이가 있기는 하지만, 결국 이 둘의 궁극적인 목적은 더불어 잘 사는 방법의 모색입니다.

정치와 경제뿐만 아니라 종교 역시 사람들에게 더불어 잘 사는 방법을 제시해 주고 있습니다. 시대에 따라 기능과 역할이 변해 온 것은 사실이나 현대사회에서 종교의 중요한 역할 가운데 하나는 더불어 잘 사는 방법을 제시해 주는 것입니다. 기독교는 사랑의 실천과 감사를, 불교는 자비를 통한 선업善業, 원불교는 사은四恩에 대한 보은報恩을 토대로 감사 생활을 통해 인간뿐만 아니라 자연과도 더불어 잘 사는 방법을 제시해 주고 있습니다.

이들 종교들은 '부분은 진리가 아니고 화합과 협력으로 하나가 되는 전체가 진리'라고 가르칩니다. 내가 있으면 내가 아니라는 '비아非我'가 존재하나, 나我도 비아도 모두가 부분이므로, 모두를 넘어서는 참된 가치 안에서 하나가 되는 것을 가르칩니다. 이것이 쉬운 것은 아닙니다. 개인의 이기적인 욕망을 내려놓고, 양보하고 배려하고 상대방을 존중하는 문화가 일상화되어야합니다. 이를 위해서는 서로의 생각과 느낌과 의견을 존중해야합니다. 내 의견이 있으면 나와 다른 의견이 있고, 다양한 의견들 모두가 부분이므로 옳다고 확신하기보다는 열린 결론으로 함께 해 나가야 합니다. 이 길이 겸양謙讓과 중용中庸의 길입니다. 이 길이 자연스럽게 발현될 때, 모두가 행복한 더불어 잘 살 수 있는 사회적 토대가 구축될 것입니다.

그러나 안타깝게도 국내사회나 국제사회나 더불어 잘 살아보려는 노력은 이미 실종되었고, 경쟁을 통해 승리한 자들만이 모든 가치를 독점적으로 향유하고 있습니다. 승자들은 더 나아가 자기의 주장과 믿음을 확대 재생산해서 자기중심의 질서를 구축하려 혈안이 되어있습니다. 이들이 사용하는 수단들에 의해 국내사회나 국제사회의 대부분의 사람들은 언제나 불안하고 불행합니다.

민주주의 역사를 살펴보면 소수가 장악한 권력을 다수로 전환하는 과정입니다. 그러나 다수에 의한 권력 장악도 비록 민주적이라는 수식어가 붙기는 하지만, 제도적 한계 때문에 더불어 잘 사는 사회 형성에는 실패하고 말았습니다. 이미 한계에 부딪히고 있는 현행 민주주의에 대한 비판도 많고, 대안 모색도 시도되고 있으나 진정한 민주주의를 구현하기 위해서는 부분적인 제도개선보다는 근본적인 패러다임의 전환을 모색해야합니다.

소수가 대부분의 이익을 장악하고 다수에 대해 약간의 이익을 양보하는 임기응변식 사회 유지보다는 처음부터 모두가 더불어 잘 살 수 있는 새로운 정치, 경제, 사회, 문화적 토대를 모색해 나가야합니다. 물론 새로운 패러다임을 독자적으로 모색, 구축한다는 것은 우리의 여러 상황을 고려할 때, 불가능할 수도 있습니다. 그러나 국민들의 의지가 집약되고 시민사회가 단결해서 점차적인 개선을 추진해 나간다면 비록 시간이 걸린다 해도 가능하지 않을까 싶습니다. 국민이 주권을 행사하는 가장 중요한 순간은 유권자의 힘입니다.

이른바 학연, 지연, 혈연 심지어 같은 종교라는 이유로 묻지도 따지지도 않고 투표하는 것은 이제는 지양해야 합니다. 또한 정치인들과 정당들이 표를 구걸하기 위해 지역 이기주의에 편승하거나 사탕발림으로 계층간, 지역간 이익을 공약公約으로 내거는 얕은 수에 넘어서서는 안 됩니다. 국민은 보다 성숙한 자세로 너와 내가 손잡고 함께 사는 세상을 만들어가기 위한 정치에 힘을 실어주고 그것이 가능하도록 감시와 감독을 해나가는 주인의식을 지닌 참정권을 행사해야합니다. 성숙한 국민의식으로 성숙한 정치를 기대하며, 새로운 패러다임의 추진을 기대해 보면 좋겠습니다. 이를 가르치고 익히게 하는 곳이 바로 학교이고, 이를 실현하도록 정신문화의 가치를 일깨워주고 독려하는 곳이 종교공동체이고, 시민사회단체일 것입니다.

만화방의 추억을 떠올려봅니다

우리나라에 만화방이 처음 모습을 드러낸 것은 1950년대입니다. 별다른 오락거리가 존재하지 않던 당시를 생각해보면 획기적일 수 있으나, 저연령층을 대상으로 형성된 시장은 그 규모도 걸음마 수준에 지나지 않았습니다. 그러나 1980년대부터 성인만화들이 쏟아져 나오며 출판만화 시장의 호황이 이어졌고, 만화방도 그 기세에 올라탔습니다. 이때부터 만화방의 고객층은 청소년뿐만 아니라 중년층까지 확대됐으며, 이는 출판만화가 쇠락한 시기인 2,000년대까지 이어졌습니다.

이러한 흐름 덕에, 어떤 이들은 만화방을 자욱한 담배 냄새가 머무는 아저씨들의 아지트로 기억하기도 합니다. 심지어 만화 작가들마저 독자들의 직접적인 수요를 떨어뜨린다는 이유로 냉담한 시선을 보내곤 했습니다. 일각에서는 이런 시선이 극대화돼 반만화방 운동인 '자유의 검은 리본'이라는 이름의 단체까지 생겨나곤 했습니다. 이러한 양상과 더불어, 인터넷의 발달로 인한 스캔본 무단공유는 움츠리고 있던 출판만화

시장에 직격탄을 날렸고, 그렇게 만화방은 쇠락의 길을 걸었습니다.

1990년대에 8천여 곳에서 많게는 1만 2천여 곳까지 존재했을 것으로 추정되는 만화 대여점은 현재 약 1천여 곳에도 못 미치는 것으로 파악됐습니다. 매년 꾸준히 수가 줄고 있고, 기존의 운영 방식으로는 젊은 세대의 유입이 불가능하다고 진단되고 있습니다.

또한 만화를 찾는 손님이 줄면서 업주들도 만화만 고집해서는 운영이 어려운 실정입니다. 그래서 많은 대여점이 만화 이외에 인터넷 소설 대여를 병행하고 있습니다. 이 밖에도 노숙자들이 만화방을 쉼터로 이용하는 경우가 빈번해 업주들이 골머리를 썩고 있습니다. 만화방은 웹툰 등 굳이 대여하지 않아도 다양한 콘텐츠가 존재하기에 젊은 세대의 손님을 유치하기가 매우 어렵게 되었습니다.

그에 반해 만화시장의 주도권을 넘겨받은 웹툰은 탄탄대로를 걷고 있습니다. 한국콘텐츠진흥원에 따르면, 2014년 국내 웹툰 시장의 규모는 약 1천 719억 원에 달합니다. 2015년에는 2천 950억 원 수준으로 1년 새 2배 확장됐습니다. 2018년에는 약 5천억 원에 달할 것으로 내다보고 있습니다.

또한, 최근 몇 년 사이에 온라인 결제방식의 웹툰 플랫폼이 성공적으로 안착하면서, 중년층이 대상이었던 성인만화들마저 출판이라는 둥지를 벗어나 웹툰 플랫폼에 자리를 잡고 있습니다. 대부분의 인기 웹툰은 단행본으로 다시 출간되지만, 이미 온라인이라는 편한 방법을 뒤로하고 단행본을 구매하는 경우는 상대적으로 매우 적을 수밖에 없습니다.

점차 설 곳이 없어지는 만화방의 흐름과는 다르게, 새로운 길을 찾아 나서는 움직임이 있습니다. 바로 만화카페입니다. 기존 만화방과 큰 줄기는 같지만, 주요 대상이 젊은 세대라는 점에서 방향성을 엿볼 수 있습니다. 아직 수도권을 중심으로 형성되고 있는 만화카페는, 카페테리아와 더불어 개인이 즐길 수 있는 1인실 등, 더욱 편안하게 감상할 수 있도록 설계돼 있습니다. 고양이 카페와 같이 다양한 콘텐츠를 접목한 만화카페도 젊은이들 사이에서 큰 호응을 얻으며 비슷한 형태의 만화카페가 늘어나고 있습니다. 그러나 이러한 변화 또한 기존의 만화방 업주들에겐 힘겨운 선택지일 뿐입니다. 온라인으로 넘어가고 있는 과도기인 현시점에서 새로운 방식의 운영은 기존 업주들에게 큰 도전이며, 위험한 도박일 수밖에 없습니다.

세월의 흐름에 따라 만화방의 모습과 양상도 변하고 있습니다. 만화시장의 암흑기와 함께 침체를 맞은 만화방은, 이제 선택의 갈림길에 서 있습니다. 만화카페도 이러한 노력의 연장선입니다. 많은 어려움을 안고 있는 것도 사실이나, 시대의 흐름에 어느 정도 발맞추려는 노력 또한 필요합니다. 이대로 도태될 것인지, '응답하라 1988'의 쌍문동처럼 누군가의 추억으로만 남을지는 앞으로의 행보가 중요할 것입니다.

만화방을 생각해보면서 문득 이런 일이 만화방만이 아니라는 생각을 했습니다. 급변하는 세상의 흐름과 사회구조에서 변화를 예측하고 민감하고 자기 변혁을 하지 못하면 도태될 수밖에 없습니다. 기존의 것을 지키고 이를 계승해야하는 것도 있습니다만 분명 뼈를 깎는 아픔과 모험을 통한 변신도 필요합니다. 이는 선택이 아니라 필수입니다. 잘 될 때 안주하지 말고 시대적 흐름을 미리 분석하고 예측해서 준비하는 사람과 조직이 살아남습니다. 때로는 도태될 것이라면 적절한 타이밍에 정리하고 새롭게 출발해야합니다. 자칫 그동안의 정성과 비용이 아까워 주저하다가는 더 큰 낭패를 보게 되고 급기야 절망으로 치달을 수도 있습니다. 새로운 변혁은 결코 쉬운 일이 아닙니다. 세상에 공짜가 없듯이, 고통 없는 성장은 없습니다. 어렵지만 해야 하고, 힘들지만 포기할 수 없는 생존을 위한 진지한 몸부림과 불타는 열정과 도전이 지금 이 시대에는 절실합니다.

복권과
취업의 길목에서
마음 챙김

제가 잘 아는 대학생은 대학에 가는 지하철역 부근에 복권을 파는 상점이 있다고 합니다. 그곳에 가서 보면 직장인뿐만 아니라 대학생들도 많이 볼 수 있다고 합니다. 직장인들은 돈을 벌어야 하는 직장생활의 어려움과 스트레스 때문에 '일확천금'을 바라는 마음에서 복권을 사고, 학생들은 미래에 대한 걱정과 압박감 때문에 '복권'을 산다고 합니다. 이 대학생 또한 불투명한 미래의 걱정에서 벗어나고자 '로또'를 사고 당첨번호를 확인합니다. 번호가 한 개가 맞고 두 개가 맞혀지기 시작하면, '로또가 되면 나는 어떻게 생활을 할까?'라는 기분 좋은 상상을 하기도 합니다.

로또에 당첨 되면 어떤 생활을 할 것인지에 대해 친구들과 이야기 한 적도 있습니다. 대부분의 친구들은 '학교를 그만둔다.' 그리고 직장을 다니는 친구들 또한 '지금 하고 있는 일을 그만둔다.'라고 이야기 한다고 합니다. 이처럼 많은 사람들이 '기회'가 온다면 지금 갖고 있는, 그리고 여태껏 생활 하던 곳이나 장소에서 벗어나 새로운 것을 추구하고 자유롭게 삶을 즐기고 싶어 합니다. 그 '기회'는 크게 보면 로또 당첨입니다.

하지만 학생들 입장에서는 미래에 대한 고민과 압박감에서 벗어나는 기회가 '취업'입니다. 취업만 된다면, 마음도 안정되고 생활도 안정 될 것이라고 생각하기 때문입니다. 대부분의 학생의 경우에는 자신에게 취업이 보장되어 있는 상황이라면 지금 다니고 있는 학교에서 출석인정이 되기 때문에 학교를 오지 않게 됩니다. 이러한 모습은 학교를 '배움의 장소'라는 의미 보다는 '취업을 위한 과정 중 하나'로 대부분 생각 하고 있기 때문입니다. 학교가 '배움의 장소'라기 보다는 '취업을 위한 훈련소 혹은 취업을 위한 단계'가 되면서 취업에 대한 압박 때문에 학교들마다 편입과 전과와 자퇴에 대한 대학생들의 문제가 많이 발생되고 있습니다.

제가 아는 대학생 중에는 취업에 불리한 인문학과를 포기하고 디자인 전문학교에 편입했고, 어느 학생은 자퇴를 하고는 다시 수능을 봐서 거의 100% 취업률을 자랑하는 간호전문대학에 입학했습니다. 우리가 흔히 이야기하는 '로또'와 '취업'은 단시간 안에 자신이 하고 싶은 일 을 할 수 있는 기회를 만들어 준다고 생각합니다. 그리고 현실이 가지고 있는 압박감과 걱정에서 벗어날 것이라고 생각합니다.

이처럼 대학들에게 '편입'과 '자퇴', '휴학' 또한 이러한 '기회'입니다. 사람들은 지금 상황에서 벗어나고자 '취업이 되면', '로또가 되면', '기회가 되면'이라고 생각합니다. '기회'가 오면이 아니라, 지금 이 순간이라도 할 수 있는 일이 있지만, 더 높은 상황을 설정해 놓고 기대합니다. 그리고 자신이 있는 현재와 비교해서 스스로를 압박하며 걱정과 근심 속에서 살아가고 이곳에서 혹은 자신이 처한 상황에서 벗어나고자 애를 씁니다.

'기회'가 된다면, '로또가 당첨되면'이 아니라 마음을 바꾸면 할 수 있고 될 수 있는 일이 많이 있습니다. 오늘 우리의 대학생들이 '기회'만을 노리는 것 같아 안타깝습니다. '편입'과 '휴학'이 주는 '변화'가 아닌, 즐길 수 있는 상황을 자신의 대학에서도 찾을 수 있습니다. '취업이 되면' '경제적 여건이 되면'이 아니라 '마음에 안정을 찾으면, 걱정과 근심을 덜면'이 전제가 되어야 합니다. 경제적 여건이 된다고 해도 불안감과 불평과 요행을 바라는 마음은 정도의 차이만 있을 뿐 사라지지 않습니다. 중요한 것은 안분지족安分知足의 마음입니다.

우리 사회의 자살률이 OECD국가 중 1위라고 합니다. 어느 해부터인가 이제 우리나라는 교통사고 사망자보다 자살자가 많은 지경에 이르렀습니다. 끊이지 않고 발생하는 유명 연예인과 사회저명인사의 자살로 우리 사회의 높은 자살률에 대한 자성의 목소리가 늘고 있습니다.

보릿고개를 넘기던 사람들, 인간의 일차적인 욕구를 채우지 못해서 허덕거리던 그들의 모습을 본 적이 있나요? 철분이 부족해 흙을 파먹고, 나무껍데기를 뜯었습니다. 살고자, 살아보고자 해서 흙 범벅이 된 얼굴과 비린내 나는 손이었습니다. 지금 떠올리면 오히려 아름답게 느껴지던 시절입니다. 적어도 그들에게는 삶에 대한 열망이 있었으며, 수제비 한 그릇에도 만족함이 있었습니다.

이제 그 보릿고개를 우리나라 특유의 질김으로 떼어내고 놀라운 경제 성장률을 보인 자랑스런 우리 대한민국입니다. 그런데 지금, 또 다른 것으로 세계를 놀라게 하고 있으니, 그것은 다름 아닌 OECD 가입국 최고 자살률입니다. 살아보고자 열심을 내던 우리네들이 무엇 때문에 이렇게 절망에 빠진 것인지 한숨만 나올 지경입니다. 이제 우리 사회가 어느 정도 물질적 안정을 이루려니까, 이제야 비로소 자기 내면의 세계를 들여다보게 된 것입니다. 정신없이 달리다가 문득 자신이 달리는 이유가 무엇인지 번뜩한 의문을 품은 결과가 고작 이것일까요?

학비가 없어서 교육을 못 받던 그 때에 공장에 들어가 기술을 배우고, 그 속에서 꿈을 키우며 살아가던 이들을 생각해 봅니다. 그들이 지금 우리 대학생들처럼 대기업만을 원했을까요? 결코 그렇지 않습니다. 그들은 만족의 미학을 알았으며 그것이 행복의 비결임도 알았습니다. 반면, 우리 대학생들은 공부만이 잘 사는 길이라며 남들에게 뒤쳐질세라 책상 앞에만 눈을 고정했으며, 그 좁은 시야는 연봉 높은 회사만 찾게 만들었습니다. 그리고 그것이 뜻대로 되지 않으니 부모님께 떳떳하지 못해 밖으로만 돌다가 가정불화로, 이어 자살로까지 이어지게 되었습니다. 실제로 청년자살 이유의 1,2위를 차지하고 있는 것이 취업난과 가정불화라고 합니다.

속으로 곪는 상처를 치유할 길을 찾지 못하는 우리네의 쓰린 현실입니다. 저는 그 해결책을 만족에서 찾고자 합니다. 보릿고개의 심층에서 발견되는 행복한 만족감 말입니다. 사람은 아무리 많이 가져도 만족하지 못하는 동물입니다. 우리가 동경하는 세계적인 재벌이나 아름다운 여배우도 자신에게 만족하지 못한다고 고백합니다. 그러니 자신에게 만족할 줄 아는 자는 이들보다 얼마나 현명하고 지혜로운 사람인가요? 자살을 결심하고 마지막 여행을 떠나는 어떤 여인을 돌이킨 한 마디가 있습니다. "슬퍼하지 마세요. 당신은 살아갈 날이 살아온 날보다 많습니다. 그것이 얼마나 큰 만족인지 곧 깨닫게 될 것입니다."

그렇습니다. 사는 게 힘들고 취업이 힘들지만 대학생들에겐 무엇보다 값진 패기와 열정과 젊음이 있지 않은가요? 흙을 파먹고 나무껍데기를 벗기면서도 살려고 했던 그 열망을 이제 다시 회복해야 합니다. 우리 자신의 존재가 충분히 가치 있음을 깨달아봅시다. 그 첫걸음은 자신의 삶에 만족함부터입니다. 살면서 우리에게 닥칠 수많은 배고픔들, 그 아픔들을 우리는 이미 직감하고 있으며 각오하고 있습니다. 지금 여기까지 살아와 이 자리에 있는 것이 바로 그 명확한 증거입니다. 이 사실만으로도 얼마나 만족스러운 일인가요? 이 만족은 우리에게 닥칠 어려움도 넉넉히 이겨낼 것입니다. 훗날 내 청춘은 아름다웠노라고 당당히 말할 수 있도록 자, 이제 자신의 삶에 깊이 만족해보지 않겠습니까?

성숙한 다문화 사회를 위한 중국문화이해

우리나라 사람들은 '백의민족 白衣民族'이라는 호칭이 생겨날 정도로 하얀색을 좋아합니다. 그래서 나라를 상징하는 태극기나 국제 스포츠경기에서도 하얀 유니폼들이 유난히 많습니다. 하얀색 옷은 때가 묻어날 때 그것이 쉽게 드러나기에 불편한 점이 있음에도 순결해보이고 순수한 느낌이 들어서 그런지 좋습니다. 이렇게 우리나라 사람들이 오래전부터 하얀색을 좋아했고 지금도 그렇다고 해서 하얀색이 모든 색의 근본이고 최고인 것은 아닙니다. 우리가 그렇다고 남들도 그래야한다는 생각은 금물입니다.

우리 주변국으로 우리와는 떼려야 뗄 수 없는 나라 중국은 어떨까요? 중국인들은 어떤 색깔을 선호할까요? 중국에 대해 조금이라도 관심이 있다면 잘 알고 있을 것입니다. 중국인들은 예로부터 어느 지역을 막론하고 모두 빨간색에 대한 사랑이 유난스러울 정도입니다. 나라를 상징하는 국기는 물론 서민들의 일상생활에서도 빨간색은 쉽게 찾아볼 수 있습니다. 특히 경사스러운 모든 일에 절대 빼놓을 수 없는 것이 바로 빨간색입니다.

가장 대표적인 것은 아마도 전통 결혼식을 꼽을 수 있습니다. TV에서도 많이 볼 수 있는 신랑신부의 의상에서부터 신혼방의 모든 장식, 이불, 침대커버, 심지어 속옷까지 모두 빨간색으로 갖춥니다. 근래 현대인들은 서양의 생활방식에 영향을 받아 많이 바뀌긴 했지만 그래도 여전히 곳곳에 빨간색들이 남아있습니다.

가장 눈에 띄는 것은 아마도 창문과 문에 빨간 종이를 조각내 오려낸 큰 '囍'자 일 것입니다. 그 외 결혼식장의 장식은 물론 신랑과 신부의 집 주위 30미터 안에 있는 상수구와 하수구를 모두 빨간색 종이로 덮어놓고, 신랑신부가 사용하는 용품까지도 모두 빨간색으로 갖추고, 하객들도 축의금은 꼭 빨간 봉투에 넣습니다. 또한 중국 북방지역에서는 아기가 태어나면 기저귀를 모두 빨간 천으로 준비하는 지역도 있습니다.

요즘은 많이 바뀌어 일회용 기저귀를 많이 사용하고 있지만, 나이 드신 할머니들이나 일부 농촌에서는 여전히 이러한 전통을 고집하는 사람들이 있습니다. 태어날 때뿐만 아니라 성장하면서도 빨간 옷, 특히 빨간 속옷을 입어야 할 경우가 있습니다. 만 12세, 24세, 36세, 즉 본인의 띠 해가 돌아오게 되면 남녀노소 할 것 없이 모두 빨간색을 몸에 걸쳐야 하는데 주로 빨간 속옷, 빨간 허리띠와 빨간 양말을 선호합니다. 이는 본인의 띠 해에 질병과 재난이 많이 생길 수 있어 빨간색들이 이런 재난으로부터 자신들을 지켜준다고 믿고 있기 때문입니다.

또 노인이 돼서 73세와 84세가 되는 해에도 똑같이 자녀들이 빨간 속옷이나 허리띠, 양말을 맞추어 주는데, 이것은 옛날부터 73세와 84세가 넘기기 어려운 큰 고비이기 때문이라는 이유에서입니다. 중국의 유교 대표인물인 공자와 맹자도 이 고비를 넘기지 못했습니다. 공자는 73세에, 맹자는 84세에 별세했을 만큼 큰 고비이므로 꼭 빨간색으로 자신을 지켜야 장수한다고 합니다. 과학적인 근거는 없지만 주변의 노인들을 살펴보면, 우연의 일치인지는 모르나 73세나 84세 돌아가시는 분들이 좀 많긴 합니다.

또한 중국에서 가장 큰 명절인 춘절입니다. 중국에서는 설을 춘절(중국어 간체: 春节, 农历新年, 종체: 春節, 農曆新年, 병음: Chūnjié, Nónglì xīnnián춘제, 농리신녠)이라고 합니다. 대규모 귀성객이 고향으로 돌아가 가족과 함께 명절을 보내는 등 우리나라와과 비슷한 모습으로 보내는데 국토가 방대하기 때문에 보통 1주일 이상을 휴일로 합니다. 옛 풍습으로는 마당에 폭죽을 터뜨려 악귀를 쫓기도 하고, 문에 닭이나 다른 형상을 그려 붙여 놓았습니다. 임금과 부모에 절하고, '초백주'라는 술을 바칩니다. 정월 7일은 인일人日이라 해서, 7가지 채소로 국을 끓이고, 사람 형상을 병풍에 붙이기도 합니다. 중국 음력의 연초年初는 춘절春節이라 부르며 중국의 가장 성대한 전통명절로 통합니다.

춘절의 기원에 대해 여러 가지 설이 전해지고 있지만 그중 가장 많이 알려진 것으로는 2000여 년 전 어느 하루 순舜이 임금의 자리를 물려받자, 하인들을 거느리고 하늘과 땅에 제사를 지내는데서 기원되었다고 보고 있습니다. 이로부터 사람들은 이날을 세수岁首로 여겨왔고 순의 천자 계승설이 음력 새해의 유래로 전해지고 있습니다. 4천여 년의 역사에서 중국인이 음력설을 보내는 시간도 다양해졌습니다. 음력 초하루를 보내는 전통이 있는가 하면 음력 12월 초하루, 음력 11월 초하루, 심지어 음력 10월 초하루를 보내는 전통도 있었습니다. 한漢나라 무제武帝 시기에 이르러 현재와 같이 정월 초하루가 음력설로 지정되었습니다. 춘절에는 다양한 풍속이 전해지는데 예를 들면 설 관련 물품 장만하기, 춘련春聯* 붙이기, 폭죽 터뜨리기, 섣달 그믐날 밤새우기, 세배하기, 세뱃돈 받기 등입니다. 이러한 풍속은 춘절에 풍부하고도 다채로운 내용을 가미했습니다. 중국 역사학자들에 따르면, 춘절은 4000여 년 전, 요순堯舜 시대에 하늘에 제사를 지내면서부터 시작되었습니다. 우리나라에서는 설날에 조상에게 차례를 지내지만, 우리나라와 같은 명절 제사는 이른바 신중국新中國이 들어서면서 구습舊習이라고 일찌감치 없앴습니다. 아직도 동남아 등 각지에 흩어져 있는 화교華僑나 화상華商들은 출신 지역서 지내던 유교나 도교식 제사를 지내거나 사당을 찾아 봉헌을 하기도 합니다.

중국 사람들에게 이날은 조상을 모시는 날이 아니라 가족이 함께 모여 새해를 맞아 희망을 나누는 신나고 즐거운 날입니다. 중국의 춘절 풍속은 우리나라와 비슷하면서도 다릅니다. 춘절은 음력 12월 24일 집안 대청소로 시작됩니다. 먼지를 치우는 풍습인 사오천掃塵에서 유래해 이 날을 샤오녠小年이라고 부릅니다. 먼지 천塵·진은 낡다는 뜻의 천陳·진과 발음이 같습니다. 묵은 것을 치우고 새롭게 한 해를 맞이한다는 의미합니다. 폭죽은 '춘절春節' 전날 밤인 '제석除夕'에 온 가족이 모여 음식을 나눠먹고 액막이를 위해 요란한 폭죽을 터뜨리며 새해를 맞는 전통에서 비롯되었습니다.

따라서 음력 12월 30일은 온 대륙이 축제 분위기입니다. 이날 저녁만큼은 반드시 온 가족이 한 곳에 모여 풍성한 식사를 합니다. 고기와 야채

---

* 입춘에 문이나 기둥 따위에 써 붙이는 글씨.

등 다양한 종류의 음식을 먹지만, 특히 식탁에서 빠지지 않는 것이 생선 요리입니다. 식사를 하고 '춘절 디너쇼春節晚會'라고 부르는 특별 프로그램을 시청하는 것입니다. 자정에 새해의 종소리가 울리면, 반드시 먹는 것이 있습니다. 바로 물만두입니다.

우리나라가 설날에 떡국을 먹는 것처럼 대신 물만두로 설을 쇠는 중국만의 풍습입니다. 춘절 자정에 폭죽을 터뜨리는 이유도 녠年을 쫓기 위해서입니다. 요란한 폭죽소리는 재물신을 환영한다는 의미도 있습니다. 폭죽爆竹의 중국어 발음인 '바오주'는 복을 알린다는 '바오주報祝'와 같습니다. 정월대보름까지 이어지는 중국의 폭죽 사랑은 유별납니다. 몇 해 전 폭죽 연기 때문에 베이징공항의 항공기 이착륙이 금지됐고, 2009년 신축 중이던 CCTV 옆 빌딩이 폭죽의 불이 옮겨 붙어 전소되기도 했습니다. 2014년에는 스모그 예방을 위해 폭죽 자제령이 떨어졌습니다. 우리나라의 아홉수와 비슷한 풍습도 있습니다. 해마다 춘절이면 1억 명이 넘는 중국인이 빨간 속옷으로 갈아입습니다. 번밍녠本命年·자기 띠와 같은 해에 오는 액운을 쫓기 위해서입니다.

중국에는 춘절이면 몸통의 반은 용, 반은 사자 모습의 괴물 녠年이 사람들을 공격한다는 전설이 전해옵니다. 녠은 붉은색과 시끄러운 소리를 싫어합니다. 액운과 녠을 쫓기 위해 중국인들은 번밍녠이 돌아오면 빨간 속옷과 빨간 양말, 빨간 벨트를 착용하고 행운이 함께하기를 기원합니다. 중국 사람들은 빨간색을 행운의 색깔로 생각하기 때문에 빨간색 종이에 행운을 표현하는 문구를 쓴 대련對聯을 문의 양쪽과 위쪽에 붙입니다. 문 한가운데에는 복福자를 붙입니다. 복자는 거꾸로 붙여야 복이 들어온다는 믿음이 있어 집집마다 거꾸로 붙여 놓은 것을 볼 수 있습니다. 춘절에 아이들에게 주는 세뱃돈도 반드시 빨간색 봉투, 즉 '홍바오'紅包에 담아서 줘야 합니다.

빨간색은 중국에서 행운과 기쁨을 상징합니다. 귀신을 쫓아낸다는 설도 있습니다. 유례를 찾아본다면 중국이 예전부터 태양신을 모셨기 때문이라고 합니다. 태양의 상징이 빨간색과 노란색이기 때문에 오래전부터 빨간색과 노란색은 권력의 상징이기도 했습니다.

설날이 다가오면 마트는 완전히 빨간색의 세계로 변신을 하게 되는데, 그 만큼 빨간색을 많이 사용한다는 것을 알 수 있습니다. 집집마다 빨간 종이에 글을 쓴 '대련중국어 한자: 对联'을 출입문 양쪽에 붙이고 문 한가운데는 빨간 종이에 큰 '福'자를 써서 거꾸로 붙이는데, 우리말의 '거꾸로'가 중국어로 '倒'라는 뜻으로 '도착했다.'는 '到'와 발음이 똑같아 '복이 도착 했어요.'라는 뜻을 나타냅니다.

위에서 말한 바와 같이 자신의 띠 해가 되면 빨간 속옷이나 빨간 양말을 구매하기 때문에 판매처 역시 많아집니다. 그 외 춘절 선물용으로 많이 찾는 술, 사탕, 음료수, 아이들의 간식거리 모두 빨간색으로 포장되어 있고, 아이들에게 주는 세뱃돈도 빨간 봉투에 넣을 만큼 눈에 뜨이는 곳 모두가 빨간색이라고 해도 지나친 말이 아닙니다.

빨간색에 대한 사랑은 요즘 젊은이들도 마찬가지입니다. 자가용을 구매하게 되면 꼭 바퀴나 백미러에 빨간 띠를 매는데, 이 역시 재앙과 사고로부터 자신을 지켜준다는 의미로 해석할 수 있습니다. 그 외에도 사업장 오픈이며, 농촌에서 새 집 지을 때와 같은 모든 경사스러운 일에는 모두 빨간 색을 선호하여 '중국홍紅'이라는 말까지 생겨났을 정도입니다. 우리가 중국이 유난히 빨간색을 좋아한다는 게 신기하고 이상하게 여긴

다면 중국도 우리가 하얀색을 유난히 좋아하는 것을 신기하고 이상하게
여길지도 모릅니다. 나와 다른 사람을 틀림이 아니라 다름으로, 다양성
으로 이해해야하듯이 우리와 다른 나라의 문화도 다양함으로 그럴 수도
있는 것으로 이해함이 유익한 일일 것입니다.

고령화 사회와
노인 일자리 창출

━━━━━━━━━━━━━━━━━━ 고령화는 저출산과 더불어 심
각한 사회문제 중 하나입니다. 이 문제가 얼마나 심각한지에 대해 핵폭
탄보다 더 무섭다고 말하는 이들도 있을 정도입니다. 통계청이 2011년
12월 현재로 집계한 '장래인구추계'에 의하면 2015년 65세 이상 인구는
전체 인구의 13.1%로 10년 전인 2005년보다 약 200만 명 증가한 662만
4000명이었습니다. 이미 우리 사회는 지난 2000년에 65세 이상 인구가
차지하는 비율이 7.2%를 차지해 고령화 사회에 도달했습니다. 2018년에
는 14%를 넘어 고령 사회에, 2026년에는 20%가 넘어서 초고령 사회에
진입할 것으로 예측하고, 2060년에는 무려 40%대까지 늘어나 그야말로
1대 1 부양 사회가 될 것으로 예상하기도 합니다.

　우리 사회의 고령화 속도는 다른 선진국들과 비교할 때 엄청나게 빠
른 것으로 나타났습니다. 산업 연구원이 지난 2014년에 OECD 34개 회
원국의 인구구조를 비교분석한 결과에 따르면, 우리나라는 모든 회원국
들 중에서 가장 빠른 증가속도를 보였습니다. 이와 같은 고령화는 다양

한 사회적 변화를 일으키고 적절한 대응이 이뤄지지 못할 경우 감당할 수 없을 정도의 사회적 부담을 가져오게 됩니다.

우선 급속한 고령화는 노인 부양 부담을 증가시킵니다. 또 노인부양비와 노동력의 고령화는 거의 동시에 진행됩니다. 1990년 노년 부양비는 7.4%에 불과했지만 2018년에는 20.0%, 2050년에는 무려 71.0%까지 치솟아, 같은 해에는 생산 활동 인구 1.4명이 노인 1명을 부양해야 할 정도로 경제적인 부담을 안게 됩니다. 고령화는 노인인구 부양의 사회적 부담뿐만 아니라, 노동력 구조에도 급속한 변화를 가져옵니다. 곧 생산 활동을 하는 인구가 급속도로 감소하고 평균 근로 연령이 상승하면서 노동력 부족 현상이 발생하고 노동생산성이 빠르게 낮아짐으로써 경제 성장이 둔화될 수밖에 없습니다.

이처럼 노인 인구가 늘어나면서 건강이나 경제적인 문제로 어려움을 겪고 있는 노인들이 갈수록 늘어나고 있어 걱정이 앞섭니다. 우리나라 노인들은 소득 뿐 아니라 자산資産을 기준으로 한 빈곤 상태도 심각합니다. 지난 2016년 2월 24일 공개한 한국보건사회연구원(보사연) 자료에 의하면, 75세 미만 독신노인의 순재산은 전 연령대 평균을 100으로 놓고 볼 때 절반 이하인 45.0이었습니다. 75세 이상 독신노인의 상황은 더 심해 33.8로 극히 낮은 수준이었습니다. 그나마 노인부부의 순재산 수준은 129.7로 평균 이상이었습니다.

우리나라는 경제협력개발기구OECD 회원국 중 소득을 기준으로 한 노인빈곤율 통계에서 수년째 1위를 차지하는 '불명예'를 안고 있고, 자산 수준도 높지 않습니다. 소득은 하위 40%에 속하지만, 재산은 상위 40%에 포함된 '소득빈곤-재산부유income-poor, property-rich'의 비중은 75세 미만 독거노인의 14.0%, 75세 이상 독신노인의 10.5% 수준에 불과합니다. 노인부부가구의 경우 34.0% 수준이나 3명 중 1명 수준에 그치는 것입니다. 소득이 높은 가구가 재산수준도 높고, 소득이 낮은 가구는 재산수준 역시 낮은 '소득과 재산의 동행화同行化' 현상이 심화되고 있습니다.

75세 미만 독신노인의 가처분소득과 순재산 사이의 상관계수(높을수록 상관관계 높음)는 2003년 0.285, 2011년 0.357로 높아졌으며 같은 기간 75세 이상 독신노인 역시 0.205에서 0.342로 상승했습니다.

지난 2016년 2월 10일 경찰대학 치안정책연구소가 공개한 '치안전망 2016'에 따르면 예상되는 전체범죄 발생 건수는 179만여 건으로 나타나 지난 2015년 185만여 건보다 소폭 감소할 것으로 전망됐으나 61세 이상 노인이 저지르는 범죄는 늘어날 것으로 예측됐습니다.

노인 범죄는 이른 정년과 고용불안이 경제적 빈곤과 생계 위협을 가져오고, 이로 인해 심리적 불안·위축, 사회적 고립 상황이 생길 때 증가하는데 우리나라 65세 이상 노인의 빈곤율은 OECD 회원국 가운데 가장 높은 수준이어서입니다.

경찰은 노인 빈곤이 지속할수록 노인층의 생계형 범죄는 점점 늘어날 것이고, 성폭력 범죄 등 강력범죄로 진화할 가능성도 커질 것으로 보고 있습니다. 실제 61세 이상 범죄자는 지난 2015년 9월 기준으로 2014년 같은 기간 대비 증가율이 9.1%로 다른 연령대에 비해 가장 큰 폭으로 증가했습니다. 지난 5년간 강간·강제추행 범죄자의 연령대별 추이를 봐도 61세 이상은 2010년 전체의 11.8%에서 2014년에는 15.4%로 증가 폭이 가장 높았습니다. 지속적인 세계적 경제여건의 악화에 취업난, 가계부채 증가 등이 지속하고 IT와 첨단기술 발달에 취약한 노인층 증가로 사기, 횡령, 배임, 문서·인장·통화 위조 등 지능범죄가 증가할 것으로 경찰은 내다봤습니다.

경찰은 노인 학대 및 노인 성범죄, 치매·독거노인 안전사고 등의 예방정책과 노인범죄자 대책을 병행하는 한편 근본적으로 관련 부처가 사회통합을 위한 노인층의 다양한 프로그램 참여 기회를 확대하는 것을 해결책으로 제시했습니다.

보건복지부가 2014년 3월부터 9개월에 걸쳐 조사한 노인 실태조사 결과를 보면 노인의 33.1%는 우울증상이 있는 것으로 나타났고, 10.9%는 자살을 생각한 적이 있으며, 이 중 12.5%는 실제 자살을 시도했다고 답해 충격을 주고 있습니다. 고령화 사회를 해결한 근본적인 대책은 쉽지 않습니다. 지자체나 복지단체들이나 종교기관들이 실시하는 노인대학이나 경로당사업은 매우 의미 있는 일들이지만 근본적인 대책일 수는 없습니다.

노인들이 우울증을 극복하려면 무엇보다 원활하고 활동적인 노후보장을 위한 일자리가 늘어나야 합니다. 사람은 자신이 필요한 존재라는 자존감을 먹고 삽니다. 기본적인 생계유지를 위해 자아실현과 사회에 기여하는 존재로 자리매김하기 위해서도 일자리가 중요합니다. 그저 도움을 받는 존재로 복지수혜자로만 머물지 말고, 노인의 특기와 적성과 경력연계를 통한 시의적절한 일자리가 건강에도 좋습니다. 뭔가 갈 곳이 있고 오라는 곳이 있다는 기쁨과, 도움을 받기보다는 자기 스스로 삶을 책임지고 도움을 줄 수 있는 일자리야말로 자존감을 높일 수 있는 중요 요인입니다. 이제는 노인도 돈을 있어야, 일자리로 소속이 있어야 하는 시대입니다. 그래야 손자녀에게도 존경받고 환영받는 시대입니다.

그렇습니다. 노인 최고의 복지는 일자리 마련입니다. 한 조사에 의하면 일하는 노인이 일하지 않는 노인에 비해 질병에 걸릴 확률이 낮고 더 건강한 생활을 하는 것으로 나타났습니다. 또한 건강에 대한 만족도와 노후 준비, 그리고 자녀와의 관계 만족도 역시 일을 하는 노인이 훨씬 더 높게 나타났습니다. 결국 최고의 복지는 일자리로, 우리 노인들에게 일자리를 만들어 드리는 것이 중요합니다.

7080세대들의 '노노老老 취업전쟁'이 청년들의 취업경쟁 못지않게 치열한 양상을 띠고 있습니다. 이들은 취업시장에 있는 경쟁 노인들에게 뒤처지지 않기 위해 자격증을 따거나 컴퓨터를 배우는 등 자기 계발에 열을 올리고 있습니다. 대표적인 노인일자리로 꼽히는 요양보호사의 경우 자격증을 따기 위해 시험을 치른 70대 이상의 초고령 응시자가 3년 사이 두 배로 급증한걸 보면 일자리를 찾기 위한 노인들의 절박함이 얼마나 심각한지를 여실히 보여주고 있습니다. 이제 정부나 일선 지방자치단체는 물론 기업들과 시민사회단체나 종교계도 내실 있는 노인 일자리 창출에 좀 더 적극적으로 나서야 할 때입니다.

노인문제는 단순히 개인이나 그 가족들에게만 국한된 일이 아니기 때문입니다. 사회적인 차원, 즉 국가적인 차원에서 바라보고 그 해결방안을 강구해야 할 때입니다. 이것이 바로 사회적 효를 실천하는 우리 모두의 자세일 것입니다. 유대인의 교육법이 고기를 잡아서 자녀에게 주는 것이 아니라 조금 시간이 걸리고 어렵더라도 자녀에게 고기를 잡는 방법을 가르친다고 하듯이 기존의 근시안적인 복지수혜로 퍼주기식 노인복지가 아니라, 보다 근본적이고 장기적인 시각에서 노인일자리 창출과 제공의 방안을 강구해야합니다.

오늘날의 노인들은 이전 시대의 저학력·저소득도 있지만 고학력·고소득의 노인들도 많아지고 있습니다. 이들이 퇴직으로 인해 경력이 단절됨은 이들 개인이나 우리 사회에 아쉬움으로 남습니다. 이를 건강하게 활용할 수 있도록 지원하고 활성화해나가는 방안을 함께 모색해 나갔으면 합니다. 이를 위해 누구나 다 알고 남들이 다 하는 일자리로서 경쟁이 치열해서 남을 딛고 차지해야하는 레드오션red ocean의 영역보다는 사회에 기여하면서도 잘 알려지지 않은 공익을 추구하는 이른바 블루오션전략Blue Ocean Strategy의 영역의 일자리로 영농조합이나 사회적 기업과 같은 영역들을 활성화하는 방안도 좋을 것입니다.

레드 오션은 이미 잘 알려져 있는 시장, 즉 기존의 모든 산업을 뜻합니다. 이는 블루오션과 반대의 개념으로, 붉은red 피를 흘려야 하는 경쟁시장을 말합니다. 레드오션 시장은 산업의 경계가 이미 정의되어 있고 게임의 경쟁 법칙이 적용돼, 기업들은 기존 시장 수요의 점유율을 높이고자 경쟁사보다 우위에 서려 합니다. 따라서 경쟁사들이 많아질수록, 산업의 수익과 성장에 대한 전망은 어두워지게 됩니다.

이에 반해 블루오션전략Blue Ocean Strategy은 기업이 성공하기 위해서는 경쟁이 없는 독창적인 새로운 시장을 창출하고 발전시켜야 한다는 경영 전략입니다. 많은 경쟁자들이 비슷한 전략과 상품으로 경쟁하는 시장을 레드오션Red Ocean으로 규정하고, 경쟁자가 없는 새로운 시장인 블루오션Blue Ocean을 창출해야 한다는 것이 이 전략의 요지입니다. 2004년 프랑스 인시아드INSEAD 경영대학원의 김위찬W. Chan Kim과 르네 마보안Renée Mauborgne 교수는 '블루오션 전략Blue Ocean Strategy'이라는 논문을 공동 집필했는데, 이것이 2005년 같은 이름의 책으로 출간돼 43개 언어로 350만 부 이상 팔리며 전세계적으로 널리 알려졌습니다. 기업이 새로운 시장을 창출하지 않고 기존의 시장에서 유사한 전략을 구사하는 다른 기업들과 경쟁을 하는 경우에는 가격 경쟁 등의 치킨 게임으로 치달아 큰 이익을 내기 어렵습니다. 기존의 시장은 기업간 경쟁이 치열해서 핏빛으로 물든다는 의미에서 레드오션이라고 칭합니다. 반면 경쟁자를 이기는 데 초점을 맞추지 않고 구매자와 기업에 대한 가치를 비약적으로 증대시켜 시장점유율 경쟁에서 자유로워지고 이를 통해 경쟁이 없는 새로운 시장공간과 수요를 창출하고자 하는 것이기에 블루오션이라고 칭합니다.

블루오션 전략은 기업들이 끊임없이 거듭해 온 경쟁의 원리에서 벗어나게 하는 것으로 1990년대 중반에 제기된 가치혁신Value Innovation 이론에 기반을 두고 있습니다. 즉, 기업은 품질을 올리면서 동시에 원가를 낮추는 가치혁신을 이루어 낼 수 있다고 주장합니다. 이러한 가치혁신은 차별화를 만들어내면서 동시에 원가를 낮추기 때문에 기업과 고객 모두에게 높은 가치를 제공하게 되고 다른 기업과 경쟁할 필요가 없는 무경쟁 시장을 창출하게 됩니다. 경쟁이 없는 시장을 찾아내는 도구로 전략 캔버스Strategy Canvas를 활용합니다. 서비스 또는 제품의 속성을 가로 축으로 하고 품질 또는 서비스의 정도를 높고 낮음에 따라 세로 축으로 설정하여 기업의 전략을 하나의 꺾은 선 그래프 형태로 나타나도록 합니다. 이러한 도구를 통해 다른 기업의 전략과 차별화되는 전략을 도출할 수 있도록 합니다. 다른 하나는 4가지 액션 프레임워크입니다. 업계에서 당연한 것으로 받아들이는 요소 가운데 제거할 요소는 무엇인가? 품질 또는 서비스의 기준을 업계의 표준 이하로 내려야 할 요소는 무엇인가?

업계가 아직 한 번도 제공하지 못한 것 중 창조해야 할 요소는 무엇인가? 업계의 표준 이상으로 올려야 할 요소는 무엇인가? 이런 질문을 통해 고객이 진정으로 원하는 것이 무엇인지를 밝혀내고 이러한 고객의 요구에 맞추어 전략을 수립할 수 있도록 함을 말합니다.

노인일자리 문제에서 유념할 것은 사고예방 위한 안전장치 미흡에 대한 체계적 대책 마련입니다. 노인들이 생계를 위해 일을 하다가 다치거나 사망하는 사고가 많이 발생하고 있습니다. 노인 일자리사업이 점차 늘고 있지만 사고 예방을 위한 안전교육 등이 제대로 이뤄지지 않고 있습니다. 이에 따라 체계적인 안전대책을 마련해야 한다는 지적이 많습니다.

손수레 끌고 폐지 줍는 노인들 사망 사고 잇따릅니다. 지방자치단체의 '공공일자리 사업'에 참여했다가 부상당하는 사고도 잇따르고 있습니다. 지난 2015년 한해 지자체 노인 일자리사업에 참여했다가 다친 사례가 파악된 것만 100건에 육박합니다. 지자체 노인 일자리사업은 점차 늘어나는 추세이지만 사고 예방을 위한 안전교육은 오히려 줄었습니다. 2014년에는 2천506명(45억8천857만원)으로, 2015년에는 2천853명(52억5천131만원)으로 노인일자리 사업이 각각 늘었습니다.

노인일자리 사업이 확대되면서 사업 참여 노인들이 다치는 사례도 증가 추세입니다. 울산시의 경우 2013년과 2014년 각 5건에 불과하던 사고 건수가 지난해 11건으로 늘었습니다. 그러나 안전교육을 포함한 교육시간은 지난해 15~26시간에서 2015년 10시간으로 줄었습니다. 2015년 부산에서 노인일자리 사업과 관련해 다친 노인들에게 지급된 산재보상금 신청은 41건이었습니다. 경북에서는 24명, 울산에서 11명, 제주에서 12

명이 다쳐 산재보상금을 받았습니다. 대부분 지자체가 상해보험이나 산재보험에 가입, 치료비 보상을 하고 있지만 별도의 안전장치가 필요하다는 지적이 나옵니다.

　개인별 생계형 노동에 나서는 어르신에 대한 안전 대책은 전무한 상황입니다. 급기야 지자체들은 2115년부터 폐지 줍는 노인 현황을 파악, 올해 관련 예산을 편성해 안전대책을 강구하고 나섰습니다. 경기도가 2015년 31개 시·군에서 파악한 결과, 폐지를 주워 생활하는 노인은 5천800여명입니다. 도는 2016년 2억8천만원의 사업비를 확보해 야광조끼, 야광페인트, 야광테이프, 반사경, 안전장갑, 신발 반사장치 등을 지원할 방침입니다. 또 연 2회 폐지를 주워 생활하는 노인들을 대상으로 안전교육을 하는 계획도 세웠습니다. 이런 노력과 아울러 노인이 일자리사업에 참여하기 직전에 상해보험에 별도로 가입하고 안전교육도 의무적으로 하는 등 나름대로 사고에 대비해야할 것입니다.

약속을 지키는
사회를 꿈꾸며

──────────────────── 우리는 살아가면서 많은 약
속을 합니다. 아주 사소한 약속에서부터 매우 중요한 약속까지 …….
약속의 주체에 따라 그 무게감은 천차만별이지만 지키지 않아도 될 약속
은 하나도 없습니다. 그런데 최근 어제 한 약속이 오늘은 송두리째 무시
되는 일이 비일비재합니다. 더 쓸쓸한 것은 우리 사회가 그러한 약속
파기에 점점 둔감해지고 있다는 것입니다. 약속의 소중함이 점점 사라지
고 있어 안타깝습니다.

약속은 인간관계 형성의 중요한 밑거름이 되며, 생활화되면 서로간의
신뢰도 쌓이게 됩니다. 국가 간의 약속도 마찬가지입니다. 국가 간에
약속이 잘 지켜질 때 그 나라 국가 신인도가 높아지게 되어 그 나라의
국민들이 잘 사는 이유가 될 수 있습니다. 현대는 신용 사회입니다. 서로
믿음으로 이뤄지는 사회입니다. 믿음을 얻기 위해서는 약속을 지키는
습관이 밑바탕이 되어야 합니다. 작은 약속이라도 먼저 실천해야 사람들
의 신임을 얻을 수 있습니다. 경제학자들에 따르면, 선진국은 자국 내

집단과 개인들 간 신뢰도가 높은 반면, 후진국은 국내 집단과 개인들 간 신뢰도가 낮다고 말합니다. 이는 서로 믿을 수 없으니 경제가 발전할 수 없는 것으로 당연한 이치입니다.

『논어』에 나오는 이야기입니다. 공자의 제자 증자曾子가 말했습니다. "나는 날마다 세 가지로 자신을 반성한다. 남을 위해 일을 꾀하면서 진실되지 아니하는가? 벗과 사귀면서 신의를 어기지는 않았던가? 선생님에게 배운 바를 충분히 익히지 않는가? 이다." 자공子貢이 정치에 대해 묻자 공자가 대답했습니다. "식량을 충족시키고, 군비를 충분히 하고, 백성들을 믿게 하는 것이다." 자공이 다시 물었습니다. "반드시 부득이해서 버린다면 이 세 가지 중에서 무엇을 먼저 버려야 합니까?" 공자가 대답했습니다. "군비를 버려야 한다." 자공이 다시 물었습니다. "반드시 부득이하여 버린다면 이 두 가지 중에 무엇을 먼저 해야 합니까?" 공자가 대답했습니다. "양식을 버려라. 예로부터 누구나 한번은 죽는다. 그러나 백성들의 신뢰가 없으면 나라가 존립할 수 없다." 두 가지 내용 모두 개인이든 국가이든 신뢰에 대한 소중함을 강조하고 있습니다.

"세 살적 버릇 여든 간다"는 속담은 우리의 일상을 깨우치는 무서운 가르침입니다. 내가 가진 한 생각이 말로 표현되고 행동으로 반복되어 버릇이 되고 습관이 됩니다. 자신에게 익숙한 습관은 곧 자신의 인격이 됩니다. 믿음이 깨지면 사회적 기반이 무너집니다. 각자가 처한 곳에서 신뢰를 지키고 책임을 다할 때 존중받는 사회를 이룰 수 있을 것입니다. 우리 모두가 그 어떤 때보다도 신뢰를 회복하기 위한 각고의 노력을 꾸준히 해야 할 때입니다.

오늘 우리는 정치지도자들이 표를 얻기 위해 남발하는 공약公約이 공

약속約으로 변해가는 것이 많이 봅니다. 이는 유권자를 국민을 우롱하는 처사입니다. 반드시 약속한 바를 문서로, 녹음이나 녹화자료를 제시해서 약속이 지켜지도록 삼시와 감독과 지지를 보내야합니다. 그래서 함부로 약속하지 말고, 약속한 바는 반드시 지켜야함을 분명히 해야 합니다. 하도 거짓말과 약속 어김이 비일비재하다보니 정치인하면 거짓말쟁이 양치기소년을 떠올릴 정도입니다. 이런 사회는 신용사회, 신뢰를 바탕으로 하는 사회가 될 수 없습니다. 사회가 불안하고, 긍정적인 미래를 예측하기 어렵습니다. 그러니 서로 믿고 의지하는 훈훈한 정이 오고가는 세상을 기대하기 어렵게 됩니다.

약속이란 '어떤 일에 대해 어떻게 하기로 미리 정해 놓고 서로 어기지 않을 것을 다짐한다'는 뜻을 가지고 있습니다. 그러나 요즘 우리사회에서는 약속을 소홀하게 생각하는 사람들이 너무나 많습니다. 약속을 지키는 것은 결코 쉬운 일이 아닙니다. 그러나 신용사회에 약속과 믿음은 무엇보다 중요합니다.

『논어』에서는 약속을 지킨다는 것이 단순히 시간 약속을 잘 지킨다는 의미뿐만이 아니라 자신의 언행을 예의범절로 잘 단속해 인격을 완성하는 것임을 일깨워주었습니다. 말은 곧 그 사람의 인격입니다. 엎지른 물은 다시 주워 담을 수 없습니다. 약속을 잘 지킨다는 것은 곧 자신의 말에 책임을 지는 것과 같습니다.

"아이에게 무언가 약속하면 반드시 지켜라. 지키지 않으면 당신은 아이에게 거짓말을 가르치는 것이 된다."(탈무드)

지도자가 약속해놓고는 상황이 변했다고, 여의치 않다고 하는 핑계로 약속을 어기는 행위는 구성원들에게 반감을 갖게 해서 자발적인 의욕을 떨어뜨리게 합니다. 물론 어절 수 없는 상황의 변화로 지도자로서도 약속을 지키기 어려울 수 있습니다. 그런 경우는 해당 구성원과 공동체에 정중히 이해를 구해야합니다. 정말 그런 경우라면 해당 구성원이나 공동체도 이해하고 수용하겠지만 지도자 체면이라고, 번거롭다고, 알아서 이해할 것이라고 사전에 양해를 구하는 절차를 거치지 않고 넘어가는 경우는 없어야합니다.

공동체가 화합과 인화단결의 분위기 조성하기는 어렵지만 공동체가 와해되기는 쉽습니다. 더욱이 지도자가 자신의 뜻대로 임의적으로 운영하기 위해 약속을 무시하거나 조령모개朝令暮改격으로 변덕을 부려서는 안 됩니다. 이런 경우는 정말로 구성원이 지도자와 조직을 믿지 못하게 합니다. 정말 어렵더라도, 정말 실행하기 어렵더라도 약속을 지킬 때 구성원들은 지도자를 믿고 따를 것입니다. 그러니 지도자는 자신이 먼저가 아니라 구성원이 먼저라는 자세로 약속을 하고, 지켜나가야 합니다. 약속을 지키는 자세야말로 어른으로서, 지도자로서 갖춰야할 자질일 것입니다.

방송의 자유와 윤리적 숙고

―――――――――――――――――――― 요즘 예능 프로그램들이 솔직
해져도 너무 솔직해졌습니다. 아니 발칙해졌다고 말하는 것이 더 정확한
표현일 것입니다. 아무리 심야방송으로 미성년자들이 시청하는 시간대
가 아니라고 해도 남녀 사이의 성적인 이야기를 금기시하거나 조심스러
워하던 이전의 모습과는 확연히 달라졌기 때문입니다.

'19금' 예능이 막을 연 것은 2011년 tvN 'SNL코리아'가 나오면서 부터
일 것입니다. 'SNL코리아'는 본격적인 '19금' 유머를 표방하며 인기를 끌
었습니다. 지상파에서 감히 시도할 수 없는 과감하고 노골적인 개그프로
그램은 큰 화제가 됐습니다.

그 중에서도 특히 대학생들에게 폭발적인 인기를 끌었던 편이 'SNL
코리아-조별과제 잔혹사'입니다. 대학생들 사이에서 흔하게 벌어지는 조
별과제 과정을 실감나게 보여줬습니다. 조별과제에서 조원들이 갖가지
핑계를 대며 참여하지 않자, 조장이 과제를 혼자하게 되며 결국 복수한
다는 것을 코믹하게 보여줍니다. 네티즌들은 "조별과제 할 때 저렇게 뻔
뻔한 애들이 있다", "완전 속 시원하다"는 등 폭풍 공감을 나타냈습니다.

이후 'SNL코리아'는 자칭 '변태연기의 달인' 신동엽과 일명 '섹드립(야한 농담이라는 뜻의 은어)'과 '병맛(어이없음을 뜻하는 신조어)'은 유행처럼 번지기도 했습니다. 이러한 기세를 몰아 '19금' 예능 '마녀사냥' 프로그램이 제 2막을 열었습니다. '마녀사냥'은 치명적인 매력으로 남성을 뒤흔드는 마성의 여자 '마녀'들에 대한 남자들의 생생한 이야기를 주로 다뤘습니다. 또한 솔직한 '성 이야기'를 들려주며 새로운 인기 프로그램으로 부상했습니다. 19금의 개그에 대표처럼 자리 잡은 신동엽과 유명세를 얻은 샘 해밍턴, '발라드의 왕자'에서 '야한 오빠'가 되어버린 가수 성시경 등 각계각층 '19금'의 대가로 불리는 4명의 MC의 조합이 펼쳐내는 '어른의 유머'는 그야말로 솔직하다 못해 발칙합니다. 이렇듯 대놓고 솔직해진 예능 프로그램들이 시청자들에게 공감대를 형성해 뜨거운 사랑을 받고 있습니다. 이와 같은 프로들이 연이어 우리를 자극하고 있습니다.

다행인지는 몰라도 아직까지는 '19금' 예능이 인기를 얻고 있다 하더라도 제재의 강도가 자유로운 종편이나 케이블에 한한 이야기인 것으로 여겼습니다. 지상파 프로그램은 방송통신위원회의 엄격한 잣대로 스스로 수위 조절을 해야 하기 때문입니다. 그러나 최근에는 성에 대해 자유로워진 사회적 분위기에 따라 지상파 프로그램도 조금씩 자신의 색깔을 드러내고 있습니다. 독한 예능으로 잘 알려진 MBC '라디오스타'나 KBS '개그콘서트' 등이 수위 높은 개그를 선보이며 '19금' 예능의 바람을 더해가고 있습니다. 드라마는 이른바 막장을 방불케 하는 내용들로 인해 여배우들의 선정적인 옷차림은 물론 성적 욕구를 자극하는 장면들이 많아졌습니다. 이것이 시청률로 이어지면서 노출과 성적 행위 묘사가 수위를 높여만 가고 있습니다. 한번 두번 수위를 높이더니 이젠 대놓고 당연시하는 것 같기도 합니다.

이럴 땐 정치적인 내용에 대해서는 그토록 발끈하는 방송통신위원회가 묵인내지 허용하는 것이 그래도 되는 것으로 여기는 건가, 그래도 이 정도는 규제를 가할 정도는 아니라는 건가, 우리 사회가 그만큼 개방적인 건가하는 생각을 해보곤 합니다. 그러면서 제가 열린 사고를 못하는 고리타분한 노땅이 되어버린 건가, 괜히 한가하니 쓸데없는 걱정이나 하는 건가 하는 생각도 해봅니다.

이처럼 대중문화가 선정적이고 직설적 화법이 인기 있는 비결 또한 이유 있는 의미와 내용이 담겨 있음도 생각해봐야합니다. 이를 통해 사람들은 답답함을 해소하거나 통쾌함을 느낍니다. 거침없는 솔직함으로 예의와 체면은 일단 접어두고 하고 싶은 얘기를 한다는 것이 속이 다 시원해지는 느낌입니다. 그러나 이것이 답답한 사회 현실에서 참다운 의미의 위로나 격려나 의미를 숙고해보게 하는 깊이가 아닌 그저 형식적인 위로나 격려나 그저 즉각적인 카타르시스에 그친다면 삶의 진지함을 찾아가는 데는 도움이 되지 않습니다. 가벼운 꾸밈의 말이나 말장난이 아닌 핵심을 찌르는 말과 진정성을 담아낸 말이 전해질 때 사람들은 깊은 공감으로 함께할 것입니다. 또한 자극적인 내용들이 시청률에 급급한 천박한 상업주의의 결과일 수 있음도 생각해봐야합니다. 이는 사람들을 우민화하고 천박하게 만드는 죄악입니다. 더욱이 자라나는 세대에게 미칠 영향을 생각하면 더더욱 그렇습니다. 양의 탈을 쓴 늑대마냥 겉으로는 표현의 자유를 구가하지만 그 안에 감춰진 흉계는 짚고 넘어가야 할 문제입니다.

이것은 방송에도 책임성과 공공성이 있음을 말합니다. 보다 건강하고 의미 있는 방송이 되도록 성숙한 시청자의 자세와 시민사회의 의식이 요구됩니다. 늘어만 가는 방송채널과 스마트폰 등으로 확산된 영상물에 대한 유익과 문제를 깊이 살펴보는 것이야말로 중요한 교육주제요, 시대정신일 것입니다. 왜냐하면 불량식품을 조심해야함이 당연한 것은 건강에 치명적인 악영향을 주기에 그렇듯이 방송이 갖는 긍정적인 측면만이 아닌 위험성과 그로 인한 폐해는 우리의 정신적인 건강에 해로울 수 있기 때문입니다.

최동원이 그리운 세상

──────────────────────── 지난 2011년 9월 14일 아침 불후의 강속구 투수 최동원 선수가 타계했습니다. 그를 추억하는 이유는 그가 대스타이기 때문이 아닙니다. 그는 연봉이 수억 원에 이르는 스타 선수들 그늘 아래 생활고를 겪는 동료 선수들의 권익과 복지를 위해 헌신한 행동하는 양심이었기 때문입니다. 최동원은 동료와 후배의 권익을 위해 가장 열심히 뛴 사람이었습니다. 그는 이런 말을 했습니다.

"1988년 선수들의 평균 연봉이 600만원에 불과 했습니다. 2군 선수들은 제대로 식사조차 하지 못하는 상태입니다. 야구는 혼자 하는 것이 아니기에 음지에 있는 선수들의 복지와 권익향상을 위해 가능한 노력을 하고 싶었습니다. 다른 선수들보다 내가 그들의 고충을 이야기 한다면 더 많은 사람이 귀를 기울여 주리라고 생각했습니다."

그는 이런 노력을 기울이던 스타 선수였기에 그의 타계소식이 안타까웠던 것입니다. 우리 사회의 문제가 많이 있지만 그 중에 사회의 양극화가 심화됨은 중요한 문제입니다. 성숙한 사람은 자신을 넘어서서 주변을 돌아봅니다. 미성숙한 사람은 그저 자기 자신만 바라봅니다. 기껏 여기서 벗어나면 자기 가족이나 자기가 속한 학연, 지연, 혈연 정도입니다. 그러니 그 이상을 넘어서지 못합니다. 우리가 성숙한 사람이 되려면 우리 주변을 돌아봐야 합니다. 정말로 어려운 형편에 있는 사람들이 얼마나 되는지, 서로를 돌보는 관심이 필요할 때입니다.

오늘 우리 사회에 시원하게 강속구를 던지면서 타자를 압도하던 최동원이 그리운 것은 그가 그저 부러움의 대상인 스포츠 스타여서가 아니라 자신을 넘어설 줄 아는 성숙한 눈과 귀와 마음의 실천이 있었기 때문입니다. 오늘날 이른바 헬조선이라느니 금수저와 흙수저라고 개탄하는 청춘들의 심각한 실업난을 보면, 이른바 정규직인 교사인 저 자신이 왜 이리 미안하고 불편한지 모르겠습니다. 제가 금수저라 불리는 특권적인 세습을 누린 것은 아니고, 청춘들의 일자리를 가로막은 것은 아니지만 이들의 고통에 비해서 제가 너무도 편한 것만 같고 기성세대로서 이들의 아픔을 조성한 공범이라는 죄의식, 이를 해결하려는 몸부림이나 공감이 덜한 기성세대라는 미안함 때문입니다. 그래서 오늘 이 시대에 최동원이 그립습니다. 제2, 제3의 최동원이 나온다면 얼마나 좋을까 하는 기대감을 갖습니다. 그리고 저도 최동원처럼 성숙한 어른답게 멋지게 나이 들어가면 좋겠다는 생각을 해봅니다. 부족하지만 저와 같은 의식을 우리 기성세대들이, 어른들이 갖는다면 언젠가는 절망이 변하여 희망으로, 실업失業이 변하여 실업實業이 될 것으로 굳게 믿습니다. 청춘을 위한 생각들과 공감의식이 혼자만이 아니라 함께 공유하기를 소망해봅니다.

현대인들과 음악 그리고 영적 체험

────────────────────── 자신이 원하는 음악은 언제라도 음원을 통해서 쉽게 접할 수 있는 현대인들의 삶에서 음악은 큰 몫을 차지하고 있습니다. 젊은이들이 지하철에서, 도서관에서, 카페에서, 이어폰을 끼고 주변과 분리된 자신만의 세계를 만들고 그 안에 머무는 모습은 일상의 풍경입니다. 원하지 않을 때도 우리는 쉴 새 없이 음악에 노출되어 있습니다. 거리를 걸을 때 이러저런 음악이 들려오지 않는 경우는 드물고, 여러 사람이 함께 쓰는 공간에 들어섰을 때, 대개는 음악이 그 자리를 채우고 있습니다. 그러다 보니 종종 음악이 그저 소리로, 심지어는 소음으로 느껴지기도 합니다. 그럼에도 노래 한 곡이 우리의 슬픔을 위로해주고 차가운 마음에 온기를 불어넣어 주는 것을 체험할 때마다, 새삼 음악이 이른바 '현대인의 고독으로 상징되는 도시의 광야'를 살아가는 이 시대 사람들에게 귀중한 '지상의 양식'이라는 것을 실감하게 됩니다.

좋은 음악은 정서를 어루만져주고 정신을 고양시키는 힘을 가지고 있을뿐더러 때로는 사람들을 영적인 차원으로 인도합니다. 이는 음악이 영성을 담고 표현하는 탁월한 도구라는 뜻에서 뿐 아니라, 사람들에게 직접적이며 생생한 영적 체험의 순간을 만나게 하는 '영성의 샘'이라는 의미에서도 그러합니다. 이 사실을 우리는 신앙의 역사 안에서 확인할 수 있습니다. 종교에서 음악을 중시하는 이유가 이를 증명합니다. 기독교 정신이 깊이 배어 있는 서양음악사에서 근대 시대에 이르기까지 예배와 개인의 삶의 신앙과 영적인 체험을 음악적으로 형상화한 '성음악Sacral Music'이 그 중심에 있었음은 잘 알려진 사실입니다. 우리 국악에서도 유교와 불교와 도교의 영향에 알게 모르게 스며있기도 합니다.

위대한 성음악들은 시대를 넘어서 언제나 새롭게 영적 회심과 신앙적 통찰의 계기를 주었습니다. 결코 적지 않은 사람들이 그레고리오 성가와 바흐의 '마태 수난곡'과 'b 단조 미사', 헨델의 '메시아'와 모차르트의 '레퀴엠', 베토벤의 '장엄미사'를 들으며 정서적 감동과 미학적 숭고함을 넘어 영적 차원의 변화를 체험했고 지금도 그러합니다. 어쩌면 사람들이 숙고하고 관조하는 삶의 방식을 불필요하게 여기고, 마음은 삭막해지고 정신적으로는 빈곤해지며 관계는 피상적이 되어 마침내 종교적 체험도 울림 없는 습관처럼 되어버린, 우리가 사는 '인공지능'의 시대에 이러한 음악의 영성적 힘은 더없이 절박하게 요청되는 것이 아닐까 싶기도 합니다.

문득, 우리 시대에도 과거의 위대한 거장들처럼 우리에게 진정한 영성적 자각을 체험케 하는 음악이 여전히 쓰이고 있는지가 궁금합니다. 사실 '영성'이라는 말 자체도 매우 다양하게, 그래서 때로는 왜곡된 의미로 쓰이고 받아들여지는 것이 요즘입니다. 그러기에 영성적 음악이라

하면 먼저 조용하고 편안한 분위기를 만들어 주고 어느 정도는 도피적 정서를 만족시키는 '뉴에이지' 음악을 떠올리는 사람이 많습니다. 그러나 '영성'이란 말 속에 담긴 체험의 풍요로움과 의미의 다양성을 존중하면서도 참된 가치를 발견하고 경건을 식별하는 수고로운 일을 게을리 해서는 안 되는 것처럼, 진정한 의미에서 '종교적인 영성'의 문을 열어주는 우리 시대의 음악을 만나기 위해서는 작곡자만이 아니라 듣는 이도 갈망과 개방성과 결단을 간직한 구도자이자 모험가의 자세를 지녀야 합니다.

이 분열되고 상처 입은 시대를 감싸 안으면서, 동시에 시대정신을 거스를 줄 아는 예언적이고 신비적인 힘을 간직한 음악은 나른함과 사탕발림의 영성이 아니라 오히려 갈등과 도전을 대면하는 용기를 표현해야 하고, 시대와 공간을 초월해서 신비체험에서 감도는 침묵이야말로 언제나 영성의 원천임을 증언할 수 있어야 할 것입니다. 무엇보다 어두운 시대의 그림자 속에서도 진리에 대한 확신에서 오는 희망을, 깊고 아름답게 노래하는 우리 시대의 음악을 기다리게 됩니다. 더욱이 대중음악이 상품화를 넘어 산업으로 이어지면서 음악 본연의 매력보다는 포장과 상품적 가치가 더 중시되는 현실에서, 종교음악도 대중적 가치를 무비판적으로 흉내 내기에 급급한 현실에서 우리의 마음을 울리는 영성음악은 더욱 간절합니다.

성숙한 다문화 이해를 꿈꾸며

사람들은 우리 민족이 단일 민족이 아니라고 한다면 많이 놀랄지 모릅니다. 동그란 눈을 뜨고 등짝이라도 후려갈기지도 모를 일입니다. 5천년의 유구한 역사를 지켜오며 지켜온 한민족인데 무슨 소리냐고 호통을 칠 것 같습니다.

그러나 곰곰이 생각해보면 고개를 끄덕일 것 같습니다. 그리고 먼저 밝히지만 우리는 한민족이 맞습니다. 알타이어 계통의 고유어인 한국어韓國語를 사용하며, '한글'이라는 고유한 문자를 쓰는 민족이 맞습니다. 한반도와 만주 지역에서 청동기 시대부터 다양한 국가를 구성하여 살아왔으며, 20세기 이후에는 대한민국(남한)과 조선민주주의인민공화국(북한)이라는 두 개의 국가로 분단되어 있는 민족이 맞습니다. 그러나 단일 민족은 아닙니다. 단일민족이란 고정관념은 사실 일본의 식민지화에 대항하기 위해 우리 민족이 자가 생산한 측면이 있습니다.

일제 강점기에 일본이 우리말과 문화를 말살하려고 했기에 우리에게는 단일민족이란 믿음이 필요했던 것입니다. 이러한 단일민족의 신화는 한국 전쟁으로 인해 생겨난 혼혈아들, 동남아시아와 아프리카에서 들어와 우리를 돕고 있는 피부색이 다른 사람들에 대해 근거 없는 차별 의식과 우월 의식을 갖게 되는 부작용이 일어났습니다. 아마 단일민족이었더라면 로스차일드 가문처럼 우리의 DNA에 문제가 발생하여 유전질병이 발생했을 가능성이 큽니다. 그리고 우리의 역사는 어쩌면 무미건조했을 것 같습니다. 그러나 우리는 아시다시피 외국으로부터 수많은 침략을 당해왔고, 수많은 외국인이 우리 땅에 들어와 살았습니다. 우리 민족의 30% 이상은 귀화인 출신입니다. 즉, 우리 민족 열 명 중 세 명은 다른 나라에서 이주해 온 이방인이라는 말입니다. 이는 과학적으로도 증명된 사실입니다. 전문가들이 우리나라 사람들의 DNA를 분석한 결과, 중국계와 몽골 등의 북방계, 일본계, 동남아시아계 등 다양한 인종의 DNA가 우리나라 사람들의 DNA에 포함되어 있다는 사실이 밝혀졌습니다.

그런데 다문화 시대에 왜 우리 민족이 단일민족이냐, 아니냐가 중요한 것일까요? 다문화에 관련된 책을 보면 당위적인 말만 하는 경우가 많습니다. 다문화 가족과 화합해야 하고 서로를 이해하지 않으면 안 되며, 정부나 지자체들도 예산을 늘리고 관심을 모아야 한다는 것으로 결론을 내립니다. 어찌 보면 반응 없는 고성과도 같다는 생각이듭니다. 여기서 더 나아가 논리적인 근거와 주장의 타당성을 갖춰나가야 합니다. 그 하나의 방안으로 출산율이 떨어지고 나날이 인구가 감소되는 민족적 위기를 극복할 수 있는 방안으로 다문화 문제를 봄으로써 진정한 다문화 사회로 슬기롭게 나아갈 수 있는 힘을 부여받을 수 있다고 생각합니다.

우리사회에서 다양한 다문화 행사와 프로그램, 교육 시스템이 있지만 여러 부처가 소통 없이 한꺼번에 달려들다 보니 중복 투자도 많고 내용도 겹치기는 경우도 허다합니다. 또한 다문화가정 지원 정책이 지나치게 취미나 여가활동에 치우쳐 있다는 점과 외국의 학력이 우리나라에서는 인정이 되지 않는 경우가 많아 이주민이 우리 사회에 진출하는데 어려움이 많습니다. 다문화 가정 지원 정책이 좀 더 다양한 각도에서 바라보고 외국의 학력을 인정해주는 제도가 마련된다면 좀 더 나은 다문화 사회로 나아갈 수 있지 않을까 생각해봅니다.

성숙하고 건강한 다문화 사회로 나가기 위한 방안으로 사회시스템도, 교육 정책도 그 출발은 마음의 변화에서 와야 합니다. 마음의 변화가 모든 변화의 시작입니다. 다른 문화에 대한 열린 의식과 관용의 인식 전환이 필요합니다. 현재 다문화 관련기관들이 실시하고 있는 '다문화 인식 개선 캠페인' 역시 성숙한 다문화 사회를 위해서는 정책이나 제도도 바탕이 되어야겠지만 가장 중요한 것은 개개인의 인식과 마음입니다. 이주민과 다문화 가정을 '다르지 않으니까, 같으니까, 이미 우리이니까' 라는 마음으로 바라보는 태도가 필요합니다. 다르다고 하기에는 이미 그들은 우리의 동료로, 친구로, 이웃으로 '우리'안에 자리하고 있기 때문입니다.

다문화가정이 늘어나고, 제3세계의 근로자들이 빠른 속도로 유입되면서 도·농을 가리지 않고 우리 주변 곳곳에서 외국인을 만날 수 있게 되었습니다. 중국인, 조선족, 고려인, 동남아시아의 노동자들과 그들의 아내들, 아프리카와 중근동에서 오는 노동자들, 남미에서 오는 노동자들과 심지어 영어권의 영어 강사들과 주재원들, 회사원들 등등 이미 그 국적과 피부색은 다민족의 구성 요소를 충족하고도 남을 정도입니다.

〈출입국·외국인정책 통계월보〉(2014년 12월호)에 따르면 국내 체류 외국인은 1,797,618명이며, 불법 체류자 208,778명을 포함하면 200만 명이 넘습니다. 우리나라 인구 4%에 해당하는 외국인이 우리와 더불어 살고 있습니다. 이런 현상은 우리나라가 그만큼 살기 좋아졌다는 증거일 것입니다.

외국인을 포용하는 정도가 사회 발전과 성숙의 지표로 여겨지기도 합니다. 뉴욕, 런던, 파리 같은 도시들이 다민족과 다문화가 혼재하고 외국인의 유동인구가 많기 때문에 선진 도시 형태를 이루었습니다. 우리사회가 성숙한 다문화로 가기위해서는 다차원적이고도 체계적인 사회 각층의 노력이 필요합니다. 그동안 단순히 이주민에 대한 편견만 없다고 해서 다문화를 잘 이해하고 실천하고 있다고 자부하는 것은 금물입니다. 교육 시스템에 있어서도 그동안은 지방자치단체나 정부부처에서 이주민을 위한 교육 프로그램과 행사를 많이 개최하고 많은 사람들이 참여하도록 홍보하면 되지 않을까 하는 자세는 지양되어야합니다.

제가 사는 지역에 있는 대학의 경우, 외국 유학생들을 심심찮게 볼 수 있습니다. 예전에만 해도 외국인을 손님 또는 방문객으로 여겼지만 이제는 그들이 낯설지 않습니다. 이렇게 우리의 시각이 변화된 데는 '국내 외국인 100만 명 시대', '외국인 유학생이 5만 명 시대' 등의 기사나 사설을 우리가 자주 접했기 때문일지도 모릅니다.

그런데 우리는 다인종화 된 사회에 얼마나 적응하고 있으며 그 안에서 얼마나 문화를 만들어 가고 있을까요? 앞으로 세계화 현상이 가속화되고, 세계가 지구촌이 되어가는 추세를 거스를 수 없다면, 적어도 다문화에 대한 인식을 뚜렷이 갖고 경험해야 우리가 미래사회를 선도할 수 있을 것입니다. 그런데도 우리는 'Welcome to Korea'는 외치면서 그들의 문화를 우리나라에 펼칠 수 있는 공간을 만들어 주지 않습니다. 우리는 다문화 사회 속에서 우리의 문화만 고집하고 있지 않은지 고민해 봐야 합니다.

우리나라에 유학 온 외국인학생들과 다문화인들에게 우리문화를 받아들이길 바라면서 우리는 그들의 문화를 공유하려는 자세는 가지 않습니다. 우리 학교는 진정 다문화가 무엇인지를 체험할 현장이 되고, 다문화 경험을 익힐 환경이 돼야 합니다. 외국인 유학생들이 많아지는 현상과 다문화가정이 많아진 것에 힘입어 그들과의 교류를 활성화하도록 장려하는 분위기가 필요합니다. 학교의 축제 등의 행에서 서양예술음악이나 국악 일색으로 채울 것이 아니라 무한한 자원으로 부각되고 있는 다문화의 음악도 담을 수 있습니다. 이런 시도들은 문화의 수동적 추종에서 벗어나 우리가 주도적 역할을 찾아 창의적인 활동을 맘껏 시도해 보고 몰입하는 계기도 될 수 있을 것입니다.

다문화에 관한 인식을 긍정적으로 바꾸기 위해서는 확고한 방향 설정이 중요합니다. 이제 우리는 다문화 현상을 부정적으로 생각할 것이 아니라, 21세기를 특징짓는 단어가 글로벌인 만큼 내국민들만으로는 우리나라가 경쟁력을 가지기 어렵다는 생각으로 다문화를 수용해야만합니다. 국가의 경제 수준과 이주민의 수는 대체로 비례합니다. 이제는 우리가 다문화인들에게 수혜자라는 의식이 아니라 이들이 우리의 문제를 해결해주는 은혜자라는 의식 전환도 필요합니다.